Felix Huebner

Revenue Intelligence

Moderne Methoden im touristischen Ertragsmanagement

Felix Huebner

REVENUE INTELLIGENCE

Moderne Methoden im touristischen Ertragsmanagement

ibidem-Verlag
Stuttgart

Bibliografische Information der Deutschen Nationalbibliothek
Die Deutsche Nationalbibliothek verzeichnet diese Publikation in der Deutschen Nationalbibliografie; detaillierte bibliografische Daten sind im Internet über http://dnb.d-nb.de abrufbar.

Bibliographic information published by the Deutsche Nationalbibliothek
Die Deutsche Nationalbibliothek lists this publication in the Deutsche Nationalbibliografie; detailed bibliographic data are available in the Internet at http://dnb.d-nb.de.

∞

Gedruckt auf alterungsbeständigem, säurefreien Papier
Printed on acid-free paper

ISBN-13: 978-3-8382-0934-0

Printed in the EU

Inhaltsverzeichnis

Vorwort **11**

1. Aufbau und Methodik **13**

2. Was ist Revenue Intelligence? **15**

3. Standard Tourism Operations **23**

3.1 (H + P) Booking Limits 23

a. Problemstellung/Szenario 23

b. Erstellung eines Lösungskonzeptes 26

c. Interpretation der Ergebnisse 30

3.2 Optimal Overbooking Limit 30

a. Problemstellung/Szenario 30

b. Erstellung eines Lösungskonzeptes 31

c. Interpretation der Ergebnisse 34

3.3 (H + P) Auslastungsmanagement 37

a. Problemstellung/Szenario 37

b. Erstellung eines Lösungskonzeptes 38

c. Interpretation der Ergebnisse 41

4. (H + P) Trend Analysis Methods **43**

4.1 (H + P) Trend for Consumer 43

a. Problemstellung/Szenario 43

b. Erstellung eines Lösungskonzeptes 44

c. Interpretation der Ergebnisse 49

d. Anwendungsempfehlungen 50

4.2 (H + P) Trend for Revenue 50

a. Problemstellung/Szenario 50

b. Erstellung eines Lösungskonzeptes 51

c. Interpretation der Ergebnisse 54

d. Anwendungsempfehlungen 55

4.3 (H + P) Trend for Interest Rate 55

a. Problemstellung/Szenario 55

b. Erstellung eines Lösungskonzeptes 56

c. Interpretation der Ergebnisse 58

d. Anwendungsempfehlungen 63

5. (H + P) Pricing 65
5.1 (H + P) Pricing Elasticity 69
a. Problemstellung/Szenario 70
b. Erstellung eines Lösungskonzeptes 71
c. Interpretation der Ergebnisse 72
d. Anwendungsempfehlungen 73
5.2 (H + P) Bid Pricing 73
a. Problemstellung/Szenario 74
b. Erstellung eines Lösungskonzeptes 75
c. Interpretation der Ergebnisse 77
d. Anwendungsempfehlungen 78
5.3 (H + P) Pricing Margin Analysis 78
a. Problemstellung/Szenario 78
b. Erstellung eines Lösungskonzeptes 80
c. Interpretation der Ergebnisse 82
d. Anwendungsempfehlungen 84
5.4 (H + P) Portfolio Analysis 85
a. Problemstellung/Szenario 85
b. Erstellung eines Lösungskonzeptes 88
c. Interpretation der Ergebnisse 90
d. Anwendungsempfehlungen 91
5.5 (H + P) Input-Output Analysis 91
a. Problemstellung/Szenario 91
b. Erstellung eines Lösungskonzeptes 92
c. Interpretation der Ergebnisse 94
d. Anwendungsempfehlungen 97
5.6 (H + P) Pricing Factor 98
a. Problemstellung/Szenario 98
b. Erstellung eines Lösungskonzeptes 98
c. Interpretation der Ergebnisse 101
d. Anwendungsempfehlungen 102
5.7 Preis-Mengen-Strategie aus Sicht einer Destinationsorganisation . 102
5.8 (H + P) Hedging Model 113
a. Problemstellung/Szenario 113
b. Erstellung eines Lösungskonzeptes 117
c. Interpretation der Ergebnisse 119

5.9 (H + P) Price Index ... 124
a. Problemstellung/Szenario ... 124
b. Erstellung eines Lösungskonzeptes ... 125
c. Interpretation der Ergebnisse ... 127
5.10 (H + P) Revenue Performance ... 127
a. Problemstellung/Szenario ... 127
b. Erstellung eines Lösungskonzeptes ... 129
c. Interpretation der Ergebnisse ... 130
d. Anwendungsempfehlungen ... 131
5.11 (H + P) Cash-Burn-Rate ... 131
a. Problemstellung/Szenario ... 131
b. Erstellung eines Lösungskonzeptes ... 133
c. Interpretation der Ergebnisse ... 136
d. Anwendungsempfehlungen ... 136
5.12 (H + P) Minimum and Maximum Principle ... 136
a. Problemstellung/Szenario ... 137
b. Erstellung eines Lösungskonzeptes ... 139
c. Interpretation der Ergebnisse ... 141
d. Anwendungsempfehlungen ... 142
6. (H + P) Deviation Analysis ... 143
a. Problemstellung/Szenario ... 143
b. Erstellung eines Lösungskonzeptes ... 147
c. Interpretation der Ergebnisse ... 148
d. Anwendungsempfehlungen ... 156
6.1 (H + P) Connection Measurement ... 157
a. Problemstellung/Szenario ... 157
b. Erstellung eines Lösungskonzeptes ... 158
c. Interpretation der Ergebnisse ... 160
d. Anwendungsempfehlungen ... 161
6.2 (H + P) Probability ... 161
a. Problemstellung/Szenario ... 161
b. Erstellung eines Lösungskonzeptes ... 162
c. Interpretation der Ergebnisse ... 163
d. Anwendungsempfehlungen ... 166

6.3 (H + P) Revenue Distribution 167
a. Problemstellung/Szenario 167
b. Erstellung eines Lösungskonzeptes 169
c. Interpretation der Ergebnisse 172
d. Anwendungsempfehlungen 175
6.4 (H + P) Turning Point 175
a. Problemstellung/Szenario 176
b. Erstellung eines Lösungskonzeptes 177
c. Interpretation der Ergebnisse 179
d. Anwendungsempfehlungen 180
6.5 (H + P) Variationsinstrument 181
a. Problemstellung/Szenario 181
b. Erstellung eines Lösungskonzeptes 184
c. Interpretation der Ergebnisse 185
d. Anwendungsempfehlungen 188
6.6 (H + P) Diversifikationseffekt 189
a. Problemstellung/Szenario 189
b. Erstellung eines Lösungskonzeptes 191
c. Interpretation der Ergebnisse 192
d. Anwendungsempfehlungen 194

7. Schlusswort 195

8. Übungsaufgaben 197
8.1 (H + P) Booking Limits 197
8.2 Optimal Overbooking Limit 199
8.3 (H + P) Auslastungsmanagement 201
8.4 (H + P) Trend for Consumer 203
8.5 (H + P) Trend for Revenue 206
8.6 (H + P) Trend for Interest 209
8.7 (H + P) Connection Measurement 211
8.8 (H + P) Probability 213
8.9 (H + P) Revenue Distribution 214
8.10 (H + P) Turning Point 217
8.11 (H + P) Variationsinstrument 219
8.12 (H + P) Diversifikationseffekt 221
8.13 (H + P) Pricing Elasticity 222

8.14 (H + P) Bid Pricing ... 225
8.15 (H + P) Pricing Margin Analysis ... 226
8.16 (H + P) Deviation Analysis ... 228
8.17 (H + P) Portfolio Analysis ... 231
8.18 (H + P) Input-Output Analysis ... 232
8.19 (H + P) Pricing Factor ... 234
8.20 (H + P) Hedging Model ... 235
8.21 (H + P) Price Index ... 237
8.22 (H + P) Revenue Performance ... 239
8.23 (H + P) Minimum and Maximum Principle ... 240
8.24 (H + P) Cash-Burn-Rate ... 242

9. Lösungen ... 245

9.1 (H + P) Booking Limits ... 245
9.2 Optimal Overbooking Limit ... 246
9.3 (H + P) Auslastungsmanagement ... 247
9.4 (H + P) Trend for Consumer ... 247
9.5 (H + P) Trend for Revenue ... 251
9.6 (H + P) Trend for Interest ... 254
9.7 (H + P) Connection Measurement ... 259
9.8 (H + P) Probability ... 260
9.9 (H + P) Revenue Distribution ... 261
9.10 (H + P) Turning Point ... 265
9.11 (H + P) Variationsinstrument ... 266
9.12 (H + P) Diversifikationseffekt ... 267
9.13 (H + P) Pricing Elasticity ... 268
9.14 (H + P) Bid Pricing ... 271
9.15 (H + P) Pricing Margin Analysis ... 273
9.16 (H + P) Deviation Analysis ... 277
9.17 (H + P) Portfolio Analysis ... 283
9.18 (H + P) Input-Output Analysis ... 284
9.19 (H + P) Pricing Factor ... 287
9.20 (H + P) Hedging Model ... 288
9.21 (H + P) Price Index ... 290
9.22 (H + P) Revenue Performance ... 292
9.23 (H + P) Minimum and Maximum Principle ... 293

9.24 (H + P) Cash-Burn-Rate ... 295

Anhang ... 299

3.1 (H + P) Booking Limits ... 299
3.2 Optimal Overbooking Limit ... 300
3.3 (H + P) Auslastungsmanagement ... 300
5.6 (H + P) Pricing Factor ... 301
4.1 (H + P) Trend for Consumer ... 303
4.2 (H + P) Trend for Revenue ... 304
4.3 (H + P) Trend for Interest Rate ... 304
5. (H + P) Pricing ... 305
5.1 (H + P) Pricing Elasticity ... 306
5.2 (H + P) Bid Pricing ... 306
5.3 (H + P) Pricing Margin Analysis ... 307
5.4 (H + P) Portfolio Analysis ... 307
5.5 (H + P) Input-Output Analysis ... 309
5.6 (H + P) Pricing Factor ... 310
5.8 (H + P) Hedging Model ... 312
5.9 (H + P) Price Index ... 313
5.10 (H + P) Revenue Performance ... 314
5.11 (H + P) Cash-Burn-Rate ... 314
5.12 (H + P) Minimum and Maximum Principle ... 315
6. (H + P) Deviation Analysis ... 316
6.1 (H + P) Connection Measurement ... 317
6.2 (H + P) Probability ... 317
6.3 (H + P) Revenue Distribution ... 318
6.4 (H + P) Turning Point ... 319
6.5 (H + P) Variationsinstrument ... 320
6.6 (H + P) Diversifikationseffekt ... 320

Vorwort

Lieber Leser, liebe Leserin, ich freue mich, dass Sie sich entschieden haben, sich mit dem Thema Revenue Intelligence auseinanderzusetzen. Oft werde ich gefragt, warum ich mich entschieden habe, empirische Forschungen für das touristisch-wirtschaftliche Revenue Management zu betreiben. Meine Antwort: 2010 musste ich für die Ausbildung zum Internationalen Touristikassistenten ein Praktikum in einem touristischen Unternehmen absolvieren. Damals wollte ich unbedingt ins Ausland. Daher habe ich mich entschieden, das Praktikum in Ozeanien zu bestreiten. Meine Wahl fiel auf einen Reiseveranstalter, der auf dem internationalen Incoming und Outgoing Market aktiv war. Schnell musste ich feststellen, dass die Organisation dieses Betriebes katastrophal war. Die unternehmerischen Operationen, also das Zusammenstellen der Pauschalreise-Komponenten wie Flug, Übernachtung, Verpflegungen, wurden niemals in weniger als sieben Stunden erledigt. Die Buchung einer touristischen Leistung verläuft hingegen mithilfe moderner Technik innerhalb weniger Sekunden. In meinem Praktikumsunternehmen wurden marktorientierte Ertragspreise nach Gefühlt errechnet. Die Mitarbeiter wurden kaum eingearbeitet. Sie waren daher auch wenig innovationsbegeistert und ihnen fehlte ganz allgemein ökonomisches Verständnis. Zwar gab es eine Buchführung und eine Controllerin, die die finanzielle Lage des Unternehmens einigermaßen im Blick hatten. Dennoch wurden kaum Marktanalysen durchgeführt, um Potenziale zu erkennen und langfristig nachhaltig zu optimieren.

Diese Erfahrung war der Anstoß, aus dem ich mich entschloss, mich auf Finanzierung, Investment und Revenue Management mit dem Schwerpunkt des touristischen Markts und des Verkehrswesens zu spezialisieren. Zielgruppen sind Reiseveranstalter, Hotels und Fluggesellschaften. Es sind Disziplinen wie Wirtschaftsmathematik, Operation Research, allgemeine Statistik und multivariate Analysemethoden notwendig, um das Revenue Management professional ausführen zu können. Es ist der klassischen Businessanalyse zuzuordnen und nicht nur dem klassischen Marketing.

Preis-, Revenue und Yield-Management werden in der Touristik-Branche enorm unterschätzt. In den touristischen betriebswirtschaftlichen Studiengängen, sowohl der Universitäten als auch der Berufsvorbereitenden Fachhochschulen, werden diese Themen nicht behandelt. Kurze Erwähnung findet das Ertragsmanagement, aber auch dieses ist nicht fester Bestandteil des Lehrplans. Oft habe ich es an Fachhochschulen erlebt, dass jungen Leuten mit großem Potenzial einfach mehrere Zeitungsartikel in die Hände gedrückt werden, die sie auswendig lernen sollten, um die nächste Klausur erfolgreich zu bestehen. So werden keine Experten gemacht. Ich habe oft das Gefühl, dass Ideen und Innovation von Studenten von bürokratischen Hierarchien unterdrückt werden. In der wirtschaftswissenschaftlichen Literatur habe ich festgestellt, dass viele Autoren die immer gleichen Methoden vorstellen. Innovation? Fehlanzeige. Oftmals fehlt ein Bezug zur praktischen Anwendung. Dabei ist die Lernmotivation viel

größer, wenn der Leser weiß, wofür das Verfahren in der Praxis angewendet werden kann.
Nicht nur in den Bildungseinrichtungen wird dieser Umstand unterschätzt, sondern auch in den meisten Unternehmen wird das Potenzial vieler gewinnmaximierender Optimierungsmaßnahmen nicht entdeckt. Die persönliche Blockade wird meistens zu spät gebrochen. In den meisten Fällen verlässt sich der Unternehmer auf eine Software, die einzelne Verschachtelungstechniken vornimmt und die entsprechenden Ergebnisse liefert. Die Preisstrategie ist wichtig, um das langfristige nachhaltige Gewinnmaximum zu erreichen. Meine Erfahrung ist, dass jedes Unternehmen spezifisch ist und daher auch situationsspezifisch optimiert werden muss. Denn durch optimale Verwendung des Ertragsmanagements kann der Umsatz mindestens um drei bis maximal dreißig Prozent erhöht werden. Die Forschung zu diesem Thema ist jedoch dürftig. Deshalb habe ich mir vorgenommen, neue, innovative Methoden zu entwickeln, deren Formel verständlich geschrieben und deren Lösung nachvollziehbar gestaltet ist. Die praktische Anwendung wird deutlich erklärt. Nichtmathematiker können somit mit diesem Fachbuch arbeiten und die vorgestellten Methoden in der unternehmenseigenen Revenue-Management-Abteilung umsetzen.
Revenue Intelligence ist das innovative Werkzeug jedes Analysten, der im Revenue Management oder im internationalen Investmentgeschäft arbeitet, denn das Geheimnis ist die effiziente und effektive Verwendung der quantitativen Methoden. Diese Verfahren können durch Optimierungen enorme Ertragsvorteile bringen. Sie untersuchen mit verschiedenen mathematisch-statistischen Verfahren die Vergangenheitsdaten und analysieren deren Eigenschaft und Charakteristik. Die Berechnung der Ergebnisse ist durch eine hochsensible Begutachtung der Vorgänge gekennzeichnet. Denn selbst geringste Veränderungen haben positive oder negative Auswirkungen auf das Gesamtresultat.
In der Folge können Analysten Inhalt und Dichte der gewonnenen Informationen mehr vertrauen als solchen, die mit den klassischen Methoden gewonnen werden. Jedes Verfahren ist durch eine Beweislegung gekennzeichnet, die der Leser nachvollziehen kann.
Mir ist es wichtig, einen innovativen Ansatz der Analyse im Bereich Investment, Finanzierung, Revenue Management mit Schwerpunkt Touristik zu präsentieren.

Felix Huebner
Juli 2016

1. Aufbau und Methodik

Jedes der folgenden Kapitel beginnt mit einer Problemdarstellung. Ein fiktives Touristikunternehmen und eine Investmentgesellschaft, die Investitionen in die Touristik tätigt, müssen diese Problemstellung mit statistischen Methoden lösen. Bei der Darstellung der Problemlösung wird jeder Schritt nachvollziehbar gemacht. Der Leser sollte jedoch Grundlagen der allgemeinen Statistik kennen, denn der Schwerpunkt der folgenden Ausführungen liegt in der praktischen Anwendbarkeit dieser Methoden.
Folgende Struktur wird in allen Kapiteln eingehalten.

a) Problemstellung/Szenario
b) Erstellung eines Lösungskonzeptes
c) Interpretation der Ergebnisse
d) Anwendungsempfehlungen

Das letzte Kapitel besteht aus Übungen, bei denen die vorgestellten Methoden angewendet werden können. Teilkapitel 5.7 folgt als Fallstudie nicht der oben genannten Struktur.

2. Was ist Revenue Intelligence?

Revenue Intelligence (RI) setzt sich aus quantitativen Methoden aus den Disziplinen allgemeine Statistik, Wirtschaftsmathematik und historische Datenanalyse zusammen und ist relevant für die Bereiche Investment, Finanzierung und touristisches Revenue Management. Das Ziel der Revenue Intelligence ist es, Informationen über Entwicklung und Veränderung der allgemeinen Markt- und Branchensituationen zu erhalten und anhand dieser Erkenntnisse aus Analystensicht Zukunftsentscheidungen treffen zu können. Revenue Intelligence ist nicht gleichzusetzen mit klassischem Revenue Management. Der Unterschied besteht darin, dass RI hauptsächlich für die Auswertung und Erkenntniserstellung verwendet wird und somit eine Entscheidungsgrundlage bietet. Revenue Intelligence untersucht mit innovativen Methoden Folgendes:

- Feststellung von Marktgemeinsamkeiten
- Ermittlung von Markttrends
- Abweichungs- und Risikomessung

Der Branchenschwerpunkt liegt auf der Touristikindustrie, da diese durch eine hohe Volatilität gekennzeichnet ist. Das klassische Revenue Management ist darauf ausgerichtet, den bestmöglichen Preis für jedes Kundensegment zu finden und die Kapazität je nach preissensibler Nachfrage gewinnoptimal auszulasten. Ziel ist es, ein langfristiges und nachhaltiges Ertragsmaximum zu erreichen. Revenue Intelligence ist ein Unterbereich des klassischen Revenue Managements. Revenue Intelligence ist eine Querschnittsdisziplin und beschreibt die strategische, taktische und operative Analyse, Planung, Durchführung und Kontrolle aller Maßnahmen und Prozesse, die mit der langfristigen und kurzfristigen Erstellung von Prognosen und Erkenntnis verbunden sind. Das Resultat ist eine Entscheidungsgrundlage für eine Investitions- und Finanzierungsstrategie auf dem touristischen Markt. Die Gemeinsamkeiten, die beide Bereiche haben, sind wie folgt:

- Verderblichkeit der Produkte oder Dienstleistung
- Unsicherheit des Eintreffens allgemein bekannter und komplexer Nachfrage
- hohe Datenschwankungen
- fixe Kapazitäten
- Gelegenheit zur Vorausbuchung

Der erste Aspekt bezeichnet, dass Produkte oder Dienstleistungen in einem bestimmten Zeitraum existieren und ihre Gültigkeit nach Ablauf verlieren können. Des Weiteren ist es schwierig, festzustellen, mit welcher Wahrscheinlichkeit die Nachfrager zur Produkt- und Dienstleistungsanfrage eintreffen, da exakte Markteinflüsse kaum zu ermitteln sind. Der letzte Aspekt beschreibt die Problematik, dass die Datenstrukturen sich von Stunde zu Stunde ändern. Datenfehler und Ausreißer können nur schwer rechtzeitig erkannt werden, weshalb das Ergebnis in einem bestimmten Maße unabsichtlich verfälscht wird.

Eine Besonderheit ist, dass eine Preis-Mengen-Strategie aus Sicht einer Destinationsorganisation dargestellt wird. Somit ist Revenue Intelligence nicht nur auf die betriebliche, sondern auch die politische Ebene gerichtet. Revenue Intelligence gliedert sich in folgende Bestandteile

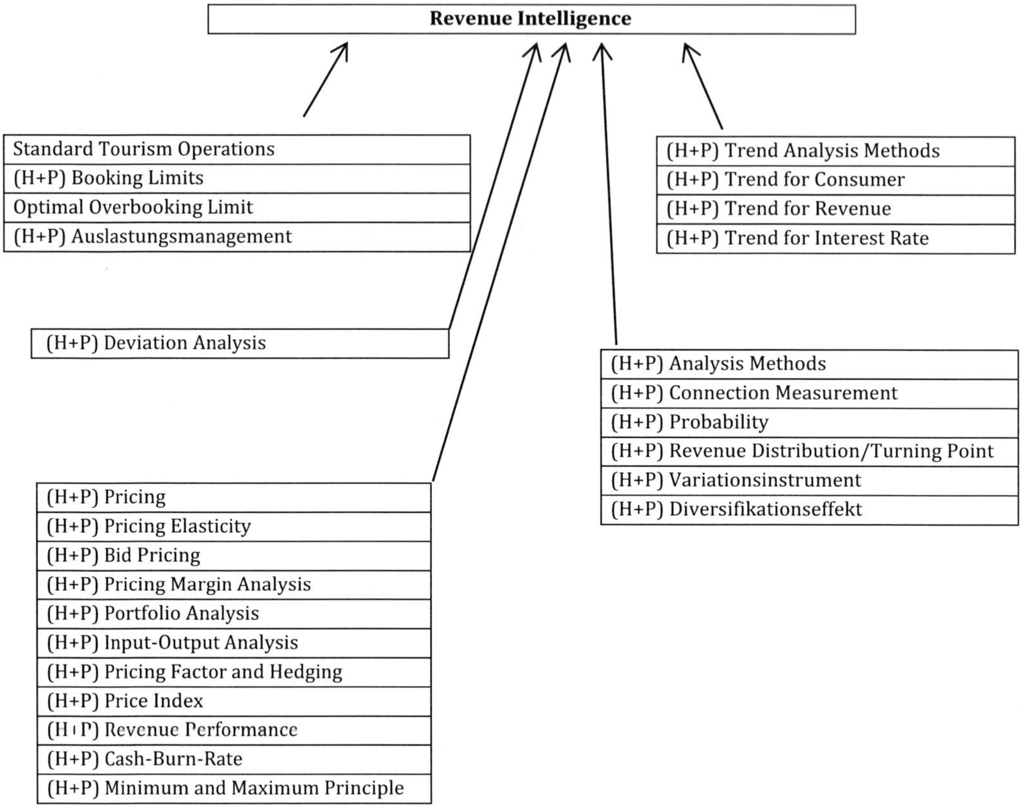

Der erste Block, **Standard Tourism Operations,** beschäftigt sich mit den grundlegenden touristischen betriebswirtschaftlichen Operationen, die im Laufe dieses Fachbuchs detailliert analysiert werden. Der erste Bestandteil dieses Kapitels ist das **(H + P) Booking Limits**. Dieses Verfahren stellt fest, wie hoch die Buchungsschwankungen für einen bestimmten Flug oder eine Gruppenreise ausfallen. Danach wird ein Wert errechnet, ab dem die betrieblichen Kapazitäten für höherwertige und preisunelastische Nachfrager frei zu halten sind, damit auf Seiten der Disposition ein optimaler Auslastungsfaktor resultiert. Das **Optimal Overbooking Limit** ist ein Verfahren zur Ermittlung der optimalen Überbuchungsrate und geeignet für Reiseveranstalter, Fluggesellschaften und die Hotellerie. In der Literatur wird der Binominal-Kalkulator verwendet, um die Wahrscheinlichkeiten von No-Show oder Stornierungsrate zu errechnen. In der Praxis werden die Stornierungsquote, No-Show und der gemeinsame Schnittpunkt berechnet. Mit dem ermittelten Prozentsatz wird unterhalb des theoretischen Optimums die Überbuchungsquote festgelegt. Im letzten vorgestellten Kapitel wird ein Vergleich der Wahrscheinlichkeit des Eintreffens dieses Szenario mit der Gegenwahrscheinlichkeit gemacht. Dabei wird die Historienfähigkeit komplett vernachlässigt und eine Differenzierung der Kundensegmente ist nicht möglich. Das Optimal Overbooking Limit soll eine Lösungsannäherung darstellen.

Das **(H + P) Auslastungsmanagement** ist ein Verfahren, das anhand von Daten historischer Auslastung eine Zukunftsprognose erstellt, um die Auslastungssituation der betrieblichen Kapazitäten annähernd ermitteln zu können. Die Werte werden in Prozent angegeben. Das nächste Teilkapitel beschäftigt sich mit Preis- und Umsatzanalysen.

Die **(H + P) Pricing Elasticity** errechnet anhand eines gegebenen historischen Preisverlaufs für eine Dienstleistung oder ein Sachgut die prozentuale Preissensitivität. Das Resultat zeigt, in welchem prozentualen Maße die Preise in der Zukunft erhöht werden können, ohne eventuelle Nachfragerückgänge zu erleiden. In der klassischen Wirtschaftstheorie wird solch ein Verfahren auf einen Zeitpunkt dimensioniert und anhand eines monopolistischen Marktes erklärt. Die Historienfähigkeit wird nicht berücksichtigt.

Das **(H + P) Bid Pricing** ist ein Verfahren, das eingeordnet werden kann in das Preismanagement einer Fluggesellschaft. Ziel ist es, für unterschiedliche Routen, Preise und Fluggäste, die mehrere Umsteigeverbindungen haben, einen Mindestpreis zu errechnen, damit sich eine langfristige fortschreitende Wirtschaftlichkeit in den Flight-Operationen entwickeln kann. In der Luftfahrtindustrie haben sich bis heute die klassischen Kennzahlen wie Sitzlade oder Ertrag pro geflogenen Kilometer durchgesetzt. Allerdings werden diese unabhängig in den gesamten Flight-Operations, also für jede Flugstrecke, betrachtet, ohne einen eindeutigen Zusammenhang zu erkennen. Deshalb wurde von uns ein mathematisches Cluster-Verfahren entwickelt, das hilft, Fluggästesegmente mit einer prozentualen Maßeinheit zu identifizieren. Ein Bid Price wird errechnet, der alle Faktoren wie Strecke, Kapazität oder Mindestpreis berücksichtigt und detailliert auflistet. Das Verfahren **(H + P) Pricing Margin Analysis** ist darauf spezialisiert, durch eine empirische Untersuchung der Verkaufspreise ein prozentuales Maß zu finden, um die Preisspanne für eine Leistung kontrolliert zu erhöhen. Das Ziel besteht darin, den Revenue optimal zu steigern.

Die **(H + P) Portfolio Analysis** ist ein Verfahren, das einen Richtwert zur Verwendung der optimalen Investitionssumme mit einem bestmöglichen Gewinn vorgibt. Als Beispiel werden drei Aktienkurse von drei touristischen Unternehmen dargestellt. Durch die sorgfältige Analyse werden die Preisstabilität und damit auch das Risiko in einem bestimmten Zeitraum gemessen. Das Ziel ist, dem Investor eine optimale prozentuale Anlageverteilung der Investitionssumme zu geben. Der Vorteil für den Investor ist, dass dieser eine optimale Aufteilung seines Portfolios in drei sichere Anlagen vornehmen kann.

Die **(H + P) Input-Output Analysis** ist ein weiteres mathematisch-statistisches Verfahren, das dazu dient, durch eine effiziente Untersuchung einen prozentualen Wert zu errechnen, der angibt, wie das Ausgleichverhältnis zwischen Revenue- und Kostenverhältnis auf operativer Unternehmensebene ist. Ebenso kann es zum Geldanlagemanagement eingesetzt werden. Es handelt sich bei diesem Verfahren um einen statistischen Punktschätzungsprozess.

Das Teilkapitel **(H + P) Preismanagement** beschäftigt sich mit der einheitlichen optimalen Kundenendpreiserstellung, um eine bessere Kundensegmentierung vornehmen zu können. Für verschiedene touristische Leistungen sind Kunden bereit, unterschiedliche Preise zu bezahlen. Bei Unsicherheit der Preisgestaltung wird zunächst ein Durchschnittspreis kalkuliert und mithilfe einer Formel ein Zuschlag berechnet, um zum Gleichheitspreis zu gelangen. Eine fachliche Einführung in das allgemeine betriebswirtschaftliche Preismanagement wird gegeben.

Das **(H + P) Hedging Model** ist eine Strategie, die eng verbunden ist mit der Überbuchungsmethode. Bei einem Transportunternehmen entstehen hohe Umsatzverluste, wenn Kunden nicht zur vereinbarten Beförderung erscheinen. Dieses Verfahren erläutert einen finanziellen Absicherungsprozess. Kunden, die nicht zu dem vereinbarten Leistungsantritt erscheinen, erzeugen aus Sicht des Dienstleisters Opportunitätserträge. Die Leistung kann der Dienstleister weiterverkaufen.

Die Lösung nennt sich Absicherung. Dieses mathematische Verfahren errechnet einen prozentualen Wert, der angibt, inwieweit der erwirtschaftete Umsatz abgesichert werden muss, damit der Ertragsverlust ersetzt werden kann. Transport- und Reiseunternehmen müssen sich gegen vereinbarte Kundenzahlung, die final nicht erfolgt ist, absichern. Dadurch kann das Risiko eines Gesamtumsatzverlustes minimiert werden. In diesem Exkurs wird ein weiteres Verfahren vorgestellt, in dem ein Schnittpunkt zwischen dem jeweiligen Verlauf der Storno- und No-Show Rate festgelegt wird, damit daraus ein Gleichgewicht entstehen kann. Es ist zu erwähnen, dass dieses mathematische Verfahren nur eine Annäherung darstellt, die durch die Historienfähigkeit der Daten gekennzeichnet ist.

Das letzte Modell im (H + P) Pricing Management ist der **(H + P) Price Index**. Ökonomen haben verschiedene Preis-Indizes entworfen. Diese basieren auf der Güterindustrie und benötigen zur Berechnung ein Konsumgut. Auch ist die Berücksichtigung des Vergangenheitsverhaltens der Daten nicht gegeben. Das Modell (H + P) Price Index ist eine Kennzahl, die angibt, wie sich der Preis von der Vergangenheit in die Zukunft entwickelt hat. Das Modell ist hauptsächlich für die Dienstleistungsbranche geeignet. Dazu kann ein prozentualer Anteil der verschiedenen historischen Preise ermittelt werden, um zu erfahren, ob die allgemeine Preisstabilität gegeben ist.

Das Modell **(H + P) Revenue Performance** ist ein mathematisches Bewertungsverfahren, dass die Summe der einzelnen gegenübergestellten Einnahmen und Ausgaben eines Unternehmens misst und ein prozentuales Maß errechnet, um die Gesamtrelationen einschätzen zu können. In der Investment- und Finanzliteratur ist der Begriff Rendite bekannt. Dabei haben sich im Laufe der Zeit verschiedene Varianten wie logarithmische, geometrische Rendite festgelegt. Diese Kennzahlen sind für Punktschätzungen gedacht. Bei einer langfristigen empirischen Untersuchung wird deutlich, dass diese Rendite-Ermittlungsverfahren statisch sind und somit auf Veränderung und Ausreißer nicht deutlich genug reagieren. Das Modell (H + P) Revenue Performance hingegen betrachtet die finanzielle Gesamtsituation und liefert ein eindeutiges, realistisches Ergebnis über die charakteristische Veränderung.

Die **(H + P) Cash-Burn-Rate** ist ein mathematisch-statistisches Verfahren, das nicht den Charakter der Umsatzermittlung und Vermehrung hat, sondern auf die Minimierung des Verlusts abzielt. In der operativen Ebene des Preis-, Finanz-, Risikomanagements und Controllings jedes Unternehmens muss ein Maß existieren, das angibt, wie viele Verluste im Gegensatz zu den erzielten Umsätzen entstehen. Das Ergebnis ist ein relativer Wert, der durch die Datenhistorie gebildet wird.

In der Praxis kommt oftmals die Frage auf, ab welchem Zeitpunkt einer Marktentwicklung die maximale Preissteigerungsrate erreicht worden ist und welche Preisgrenzen ein Management maximal oder minimal annehmen darf. Um dies zu ermitteln, eignet sich das mathematische Verfahren **(H + P) Minimum and Maximum Principle**. Durch ein empirisches Untersuchungsverfahren werden die niedrigsten und höchstmöglichen Intervalle gemessen. Das Ergebnis ist ein prozentualer Wert. Des Weiteren kann diese Operation zur optimalen Bestimmung der Konsum- und Produzentenrente verwendet werden. Der dritte Block analysiert allgemeine Markttrends in den Bereichen Konsumentenforschung, Zinsen und Erträge. Alle im Folgenden vorgestellten Modelle untersuchen vergangene Daten und vergleichen diese mit aktuellen. Bei jedem vorgestellten mathematisch-statistischen Verfahren wird ein praktisches Fallbeispiel gezeigt, das den Rechenweg ausführlich erklärt und das Ergebnis interpretiert. Die Besonderheiten jedes analytischen Verfahrens werden deutlich beschrieben, sodass der Leser den größtmöglichen Nutzen erhält.

In der klassischen Statistik und multivariaten Analyse wird als Gegenstand eine lineare und nichtlineare Regressionsanalyse erläutert. Dabei wird keine Rücksicht darauf genommen, dass Untersuchungsaspekte (Zinsen, Erträge, Consumer) bestimmte Zyklen aufweisen, die branchenspezifisch berücksichtigt werden müssen.

Im Teilkapitel **(H + P) Trend for Consumer** wird ein statistisches Verfahren erläutert, das verwendet wird, um spezielle Prognosen zu gestalten. Ziel ist es, Erkenntnis darüber zu erlangen, wie die absoluten Nachfrageströme in den folgenden Geschäftsperioden verlaufen werden. Der Vorteil ist, dass eine Restnachfrage oder eine Verminderung der Kundenanzahl entstehen kann. Aus Sicht des Revenue Managements kann dieses statistische Verfahren als Planungsgrundlage verwendet werden. Auch bei dieser Vorgehensweise müssen historische Daten gestellt werden, die dann zur Auswertung verwendet werden.

Das Modell **(H + P) Trend for Revenue** ist ein mathematisches Trendermittlungsverfahren, das die Prognosen für Umsatzentwicklungen erstellt. Durch vorgegebene Daten in der Vergangenheit werden verschiedene Schätzwerte für die Zukunft erstellt. Diese Methode eignet sich für Investitionsentscheidungen, da sie eine Prognosequalität garantiert, die auf Geldbeträge spezialisiert ist. Das Verfahren wird anhand eines touristischen Investitionskonzepts erläutert.

Das vorletzte Teilkapitel erklärt ein mathematisch-statistisches Trendermittlungsverfahren für Zinsentwicklungen. Der Vorteil ist auch hier, dass die Charakteristik und Eigenschaften bei der Ermittlung von Zinsen berücksichtigt sind. Die Sensibilität der Zinsentwicklung in verschiedenen Perioden darf der Businessanalyst oder Börsenhändler nicht unterschätzen Diese Methode hilft bei der Erstellung von Zinsprognosen in der Wirtschaft.

Das Kapitel **(H + P) Analysis Method** präsentiert verschiedene innovative und statistische Analyse-Werkzeuge, die eine Ergänzung zu der zusätzlichen Trendermittlung sind.

Das **(H + P) Connection Measurement** misst den prozentualen Beziehungsgrad zwischen der abhängigen und unabhängigen Variable. Der Unterschied zur klassischen Korrelationsanalyse ist, dass die einzelnen, erfassten Daten sich gegenseitig beeinflussen und in der Historie berücksichtigt werden. Ziel ist es, einen relativen Wert darüber zu erhalten, inwieweit die beiden Variablen Ähnlichkeiten besitzen.

Das **(H + P) Probability Model** ist eine weitere spezifische Wahrscheinlichkeitsanalyse eines beobachteten Zeitraums. Der Fokus liegt in der Historienfähigkeit der erhobenen Daten. Das Besondere bei diesem Modell ist, dass über einen erhobenen Vergangenheitszeitraum eine Wahrscheinlichkeit ermittelt wird, die Auskunft gibt, ob sich dieses Szenario in der Zukunft fortsetzen wird oder ob Abweichungen eintreten werden. Mit dieser Erkenntnis können Maßnahmen für die Zukunft erstellt werden.

Das nächste Teilkapitel beschreibt ein innovatives statistisches Verteilungsmaß – das **(H + P) Revenue Distribution**. Dieses Modell wird benutzt, um die unabhängigen Variablen wie z.B. Preis, Umsatz oder Passagieranzahl nach der zuvor vorgenommenen empirischen Einteilung im gesamten Beobachtungszeitraum messen zu können. Das Ziel ist eine Orientierung, ab wann mit hoher Wahrscheinlichkeit eine positive Entwicklung in den Datenaufstellungen zu erkennen ist, woraus unternehmerische Maßnahmen abgeleitet werden können.

Das **(H + P) Turning Point Model** ist ein Trendermittlungsverfahren. In der wirtschaftsmathematischen Literatur werden häufig Ableitungen genannt, wobei eine lineare Funktion vorausgesetzt werden muss. Das ist in der Praxis nicht anwendbar. Dieses Verfahren ist kategorisiert als Trendermittlung und Signalwirkung, um sich gegen eine mögliche negative Trendumkehr absichern zu können. Das zweite Modell hat den gleichen Aufbau wie das (H + P) Distribution Model. Der Unterschied ist, dass der Wendepunkt ermittelt wird, um festzustellen, ab welchem Zeitpunkt der Wert sich positiv oder negativ entwickelt. Des Weiteren gibt es die Möglichkeit, einen Schätzwert für weitere Prognosen zu ermitteln.

Das **(H + P) Variationsinstrument** ist eine Messmethode zum Feststellen der Schwankungen von erhobenen Daten in einem Zeitraum. In der Datenanalyse ist es nötig, charakteristische positive oder negative Datenbewegungen zu messen, um den Datenschwankungsinhalt bewerten zu können. Im Fachbereich des Revenue Managements ist dieses Verfahren ein Maß zur Einschätzung des Markpotenzials. Die Datenschwankungen werden vereint und in ein prozentuales Gesamtverhältnis gebracht.

Der **(H + P) Diversifikationseffekt** ist ein Verfahren, das die optimale Verteilung einer Aufstellung bzw. eines Investments in der Finanzindustrie oder die Vielfalt eines Produktportfolios im Unternehmen misst. Somit ist dieses Modell zur Messung und Steuerung der empirischen Komponenten wie Risiko oder allgemeine Variation geeignet. Das Ziel ist zu erkennen, inwieweit die effiziente Streuung der Gesamtaufstellungen ausfällt, um ein Verlustmaximum verhindern zu können.

Das Kapitel **(H + P) Deviation Analysis** beschreibt ein innovatives, statistisches Testverfahren, das die empirische Abweichung zwischen den beobachteten Daten und den errechneten Prognosen untersucht und einen relativen Wert wiedergibt, der anzeigt, inwieweit die Gesamtprognose aus statistischer und mathematischer Sicht verfehlt worden ist. Dieses Verfahren dient somit der Kontrolle der Effektivität und Effizienz bei der Darstellung einer langfristigen und kurzfristigen Situationsanalyse. In der Touristik- und Luftverkehrsindustrie kann diese mathematische Operation als zusätzliche Unterstützungsfunktion für die Ermittlung der zukünftigen Nachfragereintreffen verwendet werden. Im weiteren Sinne kann dieses Verfahren bei der Analyse von langfristigen Aktienkursen und bei der Investitionsplanung benutzt werden, um ein unabhängiges und erweitertes Testergebnis zu erhalten. Das Teilkapitel **Preis-Mengen-Strategie aus Sicht einer Destinationsorganisation** ist eine Fallstudie, in der eine touristische Zielgebietsstrategie und ein Instrument des Revenue Managements vorgestellt werden.

3. Standard Tourism Operations

3.1 (H + P) Booking Limits

a. Problemstellung/Szenario

Jedes touristisch tätige Unternehmen hat ein effizientes und effektives gewinnoptimales Kapazitätsmanagement aufzustellen, damit das operative Geschäft in Gang gebracht werden kann. Fehlentscheidungen können zu einem Umsatzverlust und schließlich zu Verdrängung führen. Die Problematik besteht darin, dass Busunternehmen, Incoming-Agenturen, Fluggesellschaften und Reiseveranstalter nicht differenzieren und vorbeugen können, welche Art, Menge und Besonderheiten der Nachfrager beim Leistungseintritt erscheinen.

Das (H + P) Booking Limits stellt fest, wie groß die Menge der Nachfrager ausfällt, die in der Vergangenheit die Leistung nicht in Anspruch genommen haben. Ziel ist es, die gewinnoptimale Kapazitätszahl zu ermitteln, damit die restlichen Kapazitäten von den zahlungsbereiten Kunden bzw. Nachfragern belegt werden können.

Zunächst wird ein Zusammenhang zum allgemeinen Kapazitätsmanagement hergestellt. Reiseunternehmen oder die Hotellerie, die ein professionelles gewinnorientiertes Kapazitätsmanagement durchführen, müssen ihre Teilkapazitäten effizient und effektiv auslasten, um das Gewinnmaximum zu erlangen. Kontingente, die ein Buchungslimit und eine Schutzzone enthalten, werden erstellt. Eine Differenzierung nach der Zahlungsbereitschaft der Kunden wird durchgeführt. Das Kontingentmanagement muss verhindern, dass hoch zahlungsbereite Kunden Zugriff auf niedrigwertige Teilkapazitäten haben. Umgekehrt dürfen niedrig zahlungsbereite Kunden keinen Zugang zu hochwertigen Kapazitäten haben.

Es ist wichtig, dass aus Sicht des Revenue Managements langfristig Umsatzpläne und gewinnoptimale Auslastungspläne erstellt werden, da es sonst passieren kann, dass Umsatzlücken entstehen, die sich nicht so schnell beheben lassen. Zwei Arten von Szenarien, die im Folgenden erklärt werden, können eintreten. Dies sind Umsatzverluste und -verdrängungen.

Ein Umsatzverlust entsteht, wenn das Kontingent nicht voll ausgelastet ist und eine Restkapazität vorhanden ist. Der Verlust ist so hoch wie die Gesamtanzahl der nicht belegten Teilkapazitäten pro Einheit. Umsatzverdrängung entsteht, wenn ein Kunde einen niedrigeren Preis für eine hochwertige Teilkapazität bezahlt. Sobald der Kunde einen niedrigeren Preis gewohnt ist, entsteht langfristig ein Verlust. Daher müssen die Kapazitäten rechtzeitig geschlossen werden. Bei Nichteinhaltung dieser Vorgabe können weitere negative Folgen für die gesamte Umsatzplanung entstehen.

Das praktische umsatzorientierte Auslasten des Kapazitätsmanagements ist häufig gekennzeichnet durch eine Vielzahl von Vertriebskanälen, z.B.:

- E-Booking
- Call-Center

- General-Sales-Firmen
- Vertragspartner

Eine Unübersichtlichkeit des gesamten Unternehmensvertriebsnetzes entsteht. Infolgedessen kann es erneut zu lang- und kurzfristigen Umsatzeinbußen kommen, da die Vertriebskanäle nicht koordiniert wurden. In der klassischen betriebswirtschaftlichen Literatur werden für das oben genannte Problem zwei Arten von Kapazitätssteuerungen vorgestellt.

- Standard Nesting
- Theft Nesting

Der Begriff Nesting kommt aus dem Englischen und bedeutet Verschachtelung. Ein Beispiel: Ein Kontingent- und Auslastungsmanager einer Incoming-Agentur stellt ausländischen Reiseveranstaltern folgende Kontingente zur Verfügung.

- Kontingent A
- Kontingent B
- Kontingent C

Die Gesamtkapazität beträgt 120 Personen. Die Kontingente sind getrennt voneinander aufgestellt. Beim Standard Nesting werden die Kunden je nach Zahlungsbereitschaft in Kontingente A, B, C eingeordnet, bis diese vollausgelastet sind. Die Kontingente A bis C haben jeweils 40 Kapazitätseinheiten. Eine Festverteilung der Nachfrager in die einzelnen Kontingente wird vorgenommen. Das Risiko besteht darin, die fehlende Restbelegung der einzelnen Kapazitäten auszulasten. Hier entsteht die Umsatzverdrängung. Ein Beispiel soll das Standard Nesting verdeutlichen: Ein Reiseveranstalter plant, für die Sommersaison folgende, hierarchisch aufgebaute Kontingente aufzustellen.

Kontingent	Preis pro Kapazitätseinheit	Kapazitäten pro Kontingent	Planumsatz
A Luxus	120,00 €	100	12.000,00 €
B Tourist	100,00 €	400	40.000,00 €
C Budget	80,00 €	300	24.000,00 €
D Cheap	60,00 €	700	42.000,00 €

Der Plangesamtumsatz für die Saison beträgt 118.000 Euro. Die Kapazitäten für alle Kontingente umfassen 1.500 Buchungen. Die optimale Auslastung ist gegeben in der nächsten Darstellung.

Kontingent	Planauslastung
A Luxus	100
B Tourist	400
C Budget	300
D Cheap	700

Eine feste Verteilung der einzelnen zahlungsbereiten Kunden in die zugehörigen Kontingente liegt beim Standard Nesting vor. In der Realität wird diese Vorgehensweise nicht eingehalten.

Tatsächliche Auslastung:

Kontingent	Auslastung	Erzielter Umsatz
A Luxus	0	0
B Tourist	0	0
C Budget	0	0
D Cheap	1.500	90.000,00 €

Dieses Beispiel zeigt das ungünstigste Szenario. Ein Gesamtumsatz von 90.000 Euro wurde erzielt. Dies entspricht einem Umsatzverlust von 28.000 Euro, in Prozent sind das 31 Prozent. Das Ergebnis zeigt, das aus Sicht des Kontingentmanagements kein Schutzlimit eingerichtet und keine Kundendifferenzierung nach der Zahlungsbereitschaft vorgenommen worden ist. Im besten Fall sind alle Kontingente ausgebucht. In der Realität ist dies nicht unbedingt umsetzbar. Es sind vier Kontingente auszulasten. Das nächste Beispiel stellt dar, dass bei einer Auslastung von jeweils 25 Prozent kein maximaler Umsatz erzielt wird, selbst im Falle einer Festverteilung.

Kontingent	Preis pro Kapazitätseinheit	Auslastung	Umsatz
A Luxus	120,00 €	25	3.000,00 €
B Tourist	100,00 €	100	10.000,00 €
C Budget	80,00 €	75	6.000,00 €
D Cheap	60,00 €	175	10.500,00 €

Der erzielte Gesamtumsatz beträgt 29.500 Euro bei einer Auslastung von 375 Teilkapazitäten. Der Umsatzverlust beträgt in diesem Fall 88.500 Euro, in Prozent sind das 33,3 Prozent. Das Optimum ist mit dieser Verteilung auch nicht erreicht.

Das Theft Nesting hat folgende Funktion. Die Kontingente A-D sind miteinander verschachtelt. Somit lässt sich die begrenzte Kapazitätsanzahl unabhängig betrachten. Die einzelnen Buchungsanfragen werden zunächst nur für das Kontingent A verkauft, bis dies komplett ausgeschöpft ist. Gleichzeitig wird eine Teilkapazität in dem niedrigsten Kontingent geschlossen. Dabei werden zuerst die Kontingente verkauft, die den höchsten Preis besitzen. Damit wird theoretisch maximaler Umsatz erzielt. Der Vorteil ist folgender: Die Buchungsanfragen werden nach der Zahlungsbereitschaft geordnet. Dabei wird verhindert, dass die niedrig wertigen Buchungsanfragen im frühen Anfragezeitraum die wirtschaftlich niedrigen Kontingente anfragen. Es besteht die Möglichkeit eine Last-Minute-Strategie durchzuführen, ohne große Verluste zu erzielen.

Kontingent	Preis pro Kapazitätseinheit	Auslastung	Umsatz
A Luxus	120,00 €	600	72.000,00 €
B Tourist	100,00 €	450	45.000,00 €
C Budget	80,00 €	300	24.000,00 €
D Cheap	60,00 €	150	9.000,00 €

Gesamtumsatz	150.000,00 €
Vergleich Standard Nesting	118.000,00 €
in Prozent	27,12

Das Ergebnis zeigt, dass beim Theft Nesting ein Mehrumsatz bis zu 32.000 Euro möglich ist. Die prozentuale Differenz beträgt 27,12 Prozent gegenüber dem Standard Nesting. Der Nachteil besteht darin, dass die einzelnen Kundensegmente bereit sein müssen, den veranschlagten Preis pro Kontingent zu bezahlen, was allerdings nur mit aufwendigen Preisanalysen herauszufinden ist. Die beiden Modelle Standard und Theft Nesting sind theoretische Modelle. Sie setzen voraus, dass eine monotone Buchungsanfrage vorliegt. Das ist in der Realität nicht der Fall. Allgemein gibt es in der Literatur Uneinigkeit, welches Modell (Standard oder Theft Nesting) das bessere ist. Bei beiden Modellen werden aber keine historischen Daten berücksichtigt. Der Revenue Manager muss von einem Punktergebnis ausgehen. Weiter werden Nachfrager für Buchungen weiterer touristischer Leistungen nicht gegeben. Deshalb können die Modelle für die Praxis nicht empfohlen werden. Es ist ein Modell gefragt, das sowohl ein Schutz- als auch ein Buchungslimit errechnet.

b. Erstellung eines Lösungskonzeptes

Für die Berücksichtigung des historischen Nachfrageverhaltens wird eine Tabelle mit einer abhängigen und einer unabhängigen Variable erstellt. Dies wird in den nächsten Kapiteln in der gleichen Art fortgesetzt werden. Beispielhaft werden die Berechnungen anhand eines Hotelunternehmens in einer Großstadt durchgeführt. Die Gesamtkapazität des Hotels beträgt 100. Die folgende Tabelle zeigt die Buchungssituation in den letzten zwanzig Stunden. Zur Verdeutlichung wurde zusätzlich die Veränderung in Prozent angegeben.

Stunden	Buchungsanfragen	Veränderung in Prozent
1	20	-
2	22	10,00
3	24	9,09
4	26	8,33
5	46	76,92
6	66	43,48
7	71	7,58
8	76	7,04
9	81	6,58
10	86	6,17
11	91	5,81
12	96	5,49
13	101	5,21
14	91	-9,90
15	101	10,99
16	105	3,96
17	109	3,81
18	113	3,67
19	117	3,54
20	112	-4,27

Das Ziel der Berechnungen ist es, ein Schutz- und Buchungslimit zu finden. Die Komplexität dieser Berechnung muss bewältigt werden. Damit die Übersicht behalten werden kann, wurde eine Notationstabelle eingerichtet.

Notation	Erläuterung
N	Gesamtanzahl
X	Unabhängige Variable
Y	Abhängige Variable
Ni	Betrachteter Zeitpunkt
$\bar{X}$	Mittelwert von x
$\bar{Y}$	Mittelwert von Y
X Hw	Höchster x Wert
Y Hw	Höchster Y Wert
Kapaz	Kapazität
ÜB	Überbelegung
$\sum$ xi	Gesamtwert von x
$\sum$ yi	Gesamtwert von Y
Yk	Kleinster Wert Y
Xk	Kleinster Wert x

Der erste Lösungsschritt wird folgendermaßen definiert.

$$\left(\left(\sum xi^2 - \bar{X}\right)^{\frac{1}{2}}\right)$$

Ni	Umsätze
1	389,5
2	473,5
3	565,5
4	665,5
5	2.105,5
6	4.345,5
7	5.030,5
8	5.765,5
9	6.550,5
10	7.385,5
11	8.270,5
12	9.205,5
13	10.190,5
14	8.270,5
15	10.190,5
16	11.014,5
17	11.870,5
18	12.758,5
19	13.678,5
20	12.533,5
Summe	141.260,0

Die Wurzel aus 141.260 beträgt 375,845713. Dieser Wert ist ein Zwischenschritt.
Die Fortsetzung dieser Teilformel sieht folgendermaßen aus.

$$\left(\sum Yi^2\right) - \left(\frac{\frac{\sum xi}{n * n^4}}{n}\right)$$

Das Ergebnis beträgt 2.414.916 Euro. Dieser Wert wird dividiert mit dem Ergebnis, das aus der ersten Formel errechnet wurde. Zur Orientierung wird die Teilformel dargestellt.

$$\frac{\left((\sum xi^2 - \bar{X})^{\frac{1}{2}}\right)}{\left((\sum Yi^2) - \left(\frac{\frac{\sum xi}{n * n^4}}{n}\right)\right)} + 1$$

Das Ergebnis ist 1,000155635.

Im nächsten Schritt wird die Überbelegung, die berücksichtigt werden muss, einbezogen.

$$\left(\left(1 - \left(\left(\frac{Überbelegung^2}{(log\,100)}\right) + \left(log\left(\frac{n}{100}\right)\right)\right)^{\frac{1}{20}}\right) + 1\right)$$

Der Wert wird mit dem vorherigen Resultat multipliziert. Die Aufgabe und der Lösungsschritt werden folgendermaßen vorgegeben:

1,0001554 * 0,55025637 = 0,55025637

Die Überbelegungen werden in einem zusätzlichen Schritt bearbeitet. Die Bedingungen lauten:

$$\begin{bmatrix} Wenn\ Kapazität > Yi\ dann \sum(Kapazität - Yi) \\ Wenn\ Kapazität < Yi\ dann\ 0 \end{bmatrix}$$

Der Kapazitätsumfang beträgt 100. Für Ni 13 errechnet sich der Wert beispielsweise

100-101= 1

Ni	Überbelegung
1	0
2	0
3	0
4	0
5	0
6	0
7	0
8	0
9	0
10	0
11	0
12	0
13	**1**
14	0
15	1
16	5
17	9
18	13
19	17
20	12

Insgesamt gibt es 58 Buchungsanfragen, die die maximale Kapazität nicht aufnehmen kann. Daher muss ein Buchungs- und Schutzlimit eingerichtet werden. Die potentiellen Umsätze der einzelnen Buchungsfragen sind hier nicht berücksichtigt. Diese Methode ist eine mengenbasierte Vorgehensweise.
Die folgende Formel zeigt den letzten Schritt.

$$\frac{[X\,Hw^2 - \bar{X}]}{\left[\left(\frac{Yk^2 - \bar{Y}}{Log\frac{\sum Yi}{100}}\right) * \left(\frac{Yk^2 - \bar{Y}}{Log\frac{\sum Yi}{100}}\right) * 0{,}90\right]}$$

Das Ergebnis ist 0,00000095885.

Um das Buchungslimit zu erhalten, muss im letzten Schritt der Wert quadriert und die n-Wurzel gezogen werden.

$\sqrt[1/20]{(0{,}00000095885)\verb|^|2}$

Das Booking Limit ist 50,01 Prozent. Das Kontingent kann Buchungsanfragen bis zur Hälfte der Gesamtkapazität annehmen. Die theoretische Kapazitätseinteilung besteht zu einem bestimmten Prozentsatz aus Booking Limit, und der Rest ist das Schutzlimit. Dieses wird mit der folgenden Formel errechnet.

$1 - (\sqrt[\frac{1}{20}]{(0{,}00000095885)^2})$

Das Ergebnis ist 49,99 Prozent. Die historischen Buchungsdaten empfehlen, die Hälfte der Kapazitäten für höherwertige Nachfrage bereit zu halten.

c. Interpretation der Ergebnisse

Der Zusammenhang zwischen Kontingent, Booking Limits und Schutzgrenze erklärt sich folgendermaßen: Das Kontingent wird definiert in einer Grundgesamtheit. Das Booking Limit wird erstellt, damit die Nachfrage die Kapazitätseinheit reservieren kann. Ein Schutzlimit wird eingerichtet, um gegen Buchungsabsagen geschützt zu sein, damit der allgemeine Umsatzverlust begrenzt wird. Es wurde bereits erwähnt, dass das H+P Booking Limit zum mengenbasierten Kapazitätsmanagement gehört. Somit sind Kundensegmente oder Preissensibilität nicht berücksichtigt. Das Endergebnis teilt die Kapazitäten in folgende Verteilungen auf:

	Kapazität	in Prozent
Kontingent	100	100,00
Booking Limit	50	50,01
Schutzlimit	25	49,99

Zur Orientierung werden die Formeln gezeigt.

$$\left[\frac{\sqrt{\left(\sum xi^2-\frac{\sum x}{n}\right)}}{\sum y^2-\left[\left(\sum xi/\left(\frac{n*n^4}{n}\right)\right)+1\right]}\right]*\left[\left[1-\left[\left[\left(\frac{Überbelegung^2}{log(100)}\right)\right]+\sqrt[\frac{1}{n}]{\left(log\left(\frac{n}{100}\right)\right)}\right]\right]+1\right]= a$$

$$\left(\frac{\left[X\,Hw^2-\left(\frac{\sum x}{n}\right)\right]}{\left[\left[\frac{Yk^2-\left(\frac{\sum Yi}{n}\right)}{Log\frac{\sum Yi}{100}}\right]*\left[\frac{Yk^2-\bar{Y}}{Log\frac{\sum yi}{100}}\right]*0{,}90\right]}\right)$$

3.2 Optimal Overbooking Limit

Mit dem Optimal Overbooking Limit wird die theoretische, passende Überbuchungsrate mit Berücksichtigung des historischen Buchungsverlaufs errechnet.

a. Problemstellung/Szenario

Dass ein Kunde zur vereinbarten Leistungsdurchführung nicht erscheint, ist besonders in der Touristik allgegenwärtig. Dieses Problem betrifft insbesondere Fluggesellschaften und Busunternehmen. Der Fachbegriff für diesen Umstand lautet No-Show.
Touristik-Unternehmen, die ein intensives Kapazitätsmanagement betreiben, müssen eine Überkapazität einrichten. Der entstehende Umsatzverlust darf nicht unterschätzt werden. Die Problematik ist, die richtige Anzahl zu ermitteln, um die Überbuchungen ausgleichen. Andernfalls kann es zu einem Reputationsschaden für das Reiseunternehmen kommen.
Das Optimum ist erreicht, wenn sich die Gesamtheit der Stornierung mit der Summe der No-Show ausgleicht und parallel zu den Gesamtkosten verläuft.

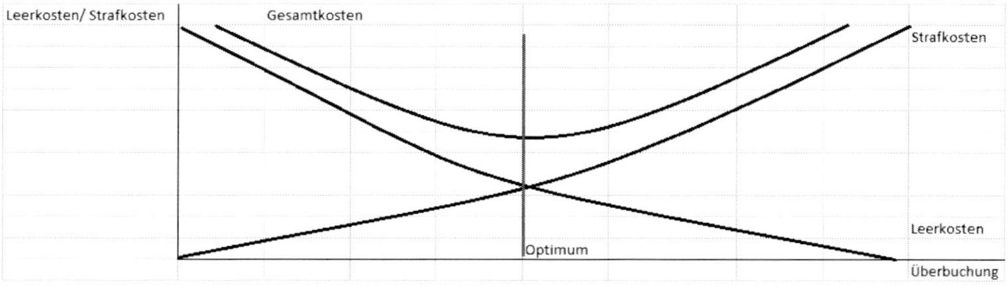

Die Grafik bestätigt: Eine optimale Überbuchungsrate kann nur festgelegt werden durch eine Einberechnung der Differenz zwischen der Gesamtheit der No-Show und Stornierungen. Das Modell berücksichtigt nicht die vergangene Kapazitätsauslastung und eine Differenzierung nach Kunden, die verschiedene Preisbereitschaften aufweisen. In der allgemeinen Literatur wird nur eine Punkt-Wahrscheinlichkeit mithilfe des Binominal-Koeffizienten berechnet. Das Resultat gibt an, wie groß die Übernachfrage in der Periode sein wird. Die Differenzierung nach Kunden und die zeitliche Dimension werden nicht berücksichtigt. Eine Stornierung ist nicht einkalkuliert.

b. Erstellung eines Lösungskonzeptes

Eine kleine Fluggesellschaft beförderte im vierten Quartal insgesamt 10 Passagiere. Zwei Passagiere sind beim Leistungsantritt nicht erschienen (No-Show). In Prozent ergibt dies 20 Prozent. Nun soll errechnet werden, wie hoch die No-Show Rate in der nächsten Periode wahrscheinlich ausfällt. Die Formel des Binominal-Koeffizienten lautet in der korrekten mathematischen Schreibweise:

$$\sum_{k=0}^{n} \binom{n}{k} x^k a^{n-k}$$

Eine vereinfachte Darstellung wird präsentiert.

Binominal-Koeffizient: $\left(\frac{A!}{((A! - B!) * B!)}\right) * P^{Ni} * (1 - P)^{N-Ni}$

Im nächsten Schritt erfolgt eine Erläuterung der einzelnen Ziffern.

A! = Fakultät der Gesamtpassagiere
B! = Fakultät der No-Show Rate
P = Prozentualer Anteil der No-Show
N = Gesamtpassagiere
Ni = Passagierzahl je Zeitraum

	Fakultät	Ergebnis
A	10	3.628.800
B	2	2
Binominalkalkulator	0,50000028	

0,25000028* 0,8166518 = 0,1021 * 100 = 10,21 Prozent

Mit einer Wahrscheinlichkeit von 10,21 Prozent ist damit zu rechnen, dass im nächsten Quartal erneut eine No-Show Rate von zwei Prozent entstehen wird. Das Ergebnis berücksichtigt nur eine Periode und eine Erfassung meteorologischer, saisonaler oder sozioökonomischer Einflüsse wurde nicht vorgenommen.
Allerdings ist ein prozentuales Resultat für Berechnungen, die sich mit Personen- bzw. Passagierzahlen befassen, nicht zu empfehlen, da es Brüche enthält.
Daher wird ein Verfahren präsentiert, das die Übernachfrage auf Basis der historischen Daten berechnet. Zu unserem Beispiel: Die Fluggesellschaft hat bereits expandiert. Die Kapazitäten der neuen Luftfahrzeuge sind größer.
Auf der Strecke Frankfurt/Main–Hongkong sind 600 Sitze zu besetzen. Es wurde bereits zehnmal geflogen. Zuvor wurden mehr Buchungsanfragen angenommen, als von den Kapazitäten zur Verfügung gestellt wurden. Ziel der Analyse ist es, herauszufinden, wie viele Überbuchungen gestaltet werden sollen.

N	Passagieranzahl	Veränderung in Prozent	Überkapazität
0	601	0,00	1
1	602	0,33	2
2	603	0,50	3
3	602	0,33	2
4	615	2,50	15
5	601	0,17	1
6	606	1,00	6
7	607	1,17	7
8	603	0,50	3
9	609	1,50	9
10	609	1,50	9
Gesamt			58

Die Tabelle zeigt, dass beim vierten durchgeführten Flug bis zu 15 Passagiere überbucht worden sind. Für alle Flüge gemeinsam liegt die Zahl der Überbuchungen bei 58. Es sind also pro Flug durchschnittlich 5,8 Passagiere überbucht worden.
Die Berechnung der optimalen Überbuchungsrate erfolgt mit folgender Formel.

$$\left[\left[-N^{-1} * \left(\frac{Yi}{Yi+1}\right) * \sqrt{P * (1-P}\right] + \sqrt{\left[\left[(N^{-1} * \left(\frac{Yi}{Yi+1}\right)^{2} * (P * (1-P))\right] + (4 * P * C)\right]}\right]$$

$(2 * P)$

Das Ergebnis muss quadriert werden mit ^2.

Notation	Bedeutung
Yi	Jahrespassagierzahl
P	Prozentanteil der Bruttopassagierzahl mit der Kapazität
1-P	Gegenwert von P
N^-1	Inverse der Normalverteilung
C	Kapazität

Die folgenden Ausführungen sind so gestaltet, das jeder erste mathematische Teilschritt erläutert wird. Die Aufzählung beginnt bei eins.

$$\left[-N^{-1} * \left(\frac{Yi}{Yi+1}\right) * \sqrt{P * (1-P}\right]$$

P	1-P	(-) Normalverteilung	Normalverteilung	Yi/(yi+1)
0,99667774	0,00332226	2,713051888	-2,713051888	0,99834163
0,99502488	0,00497512	2,575829304	-2,575829304	0,99834437
0,99667774	0,00332226	2,713051888	-2,713051888	0,99834163
0,97560976	0,02439024	1,959963985	-1,959963985	0,99837662
0,99833611	0,00166389	2,935199469	-2,935199469	0,99833887
0,99009901	0,00990099	2,326347874	-2,326347874	0,99835255
0,98846787	0,01153213	2,267932299	-2,267932299	0,99835526
0,99502488	0,00497512	2,575829304	-2,575829304	0,99834437
0,98522167	0,01477833	2,170090378	-2,170090378	0,99836066
0,98522167	0,01477833	2,170090378	-2,170090378	0,99836066

Die Teiltabelle P errechnet sich $\frac{Pi}{Gesamtkapazität}$ = (600/602) = 0,99667774. Sobald eine Multiplikation nach der Formel vorgenommen ist, entsteht folgende Ergebnistabelle:

N	Ergebnisse
1	0,15585883
2	0,18093242
3	0,15585883
4	0,30184823
5	0,11943091
6	0,22995201
7	0,24174147
8	0,18093242
9	0,26142365
10	0,26142365

Der nächste Teil der Formel ist zu lösen.

$$\sqrt{N^{-1} * \left(\frac{Yi}{Yi+1}\right)^2 * \left(P * (1-P)\right) + (4 * P * C)}$$

Die Ergebnisse sind:

N	Ergebnisse
1	2,82683859
2	3,46225755
3	2,82683859
4	7,74289036
5	1,99878272
6	4,89663585
7	5,28903884
8	3,46225755
9	5,99733564
10	5,99733564

Im vorletzten Schritt werden die Zahlenwerte addiert und es entsteht folgende Ergebnistabelle.

N	Ergebnisse
1	3
2	4
3	3
4	8
5	2
6	5
7	6
8	4
9	6
10	6

Im letzten Schritt werden die Werte durch (2P) geteilt und mit der Potenz 2 verrechnet. Das Endergebnis wird nun präsentiert.

N	Theoretische Überbuchung	in Prozent
1	2	11,95
2	3	11,72
3	2	11,95
4	17	13,32
5	1	12,54
6	7	11,71
7	8	11,81
8	3	11,72
9	10	12,10
10	10	12,10
Gesamt	64	10,37

c. Interpretation der Ergebnisse

Die Ergebnisse zeigen, dass ein Gesamtanstieg der Überkapazitäten von sechs vorgenommen werden muss. Dies macht einen Wert von 10,37 Prozent aus. Der Durschnitt beträgt 11,94 Prozent. Im Gegensatz zu unkontrollierten Überbuchungen ist eine Verstärkung dieser Maßnahme vorgenommen worden, unter Berücksichtigung der historischen Daten. Somit wurde die Überbelegung zuvor unterschätzt. Im weiteren Verlauf soll der Vorteil des Optimal-Overbooking-Limit-Modells demonstriert werden. Die Kapazität wurde festgelegt auf 600 Teilkapazitäten. Eine feste Verteilung der Buchungen wird hier vorausgesetzt.

Kapazität	
First	15,00%
Business	35,00%
Economy	50,00%

Die Annahme ist, dass 15 Prozent der Gesamtkapazität für die First Class gebucht ist. Die Economy-Klasse besetzt somit 50 Prozent der Gesamtkapazität. Die Preise pro Person sind in der nächsten Tabelle dargestellt.

Preis	
First	1.000,00 €
Business	500,00 €
Economy	150,00 €

Mit diesen beiden Tabellen lässt sich die Auslastung in allen Klassen der untersuchten Perioden darstellen.

N	Passagieranzahl	First	Business	Economy
0	601	90	210	301
1	602	90	211	301
2	603	90	211	302
3	602	90	211	301
4	615	92	215	308
5	601	90	210	301
6	606	91	212	303
7	607	91	212	304
8	603	90	211	302
9	609	91	213	305
10	609	91	213	305

Durch die Berechnungen $[Preis * Passagiere = Umsatz]$ lässt sich der operative Umsatz ermitteln.

Umsatz		
First	Business	Economy
90.150 €	105.175 €	45.075 €
90.300 €	105.350 €	45.150 €
90.450 €	105.525 €	45.225 €
90.300 €	105.350 €	45.150 €
92.250 €	107.625 €	46.125 €
90.150 €	105.175 €	45.075 €
90.900 €	106.050 €	45.450 €
91.050 €	106.225 €	45.525 €
90.450 €	105.525 €	45.225 €
91.350 €	106.575 €	45.675 €
91.350 €	106.575 €	45.675 €
998.700 €	1.165.150 €	499.350 €

Der erwirtschaftete Gesamtumsatz beträgt 2.633.200 Euro. Nachdem die Optimierung vorgenommen wurde, ändert sich die Verteilung der verschiedenen Kapazitätseinheiten auf die Gesamtkapazität.

N	Optimierung	First	Business	Economy
1	602	90	211	301
2	603	91	211	302
3	602	90	211	301
4	617	93	216	308
5	601	90	210	301
6	607	91	212	303
7	608	91	213	304
8	603	91	211	302
9	610	92	214	305
10	610	92	214	305

Die Preise sind mit den zuvor zugrunde gelegten identisch. Dadurch lässt sich folgende Umsatztabelle erstellen.

	Umsatz		
N	First	Business	Economy
1	90.335,85 €	105.391,82 €	45.167,92 €
2	90.502,72 €	105.586,51 €	45.251,36 €
3	90.335,85 €	105.391,82 €	45.167,92 €
4	92.549,78 €	107.974,74 €	46.274,89 €
5	90.168,82 €	105.196,95 €	45.084,41 €
6	91.005,38 €	106.172,94 €	45.502,69 €
7	91.174,03 €	106.369,70 €	45.587,01 €
8	90.502,72 €	105.586,51 €	45.251,36 €
9	91.513,35 €	106.765,58 €	45.756,68 €
10	91.513,35 €	106.765,58 €	45.756,68 €
Zwischensumme	909.601,85 €	1.061.202,15 €	454.800,92 €

Differenz			
N	First	Business	Economy
1	186 €	217 €	93 €
2	203 €	237 €	101 €
3	-114 €	-133 €	-57 €
4	2.250 €	2.625 €	1.125 €
5	-2.081 €	-2.428 €	-1.041 €
6	855 €	998 €	428 €
7	274 €	320 €	137 €
8	-547 €	-638 €	-274 €
9	1.063 €	1.241 €	532 €
10	163 €	191 €	82 €
Zwischensumme	2.252 €	2.627 €	1.126 €

Die Differenzberechnung der Umsatztabellen zeigt, dass nicht in jeder Periode eine Überbuchung einen positiven Umsatz erbringt. Dies ist zurückführen auf die Buchungsentwicklungen seitens der Nachfrager. Zur Orientierung werden die Zahlen in Prozent wiedergegeben.

Prozent		
First	Business	Economy
0,21%	0,21%	0,21%
0,22%	0,22%	0,22%
-0,13%	-0,13%	-0,13%
2,49%	2,49%	2,49%
-2,26%	-2,26%	-2,26%
0,95%	0,95%	0,95%
0,30%	0,30%	0,30%
-0,60%	-0,60%	-0,60%
1,18%	1,18%	1,18%
0,18%	0,18%	0,18%

Die Gesamtsumme beträgt 6.005 Euro. Damit ergibt sich ein Anstieg von 0,23 Prozent vom ermittelten Gesamtumsatz. Dieser Wert ist gering. Somit ist eindeutig bewiesen,

dass dieses mathematische Modell einen gewichteten Wert berechnet, mit starkem Fokus auf die Verhaltensmuster der historischen Daten. Wichtig ist, dass bei der Festlegung der Überbuchungsrate das wirtschaftliche Prinzip beachtet wird.
Je mehr Aufwand entsteht, desto mehr Ertrag muss zurückkommen. In der Praxis werden Überbuchungen unter dem theoretischen Wert aus Sicherheit vorgenommen. Das Resultat zeigt einen realistischen Wert, der durch die historische Datenanalyse ermittelt wurde.
Der Unterschied zu anderen Berechnungsverfahren wie denen des Binominalkoeffizienten oder der Poisson-Verteilung liegt in der Fokussierung der Zeitpunktanalyse. Langfristig ist Vorsicht geboten bei der Festlegung der Überbuchungsrate, denn Fehlkalkulationen können zu einem enormen Schaden der Unternehmensreputation führen.

3.3 (H + P) Auslastungsmanagement

Das Auslastungsmanagement zeigt ein Trendschätzungsverfahren und ist einzuordnen als ein Instrument des gewinnoptimalen Kapazitätsmanagements. Durch eine Erhebung der prozentualen Belegung soll festgestellt werden, inwieweit diese Belegung sich in der Zukunft positiv oder negativ entwickeln wird. Die Untersuchung ist auf die jährliche Gesamttouristenanzahl bezogen. Eine Kundendifferenzierung und eine Messung der Zahlungsbereitschaft sind nicht gegeben. Dieses mathematische Verfahren ist eine Roherfassung.

a. Problemstellung/Szenario

Eine karibische Destinationsmanagementorganisation möchte die Anzahl der Touristen im nächsten Jahr erhöhen. Verschiedene internationale Kapitalgeber überlegen, Investition auf der Insel zu tätigen, da sie sich eine hohe Rendite versprechen. Die Investoren wollen die Destinationsmanagementorganisation unterstützen, wenn die durchschnittliche Auslastung einen Wert von 60 Prozent in der Zukunft nicht unterschreitet. Insgesamt kann der Inselstaat bis 250.000 Touristen pro Jahr aufnehmen. Eine erste Tabelle soll Klarheit verschafften.

Jahre	Auslastung	Auslastung
1	200	80%
2	240	96%
3	210	84%
4	220	88%
5	240	96%
6	239	96%
7	250	100%
8	199	80%
9	210	84%
10	204	82%
Gesamt	2.212	

Die Werte sind in Tausend angegeben. In den letzten zehn Jahren haben 2.212 Touristen die Insel besucht. Der Jahresdurchschnitt beträgt 22,12 Touristen. Die prozentuale Auslastung in den letzten zehn Jahren erreichte einen Durchschnittswert von 88 Prozent in Bezug auf die Gesamtkapazität. Aus ökonomischer Sichtweise ist diese letzte Aussage ein positiver Indikator für einen Boom-Tourismus.

Jahre	Auslastung	Veränderung	in Prozent
2	200	40	20
3	240	-30	-13
4	210	10	5
5	220	20	9
6	240	-1	0
7	239	11	5
8	250	-51	-20
9	199	11	6
10	210	-6	-3

Die Tabelle zeigt die prozentuale Veränderung der Jahresauslastung. Im dritten Jahr war ein Rückgang von 30.000 Touristen zu verzeichnen, im achten Jahr von 51.000. Der Vergleich zeigt, dass diese Rückgänge geringe Auswirkungen hatten und die prozentualen Auslastungen im Gesamten wenig beeinflussen.

Jahre	Negative Veränderung	in Prozent
2	0	0
3	-30	34,09
4	0	0
5	0	0
6	-1	1,14
7	0	0
8	-51	57,95
9	0	0
10	-6	6,82
Gesamt	-88	100,00

Die letzten Untersuchungen zeigen, dass ein Gesamtrückgang von 88.000 Touristen in den letzten zehn Jahren zu verzeichnen ist. In Prozent ergibt dies einen Anteil von -3,98.

b. Erstellung eines Lösungskonzeptes

Die Formel zur Berechnung der zukünftigen Auslastung ist komplex und erfordert eine Notationstabelle, die im Folgenden dargestellt wird.

Abkürzung	Bedeutung
AI	Auslastung
PAI	Jahresauslastung in Prozent
Kapaz	Kapazität
LOG	Logarithmus
N^-1	Inverse der Matrix

Die Auslastungssituation ist bereits bekannt.

Jahre	Auslastung	Auslastung in Prozent
1	200	80
2	240	96
3	210	84
4	220	88
5	240	96
6	239	96
7	250	100
8	199	80
9	210	84
10	204	82

Die primäre Teilformel ist wie folgt:

$$\left[\frac{\frac{PAI^2}{PAI^3}}{\frac{1}{AI * (1 + PAI)}}\right]$$

N	Ergebnis
1	450
2	490
3	460
4	470
5	490
6	489
7	500
8	449
9	460
10	454

Im nächsten Schritt werden die Werte geteilt durch die Formel $\sqrt{Kapaz}$.

N	Ergebnisse
1	1,34
2	1,40
3	1,36
4	1,37
5	1,40
6	1,40
7	1,41
8	1,34
9	1,36
10	1,35

$(1 - LOG($ Ergebnisse der letzten Tabelle$))$

N	Ergebnisse
1	0,872
2	0,854
3	0,868
4	0,863
5	0,854
6	0,854
7	0,849
8	0,873
9	0,868
10	0,870

Zur besseren Orientierung wird der gesamte Schritt in einer Formel gezeigt.

$$1 - LOG\left[\left[\frac{\left[\left(\frac{\frac{PAI^2}{PAI^3}}{\frac{1}{AI * (1 + PAI)}}\right)\right]}{\sqrt{Kapaz}}\right]\right] = A1$$

Der erste Teilschritt nennt sich A1. Die Fortsetzung sieht folgendermaßen aus.

$$\frac{\left[\left[\left[\frac{\frac{PAI^2}{PAI^3}}{\left(\frac{1}{(AI * (1 + PAI)}\right]}\right] - A1\right]\right]}{\sqrt{A1}}$$

N	Ergebnisse
1	0,502
2	0,591
3	0,525
4	0,547
5	0,591
6	0,589
7	0,613
8	0,500
9	0,525
10	0,511

Das Ergebnis ist A2. Die Zwischenresultate werden normalverteilt.

N	Ergebnisse
1	0,01
2	0,23
3	0,06
4	0,12
5	0,23
6	0,22
7	0,29
8	0,00
9	0,06
10	0,03

Das Ergebnis ist A3.

Im vorletzten Schritt werden diese Ergebnisse kumuliert.

N	Ergebnisse
1	0,01
2	0,24
3	0,30
4	0,42
5	0,65
6	0,87
7	1,16
8	1,16
9	1,22
10	1,25

Die Summe beträgt 7,26 und hat das Kennzeichen A4. Die letzte Formel, die benutzt werden muss, um das Endergebnis zu erreichen, ist:

$$A5 = \left(\frac{A4}{n}\right) * 100$$

Das Ergebnis lautet 72,63 Prozent.

c. Interpretation der Ergebnisse

Das Destinationsmanagement muss im elften Jahr mit einer Auslastung von 72,63 Prozent rechnen. Die Investoren brauchen keine Bedenken zu haben, ihr geplantes Kapital in diesem Zielgebiet anzulegen. Ein Totalausfall ist für die nächsten Jahre unwahrscheinlich.

Die Untersuchung der Auslastung beruht auf Zahlen. Meteorologische und ökologische Einflüsse sind nicht berücksichtigt worden. Das (H + P) Auslastungsmanagement hat gezeigt, dass durch diese Vorgehensweise ein durchschnittlicher Prognosewert für die Belegung der Teilkapazitäten ermittelt werden kann. Zu den Vorteilen dieses Verfahrens gehört die sorgfältige Gewichtung der einzelnen Werte, d.h. die Auswertungen sind resistent gegen Ausreißer. Dennoch ist zu beachten, dass dieses Untersuchungsverfahren nur auf einen langfristigen Zeitraum angewendet werden kann.

4. (H + P) Trend Analysis Methods

Das zweite Kapitel dieses Fachbuches beschäftigt sich mit dem periodischen Ermitteln und Erkennen von Markttrends in den Bereichen Konsum, Zinsen und Erträge. Das Besondere an dem im Folgenden vorgestellten innovativen statistischen Verfahren liegt darin, dass Erkenntnisse mit maximaler Fehlerreduktion gewonnen werden können. Das Ziel des Revenue Managers muss es sein, zusätzliche Analyse-Instrumente an der Hand zu haben, um so eine effiziente und effektive Untersuchung von Märkten, Kunden und Zinsen vornehmen zu können.

4.1 (H + P) Trend for Consumer

(H + P) Trend for Consumer richtet das Augenmerk auf die Entwicklung der Nachfrageströmungen in den vergangenen Perioden und die Ausmaße und Folgen für die Zukunft. Dabei wird keine Rücksicht genommen auf die Variation der Variablen, es geht nur um die Quantität.

a. Problemstellung/Szenario

Eine internationale Touristikorganisation braucht eine Gästezukunftsanalyse für 20 Monate, um einen Eindruck zu bekommen, wie die Touristenanzahlen in einer Destination periodenhaft ausfallen werden. Das hauseigene Revenue Management wird darauf angesetzt, eine Analyse zu entwickeln, um Klarheit zu verschaffen. Die Tabelle zeigt die Anzahl der Touristen in den letzten zwanzig Monaten.

Monat	Gäste
1	1.000
2	3.000
3	2.090
4	1.000
5	1.800
6	1.000
7	1.500
8	2.000
9	1.400
10	3.449
11	3.345
12	5.543
13	5.000
14	2.340
15	2.000
16	4.599
17	4.539
18	4.549
19	3.000
20	6.599

Die Frage ist nun: Wie entwickeln sich die nächsten zwanzig Perioden? Mit der Antwort auf diese Frage ist eine Planungsgrundlage geschaffen, aus der die optimalen Maßnahmen abgeleitet werden können.

b. Erstellung eines Lösungskonzeptes

Zur Erstellung eines Lösungskonzeptes werden folgende statistische Methoden verwendet. Auf Verfahren zur Prognosesicherheit wird aus Gründen der Komplexitätsreduktion verzichtet.

Die erste Formel des Lösungskonzeptes lautet:

$$\frac{((xi-\bar{x})*(yi-\bar{y}))}{\Sigma((xi-\bar{x})*(yi-\bar{y}))}=c$$

Die Abkürzungen werden anhand einer Tabelle erklärt.

Xi	Einzelne Periode
$\bar{X}$	Mittelwert der Perioden
Yi	Anzahl der Gäste in der Periode
$\bar{Y}$	Mittelwert der Gesamtgästeanzahl

Zur Berechnung des Mittelwerts:

$\bar{X}$	$\bar{Y}$
10,5	2.988

Die Berechnung der oben genannten Formel erreicht folgende Ergebnisse.

$(xi-\bar{x})$	$(yi-\bar{y})$	$((xi-\bar{x})*(yi-\bar{y}))$	$\frac{((xi-\bar{x})*(yi-\bar{y}))}{\Sigma((xi-\bar{x})*(yi-\bar{y}))}$
-9,5	100	-950	0,463636364
-8,5	90	-765	0,363636364
-7,5	80	-600	0,275757576
-6,5	70	-455	0,2
-5,5	60	-330	0,136363636
-4,5	50	-225	0,084848485
-3,5	40	-140	0,045454545
-2,5	30	-75	0,018181818
-1,5	20	-30	0,003030303
-0,5	10	-5	-0,03030303
0,5	100	50	-0,081818182
1,5	90	135	-0,121212121
2,5	80	200	-0,148484848
3,5	70	245	-0,163636364
4,5	60	270	-0,166666667
5,5	50	275	-0,157575758
6,5	40	260	-0,136363636
7,5	30	225	-0,103030303
8,5	20	170	-0,057575758
9,5	10	95	-0,057575758
-	-	-1650	1

In der vorletzten Tabelle werden die einzelnen Ergebnisse mit der Abkürzung Di bezeichnet. Einige Ergebnisse sind im negativen Bereich, daher gilt folgende Regel:

$$\left\{\begin{matrix} Wenn\ Di > 0 = Di * 1 \\ Wenn\ Di < 0 = Di * -1 \\ \end{matrix}\right\}$$

Die Ergebnistabelle ist im Folgenden aufgestellt.

D
0,58
0,19
0,22
0,24
0,27
0,32
0,38
0,46
0,60
0,83
11,00
1,70
0,48
0,23
0,10
0,02
0,05
0,13
0,24
0,44
17,92

Das Ergebnis wird mit dem Buchstaben E bezeichnet. Die Fortsetzung ist gegeben durch folgende Formel:

$$\left(\frac{Mittelwert\ der\ Spalte\ D}{\frac{Summe\ von\ D}{100}}\right)$$

Das Ergebnis beträgt 0,1690557 und trägt den Buchstaben F. In der zwanzigsten Periode sind es genau 6.599 Gäste, die ihren Urlaub in der Destination verbracht haben. Dieser Wert wird für die nächste Formel verwendet.

$$(Wert\ der\ letzten\ Periode * Schritt\ E\ * Schritt\ F) + Wert\ der\ letzten\ Periode$$

Perioden	**Gäste**	Absolut	Relativ
21	**3.292**	-	-
22	**6.816**	3.524	107,05%
23	**7.065**	249	3,65%
24	**2.175**	-4.889	-69,21%
25	**1.046**	-1.129	-51,90%
26	**1.897**	850	81,26%
27	**1.064**	-833	-43,91%
28	**1.618**	554	52,06%

29	**2.203**	585	36,17%
30	**1.597**	-606	-27,49%
31	**9.863**	8.266	517,49%
32	**4.306**	-5.556	-56,34%
33	**5.994**	1.688	39,19%
34	**5.190**	-804	-13,41%
35	**2.380**	-2.810	-54,14%
36	**2.006**	-374	-15,72%
37	**4.641**	2.635	131,35%
38	**4.642**	1	0,02%
39	**4.737**	95	2,04%
40	**3.224**	-1.513	-31,95%

Die Tabelle zeigt die Schätzwerte für die nächsten zwanzig Monate. Auf den ersten Blick erreicht die Periode 31 den höchsten Wert von 9.863 Gästen. Das macht einen Anstieg von 517,49 Prozent aus. Von Periode 37 auf 38 können hingegen keine nennenswerten Änderungen vorgewiesen werden. Die anderen Tabellen zeigen jeweils die Differenzen in Zahl und Prozent. Aus Sicht des Revenue Managements können Entscheidungen über die Kapazitätsplanung getroffen werden, da dieses Verfahren eine gute Grundlage bietet. In der allgemeinen Statistik-Literatur wird oftmals das Konzept der allgemeinen Regressionsanalyse mit dem Regressionskoeffizienten Beta erläutert. In der Literatur wird häufig das Konzept der linearen Regression dargestellt. Das ist eine Methode mit dem Ziel, eine Prognose über die zukünftige Entwicklung zu erstellen. Das vorgestellte mathematische Verfahren wird seine Vorteile gegenüber der linearen Regression beweisen. Final werden die Abweichungen mit dem Theils Prognosefehlermaß erläutert. Für diese Vorgehensweise werden folgende Formeln benötigt.

$$\beta = \frac{\sum\left((xi - \bar{x}) * (yi - \bar{y})\right)}{(xi - \bar{x})^2}$$

$$\alpha = \bar{x} - (\beta * \bar{y})$$

$$\hat{Y} = \alpha + (\beta * \sqrt{x})$$

Mittelwert	
$\bar{x}$	10,5
$\bar{y}$	2988

X	Y	$xi - \bar{x}$	$yi - \bar{y}$	$(yi - \bar{y}) * (xi - \bar{x})$	$(xi - \bar{x})^2$
1	1.000	-10	-1.988	18.883	90
2	3.000	-9	12	-105	72
3	2.090	-8	-898	6.732	56
4	1.000	-7	-1.988	12.920	42
5	1.800	-6	-1.188	6.532	30
6	1.000	-5	-1.988	8.944	20
7	1.500	-4	-1.488	5.207	12
8	2.000	-3	-988	2.469	6
9	1.400	-2	-1.588	2.381	2
10	3.449	-1	461	-231	0
11	3.345	1	357	179	0
12	5.543	2	2.555	3.833	2
13	5.000	3	2.012	5.031	6
14	2.340	4	-648	-2.267	12
15	2.000	5	-988	-4.444	20
16	4.599	6	1.611	8.862	30
17	4.539	7	1.551	10.084	42
18	4.549	8	1.561	11.710	56
19	3.000	9	12	105	72
20	6.599	10	3.611	34.308	90
-	-	-	-	131.134	665

Die Ergebnisse der Regressionskoeffizienten Alpha und Beta sind in folgender Tabelle angezeigt.

Beta	197
Alpha	917

Die lineare Wurzelfunktion wird für die Periode 21 folgendermaßen berechnet.

$\hat{Y} = 917 + (197 * \sqrt{21}) = 1.820$

Nachdem die Berechnungen durchgeführt worden sind, werden die Endergebnisse in einer Tabelle dargestellt.

Perioden	Passagiere	Absolut	Relativ	Steigung in Prozent von Periode 21
21	**1.820**	-	-	-
22	1.842	21	1,17%	1,17
23	1.863	21	1,13%	2,31
24	1.883	20	1,09%	3,43
25	1.903	20	1,06%	4,52
26	1.923	20	1,03%	5,59
27	1.942	19	1,00%	6,65
28	1.961	19	0,97%	7,68
29	1.979	18	0,94%	8,69
30	1.997	18	0,92%	9,69
31	2.015	18	0,89%	10,67
32	2.033	18	0,87%	11,63
33	2.050	17	0,85%	12,58
34	2.067	17	0,83%	13,52
35	2.084	17	0,81%	14,44
36	2.100	17	0,79%	15,35
37	2.117	16	0,78%	16,25
38	2.133	16	0,76%	17,13
39	2.149	16	0,75%	18,00
40	2.164	16	0,73%	18,87

Auf den ersten Blick kann man erkennen, dass nach der Prognose der allgemeinen linearen Methode ein stetiges Wachstum zu verzeichnen ist. Insgesamt ist eine Erhöhung der Gästezahl um 18,87 Prozent prognostiziert.
Generell muss die Qualität der Prognose überprüft werden. Im Revenue Management braucht man eine Sicherheit, inwieweit der Prognose-Qualität vertraut werden kann, und ob dieses prognostizierte Szenario eintrifft. Theils Prognosefehlermaß ist ein zuverlässiges Verfahren. Die in der folgenden Formel verwendeten Abkürzungen werden in der nächsten Tabelle erläutert.

Abkürzung	Bedeutung
A	Prognosewert der nächsten Stichprobe
B	Prognosewert
C	Beobachtungswert
D	Beobachtungswert der letzten Stichprobe
E	Beobachtungswert der nächsten Stichprobe
F	Beobachtungswert der vorletzten Stichprobe

Die Formel lautet nun:

$$\sqrt{\frac{\sum((b-c)^2 + (a-e)^2)}{\sum((c-f)^2 + (e-c)^2)}}$$

Ein Musterbeispiel wird vorgegeben.

$$\sqrt{\frac{((3292-3000)^2 + (6816-2090)^2)}{((3000-1000)^2 + (2090-3000)^2)}} = 2{,}15$$

Perioden	(H + P) Trendverfahren	Lineare Regression
21	**2,155041882**	0,848643438
22	5,414982446	0,394140456
23	4,494134339	1,018667357
24	0,334328381	1,133635755
25	0,423502487	1,709978016
26	1,437926402	0,38156832
27	1,230591256	0,926529852
28	0,592500242	0,626885528
29	1,046246445	1,023901981
30	2,117730362	1,244038649
31	1,93241656	2,646667758
32	1,370031707	0,71611019
33	1,808896117	0,09860691
34	1,482491277	0,730692218
35	1,295176687	1,379455917
36	41,66567231	67,55032192
37	1,061884934	1,18265586
38	0,633656901	1,094699167
39	0,49528321	0,68268972
40	0,488521018	0,32797099

Die Ergebnistabelle zeigt, in welchem Maße die Prognosewerte der beiden Verfahren abweichen. Je geringer die Prognoseabweichung ist, desto eher kann dem Prognosewert vertraut werden. Um einen Vergleichswert zu erhalten, werden im nächsten Schritt die Mittelwerte ausgerechnet.

Mittelwert	Werte
(H + P) Trendverfahren	3,57
Lineare Regression	4,49

Die Differenz beträgt 0,92 Einheiten. Beim (H + P) Trendverfahren ist pro Periode mit einer Prognoseabweichung 3,57 Einheiten zu rechnen. Der Vergleich zeigt eine Differenz von 20,47 Prozent.

c. Interpretation der Ergebnisse

Das Ergebnis hat deutlich gezeigt, dass das (H + P) Trendverfahren realistischere Werte prognostiziert als die lineare Regression. Diese geht von wachsenden Zahlen aus, was die beiden Darstellungen deutlich belegen.

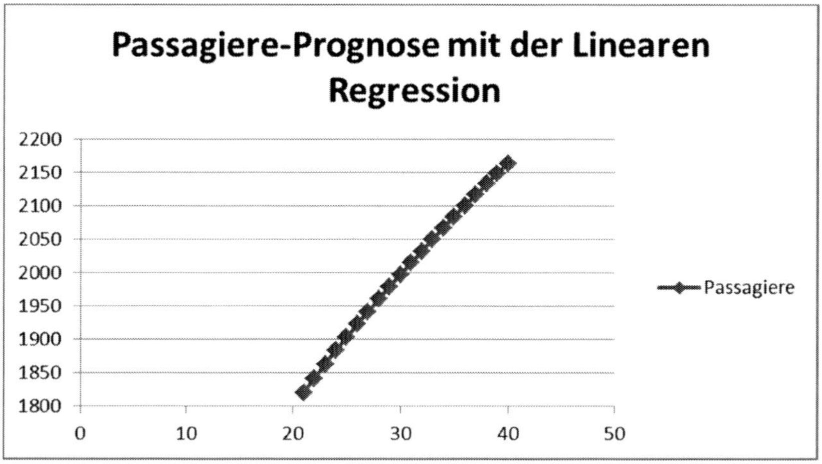

Gewöhnlich wachsen Bäume aber nicht in den Himmel.

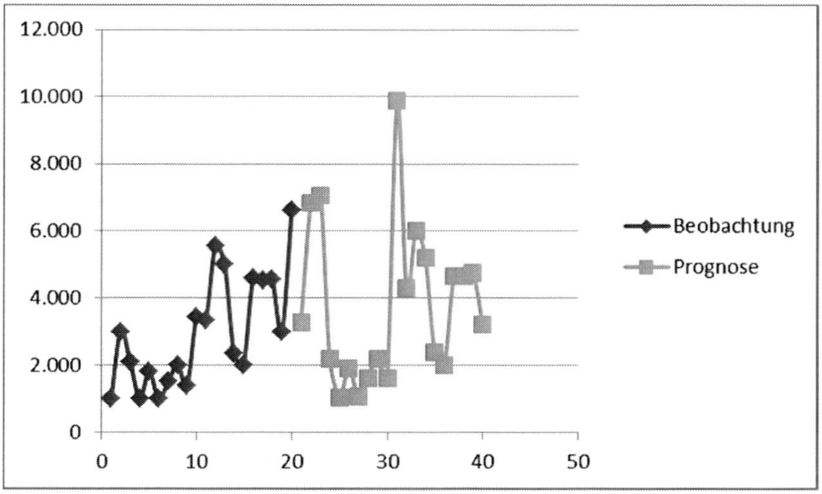

Die Darstellung zeigt in dunkelgrauer Farbe die Beobachtungswerte und darauf in hellgrau die Prognosewerte. Das (H + P) Trendverfahren liefert generell andere Werte mit höherer Sicherheit. Das Verfahren wertet die Historienfähigkeit aus und erstellt eine Analyse für beliebige Zukunftsperioden. Deutlich ist in der Periode 31 ein Anstieg zu erkennen. Das Management kann somit unternehmensspezifische Maßnahmen einleiten.

d. Anwendungsempfehlungen

Empfohlen wird das vorgestellte Verfahren für Destinationsorganisationen, Reiseveranstalter und Transportunternehmen, die eine Passagieranzahl für eine bestimmte Periodenanzahl prognostizieren müssen. Dabei sollte ein Konfidenztest vorgenommen werden, um eine Prognosesicherheit zu haben.

4.2 (H + P) Trend for Revenue

Das (H + P) Trend for Revenue ist ein Verfahren, das in beliebigen Perioden Umsatzprognosen für die operative Unternehmensebene erstellt. Die Einzigartigkeit dieses mathematischen Verfahrens ist, dass eine Charakteristik für Geldbeträge in dieser Trendermittlung berücksichtigt wird. Ziel ist es, aus Unternehmersicht einen Überblick über den erwirtschafteten Revenue in den zukünftigen Perioden zu erhalten, um weitere Maßnahmen abzuleiten. Bei der Vorstellung dieses Trendmodells ist zu beachten, dass nicht auf ein Konfidenzintervall eingegangen wird.

a. Problemstellung/Szenario

Die (H + P) Tourism-Investment AG errichtet einen Hotelfonds. Kapitalanlage sind verschiedene Luxushotels entlang der Mittelmeerküste. Ein Gesamtkapital von mehreren Millionen Euro ist bereits in einem Zeitraum von exakt zwanzig Monaten eingesetzt worden. Die Analysten dieser Investmentgesellschaft erstellen einen Umsatzbericht der vergangenen Geschäftsmonate.

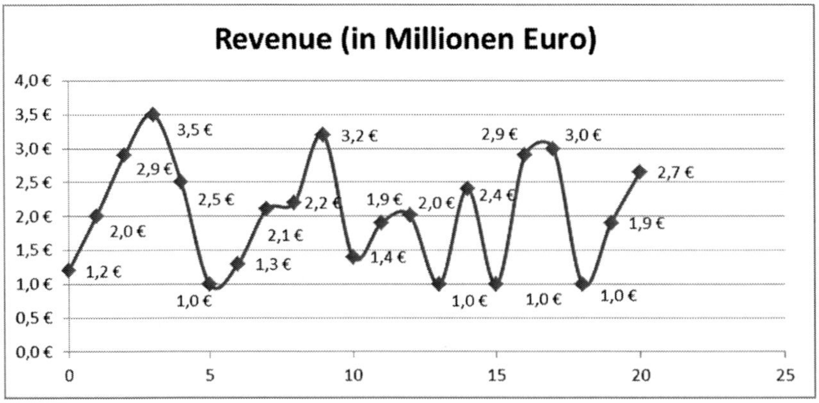

Die Darstellung zeigt, dass ein maximaler Umsatz von 3,5 Millionen Euro erzielt wurde. Dieses Ergebnis entspricht einer Rendite von 107 Prozent.

Ln(3,5/1,2)*100=107 Prozent

Monate	Umsatz (Revenue)	Rendite
0	1.200.000 €	
1	2.000.000 €	51,08%
2	2.900.000 €	37,16%
3	3.500.000 €	18,81%
4	2.500.000 €	**-33,65%**
5	1.000.000 €	**-91,63%**
6	1.300.000 €	26,24%
7	2.100.000 €	47,96%
8	2.200.000 €	4,65%
9	3.200.000 €	37,47%
10	1.400.000 €	**-82,67%**
11	1.900.000 €	30,54%
12	2.010.000 €	5,63%
13	1.000.000 €	**-69,81%**
14	2.400.000 €	87,55%
15	1.000.000 €	**-87,55%**
16	2.900.000 €	106,47%
17	3.000.000 €	3,39%
18	1.000.000 €	**-109,86%**
19	1.900.000 €	64,19%
20	2.650.000 €	33,27%

In der Tabelle sind die einzelnen periodischen Umsätze mit der Rendite als Vergleichsmaß dargestellt. Die Tabelle und die Darstellungen zeigen eindeutig, dass in den Perioden 4, 5, 10, 13, 15, 18 Umsatzeinbrüche zu verzeichnen sind. Die Ursachen können sein, dass zu wenige Hotelzimmer verkauft wurden oder dass der maximale Logisumsatz pro Gast einen Rückgang erlebt hat. Die Durchschnittsrendite entspricht daher nur 4 Prozent. Positiv anzumerken ist die Rendite in der Periode 15 zu 16. Der prozentuale Wert beträgt hier 106 Prozent. Die Fondsmanager brauchen nun eine Prognose darüber, wie sich die Umsätze entwickeln, damit eventuell Optimierungsmaßnahmen im Finanz-, Produkt-, Vertriebs- und Marketingbereich eingeleitet werden können.

b. Erstellung eines Lösungskonzeptes

Um eine sichere Prognose zu erhalten, ist das (H + P) Trend for Revenue ein geeignetes Verfahren ist.

Abkürzung	Bedeutung
σ^2	Varianz
Yi	Erfasste Umsatz in der Periode
Y1	Umsatz der vorigeren Periode
YO	Umsatz der letzten Periode
Yn	Umsatz in der letzten Prognoseperiode

$$\sqrt{\left(\frac{\left(\left(ln\frac{\left(Yi-\left(\frac{1}{\overline{Y}}\right)^{2}\right)}{\sigma^{2}}\right)*-1\right)}{\left(1-(Log(\frac{Y1}{Yi})\right)}\right)^{2}} = Schritt\ 1$$

Die Berechnungen müssen für alle Perioden erfolgen. Die Ergebnisse in Schritt 1 sind in Dezimalzahlen angegeben. Die vorletzten Ergebnisse müssen pro Periode prozentual ins Verhältnis gesetzt werden.
Dies geschieht mit folgender Formel:

$$Ln\left(\frac{Ergebnis\ Schritt\ 1\ der\ zweiten\ Periode}{Ergebnis\ Schritt\ 1\ der\ ersten\ Periode}\right) = Schritt\ 2$$

Die Ergebnisse aus der Vergangenheit werden pro Periode nach der folgenden Berechnung abgezogen.

$$YO*\left(1-(Schritt\ 2)\right)\ldots\ldots Yi*\left(1-(Schritt\ 2)\right)\ldots\ldots Yn*\left(1-(Schritt\ 2)\right)$$

Im Folgenden wird die Formel im ersten Schritt auseinander genommen und die Ergebnisse werden hinzugefügt.

Schritt	1
Rang	Ergebnisse
0	13,16
1	12,65
2	12,28
3	12,09
4	12,43
5	13,35
6	13,08
7	12,60
8	12,56
9	12,18
10	13,01
11	12,70
12	12,65
13	13,35
14	12,47
15	13,35
16	12,28
17	12,25
18	13,35
19	12,70
20	12,37

$$\left(1-(Log(\frac{Y1}{Yi})\right)$$

Schritt	1
Rang	Ergebnisse
1	0,78
2	0,84
3	0,92
4	1,15
5	1,40
6	0,89
7	0,79
8	0,98
9	0,84
10	1,36
11	0,87
12	0,98
13	1,30
14	0,62
15	1,38
16	0,54
17	0,99
18	1,48
19	0,72
20	0,86

Monate	Quadriert und Wurzel gezogen	Ln(Rang 1/Rang 2)	Vergangene Werte *(1-ln(Rang1/Rang2))
1	16,3	0,0	**2.927.336 €**
2	14,6	-0,1	**3.233.697 €**
3	13,2	-0,1	**3.577.162 €**
4	10,8	-0,2	**4.271.655 €**
5	9,5	-0,1	**4.816.236 €**
6	14,8	0,4	**2.715.776 €**
7	15,9	0,1	**2.511.476 €**
8	12,8	-0,2	**3.056.038 €**
9	14,6	0,1	**2.668.213 €**
10	9,6	-0,4	**3.785.451 €**
11	14,6	0,4	**2.175.508 €**
12	13,0	-0,1	**2.440.872 €**
13	10,2	-0,2	**3.016.529 €**
14	20,1	0,7	**979.311 €**
15	9,7	-0,7	**1.696.919 €**
16	22,8	0,9	**238.013 €**
17	12,4	-0,6	**382.860 €**
18	9,0	-0,3	**505.003 €**
19	17,6	0,7	**167.871 €**
20	14,5	-0,2	**200.984 €**

Die Tabelle zeigt in der letzten Spalte die Prognosewerte. In der folgenden Darstellung wird der Verlauf gezeigt.

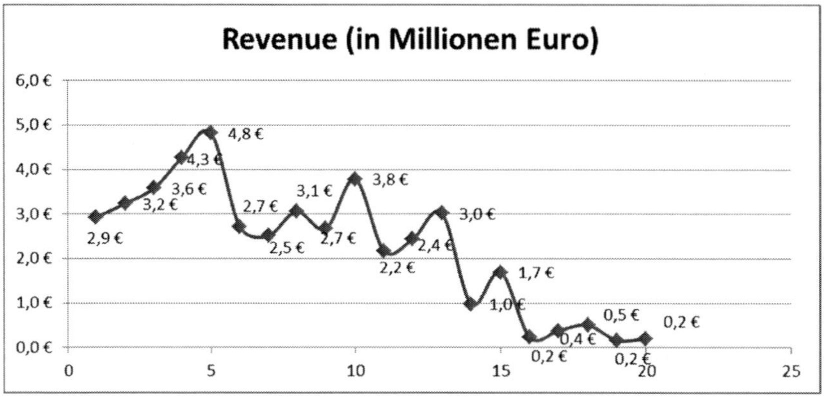

Eindeutig ist zu erkennen, dass in den letzten Monaten ein deutlicher Revenue-Rückgang zu erkennen ist, weswegen Maßnahmen in allen Hotelgesellschaften, die die Investmentgesellschaft betreut, eingeleitet werden müssen.

c. Interpretation der Ergebnisse

Bei einem weiteren Blick auf die Umsatzprognosen mit Betrachtung der periodischen Rendite ist eindeutig zu erkennen, dass in den Perioden 26, 29, 31, 34, 36 und 39 Rückgänge zu erwarten sind.

Monate	Revenue	Rendite
21	2.927.336 €	10%
22	3.233.697 €	10%
23	3.577.162 €	10%
24	4.271.655 €	18%
25	4.816.236 €	12%
26	2.715.776 €	-57%
27	2.511.476 €	-8%
28	3.056.038 €	20%
29	2.668.213 €	-14%
30	3.785.451 €	35%
31	2.175.508 €	-55%
32	2.440.872 €	12%
33	3.016.529 €	21%
34	979.311 €	-113%
35	1.696.919 €	55%
36	238.013 €	-196%
37	382.860 €	48%
38	505.003 €	28%
39	167.871 €	-110%
40	200.984 €	18%
Summe	45.366.908 €	-

Die (H + P) Tourism-Investment AG unternimmt einen analytischen Vergleich, um die Wirtschaftlichkeit dieses Fonds zu erkennen.

Vergleich	Ergebnis
Vergangener Umsatz	43.060.000 €
Umsatzprognose	45.366.908 €

Differenz	Ergebnis
Absolut	2.306.908 €
Relativ	5,22%

Das Ergebnis zeigt eindeutig, dass durch die erheblichen prognostizierten Umsatzrückgänge ein vermehrter Gesamtumsatz um 5,22 Prozent erreicht werden kann. Das statistisch-mathematische Verfahren hat gezeigt, dass die Trends sich in bestimmten Perioden verändern, die aus Sicht des Managements nicht vernachlässigt werden dürfen. Womöglich kann in den bereits genannten Perioden, die negative Renditen erwirtschaften, ein zu hoher Verlust entstehen und das weitere Vertrauen der Anleger beeinträchtigen. Die Fischer- oder Student-Verteilung kann die Qualität der Prognose verbessern.

d. Anwendungsempfehlungen

Das vorgestellte Verfahren eignet sich für Investmentgesellschaften, Hotels und Fluggesellschaften, die eine effiziente und eindeutige Prognose erstellen möchten.

4.3 (H + P) Trend for Interest Rate

Dieses mathematisch statistische Trendermittlungsverfahren ist geeignet für Zinsentwicklungen, denn die Charakteristik beruht auf prozentualen und zeitlich unabhängigen Werten. Dabei ist die Internationalität mitberücksichtigt. Das Ziel ist, eine Zinskurve in mehreren Perioden zu ermitteln, die als zusätzliche Planungsgrundlage für Investmentangelegenheiten dient. Die Sensibilität eines negativen oder positiven Verlaufs erbringt klare Prognoseergebnisse.

a. Problemstellung/Szenario

Die (H + P) Tourism Investmentgesellschaft mit Sitz in Frankfurt/Main investiert ein Gesamtkapitel von 4.000.000 Euro in einen internationalen Low-Cost Flugzeugfonds. Dieser ist gerichtet in eine Destination, die noch nicht erschlossen ist. In den letzten zwanzig Monaten wurden positive Erträge nach Steuern erwirtschaftet. Die Ertragszinsen werden von Fondsmanagern in einer Darstellung präsentiert.

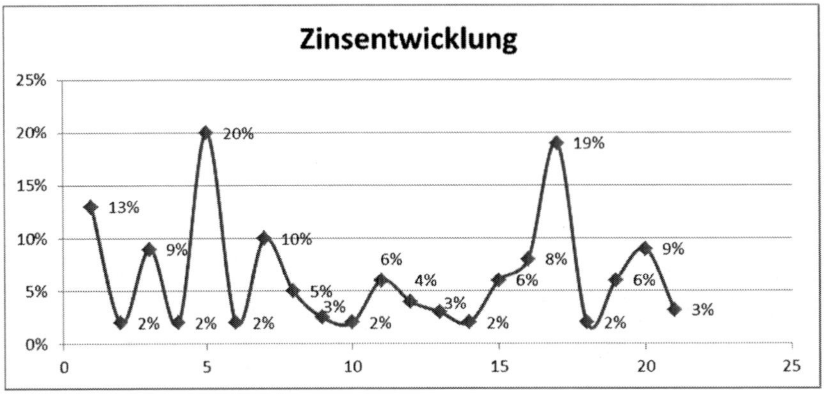

Die einzelnen periodischen Raten, die der Fonds erwirtschaftet, werden als Vergleich dargestellt. Ein Aufwärtstrend ist in den ersten Perioden zu erkennen. Die höchsten Zinsen wurden erreicht bei einem Wert von zwanzig Prozent.

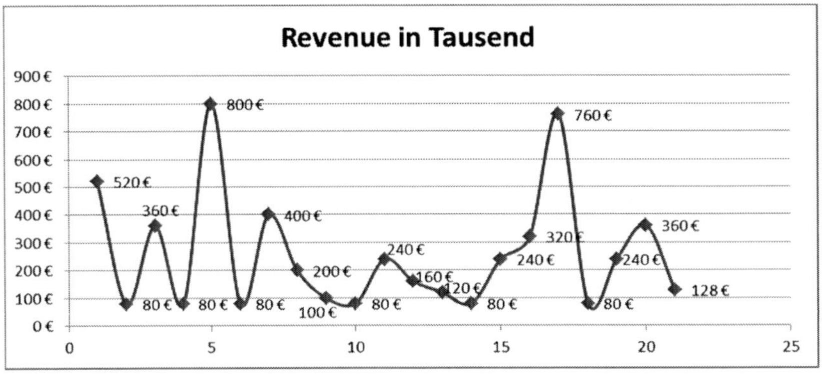

In der Darstellung ist zu erkennen, dass die höchste Rate exakt 800.000 Euro bringt. Eine Prognose für die nächsten Perioden muss erstellt werden, damit die Investmentgesellschaft die Gewissheit darüber hat, ob der Trend der ertragreichen Zinsen und dadurch der Revenue weiter anhält oder ob es eine abweichende positive oder negative Entwicklung geben wird. Die Wirtschaftlichkeit ist das höchste Ziel der Investmentgesellschaft.

b. Erstellung eines Lösungskonzeptes

Dieses Konzeptes wird anhand mehrerer Schritte erläutert. Zuvor müssen einige Abkürzungen zur Vereinfachung geklärt werden. Die einzelnen Rechenschritte werden für die erste Periode dargestellt und sind über den gesamten Prognosezeitraum fortzuführen.

Abkürzung	Bedeutung
Zi	Zinsfaktor
Xi	Periode
σ^2	Varianz

Die Ermittlung der Prognose erfolgt mit folgender Formel.

$$\frac{\left(\left(Exp\left(\frac{Zi}{Xi}\right)^{ni} + Exp(Zi)\right) * 0{,}1\right)}{\left(Exp\left(\frac{Zi}{Xi}\right)^{ni} + Exp(Zi)\right)} = Schritt\ 1$$

Der zweite Schritt wird durch folgende Formel erläutert.

$$Schritt\ 1 * Ln\left(\frac{1}{1 - Zi}\right)^2 = Schritt\ 2$$

Der dritte Schritt beschreibt die Standardisierung der Daten.

$$Schritt\ 3 = Log\left(Zi + \left(\frac{Varianz^2}{Zi}\right)\right) * 0{,}1$$

Der vierte Schritt ist der einfachste Schritt. Er wird berechnet mit folgender Formel:

$$Schritt\ 4 = Schritt\ 3 * Schritt\ 2$$

Die vorletzte Operation ist gekennzeichnet durch die Formel:

$$Schritt\ 5 = Schritt\ 4 + Schritt\ 3$$

Im letzten Schritt werden die Daten der Aufstellungen der letzten Schritte multipliziert mit den Werten des fünften Schritts.

$$Schritt\ 6 = Zi1 \ldots . Zi2 \ldots .. Zin * (1 - Ergebnis\ des\ fünften\ Schrittes)$$

	Schritte					
Periode	1	2	3	4	5	6
1	0,55	0,28	-0,09	0,15	0,06	0,12
2	0,55	0,04	-0,17	0,02	-0,15	0,02
3	0,59	0,19	-0,10	0,11	0,01	0,09
4	0,56	0,04	-0,17	0,02	-0,15	0,02
5	0,72	0,45	-0,07	0,32	0,25	0,15
6	0,57	0,04	-0,17	0,02	-0,15	0,02
7	0,68	0,21	-0,10	0,14	0,04	0,10
8	0,63	0,10	-0,13	0,06	-0,07	0,05
9	0,59	0,05	-0,16	0,03	-0,13	0,03
10	0,59	0,04	-0,17	0,02	-0,15	0,02
11	0,68	0,12	-0,12	0,08	-0,04	0,06
12	0,65	0,08	-0,14	0,05	-0,09	0,04
13	0,63	0,06	-0,15	0,04	-0,11	0,03
14	0,61	0,04	-0,17	0,02	-0,14	0,02
15	0,73	0,12	-0,12	0,09	-0,03	0,06
16	0,79	0,17	-0,11	0,13	0,02	0,08
17	0,96	0,42	-0,07	0,40	0,33	0,13
18	0,63	0,04	-0,17	0,03	-0,14	0,02
19	0,77	0,12	-0,12	0,10	-0,03	0,06
20	0,86	0,19	-0,10	0,16	-0,06	0,10
21	0,69	0,07	-0,15	0,04	-0,21	0,04

Zum Nachrechnen werden Varianz und Mittelwerte in einer Tabelle dargestellt.

Mittelwert	6,46%
Varianz	0,29%

c. Interpretation der Ergebnisse

Die Ergebnisse werden nun in einer weiteren Aufstellung dargestellt.

Monate	Prognose	Residuen
22	12%	0,84%
23	2%	-0,29%
24	9%	0,06%
25	2%	-0,29%
26	15%	**5,04%**
27	2%	-0,29%
28	10%	0,44%
29	5%	-0,33%
30	3%	-0,32%
31	2%	-0,29%
32	6%	-0,23%
33	4%	-0,35%
34	3%	-0,34%
35	2%	-0,29%
36	6%	-0,19%
37	8%	0,18%
38	13%	**6,31%**
39	2%	-0,29%
40	6%	-0,16%
41	10%	-0,58%
42	4%	-0,67%

Die Ergebnisse zeigen, dass die prognostizierten Zinssätze gegenüber den historischen zwischen 0 und 0,7 Prozent zurückgehen. Dafür steigen die Zinssätze in den Perioden 26 und 38 jeweils um 5,04 Prozent und 6,31 Prozent. Zur besseren Übersicht werden die Daten in einem periodischen Verlauf gezeigt.

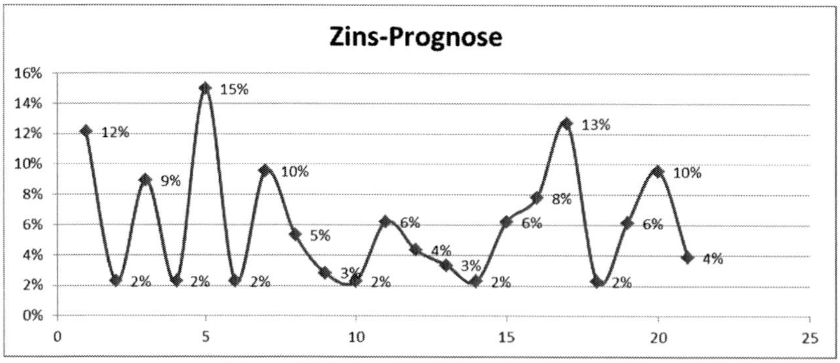

Negativ ist in dem Beispiel anzumerken, dass der Tiefpunkt einen Wert von 2 Prozent erreicht. Aus Sicht des Investors bedeutet dies, dass eine Mindestverzinsung zu diesem Wert festgesetzt werden kann. Die einzelnen Umsätze werden im Folgenden dargestellt.

Periode	Revenue in Millionen
1	486.406 €
2	91.728 €
3	357.541 €
4	91.699 €
5	598.500 €
6	91.670 €
7	382.577 €
8	213.108 €
9	112.951 €
10	91.612 €
11	249.072 €
12	173.873 €
13	133.620 €
14	91.554 €
15	247.660 €
16	312.836 €
17	507.671 €
18	91.497 €
19	246.376 €
20	383.038 €
21	154.730 €
Gesamt	5.109.719 €

Der Gesamtumsatz beträgt exakt 5.109.719 Euro. Die folgende Tabelle stützt die Aussage der Mindestverzinsung, denn diese beträgt 92.000 Euro.

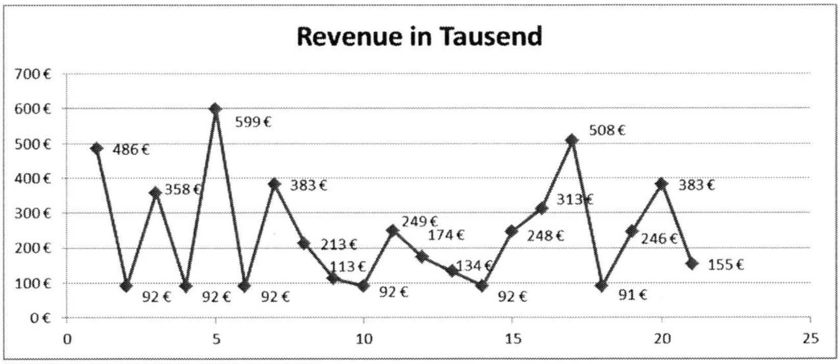

Als Vergleichsmaß wird die Rendite berechnet, die Analyse vergleichen zu können.

Vergleich	Ergebnis
Rendite	24,49%
Differenz	1.109.719 €

Die (H + P) Touristik Investmentgesellschaft kann entscheiden, Kapital von 4 Millionen Euro in den Low-Cost Aviation Fonds zu investieren. Die Rendite beträgt 24,49 Prozent und wird erzielt in einem Zeitraum von 22 Monaten. Für die Fondsmanager ist das vorgestellte Verfahren eine effiziente Planungsunterstützung.
In der Literatur der multivariaten Datenanalyse, besonders in dem Schwerpunkt Aktienkursprognose oder bei der Ermittlung des optimalen Anlageportfolios, werden

häufig einheitliche positive oder negative Business-Daten prognostiziert. Aus Analystensicht bedeutet eine negative Entwicklung der zu suchenden Daten, dass es keine einzelne Wertabweichung im weiteren Verlauf geben wird. Die Daten gehen somit nur in eine Richtung. Eine Trendschwankung ist generell schwierig zu ermitteln. Daher werden bei diesem statistisch-mathematischen Modell einzelne Signale generiert, die darauf Hinweise geben, dass eine erhebliche überdurchschnittliche und unerklärte Trendveränderung eintreffen wird.

Eine Trendüberhitzung kann eintreten, wenn in der Gesamtuntersuchung zu lange positive Ergebnisse gemessen werden. In der Konjunkturtheorie spricht man von einer Erhitzung eines Wirtschaftsbooms. Das ist ein Anzeichen dafür, dass eine konjunkturelle Veränderung bevorsteht. In der wirtschaftlich-finanziellen Analyse wird daher eine Art Datenwertbremsung vorgenommen mit dem Ziel, dass die Prognose realistische Werte und eine gute Qualität erreicht. Zur Verdeutlichung wird ein Beispiel einer Trenderhitzung erläutert.

Die Von Plehwe Investment AG ist spezialisiert auf Investitionen in die internationale Agrarwirtschaft. Sie besitzt weltweit Anteile an 10.000 Kaffee-, Milch-, Ziegen-, Schafe-, Rinder- und Schweinefarmen. In Sachen Nahrungsmittel besteht das Teilportfolio aus Weizen, Mais, Zucker und Reis. Die Fondsmanager wollen in eine Kaffee- und Zucker-Anleihe investieren und untersuchen daher den Zinssatz für Investitionen in Süd- und Mittelamerika. Die Investitionssumme beträgt 500.000.000 Euro. In der nächsten Tabelle wird der periodische Zinsverlauf dargestellt.

Periode	Zinssätze
1	40,00%
2	3,00%
3	21,00%
4	41,00%
5	25,00%
6	12,00%
7	57,00%
8	25,00%
9	3,00%
10	40,00%
11	43,00%
12	12,00%
13	33,00%
14	45,00%
15	15,00%
16	33,00%
17	19,00%
18	43,00%
19	34,00%
20	33,00%
21	46,00%
Gesamt	-

Die Zinssatzentwicklung wird mithilfe eines Diagramms dargestellt.

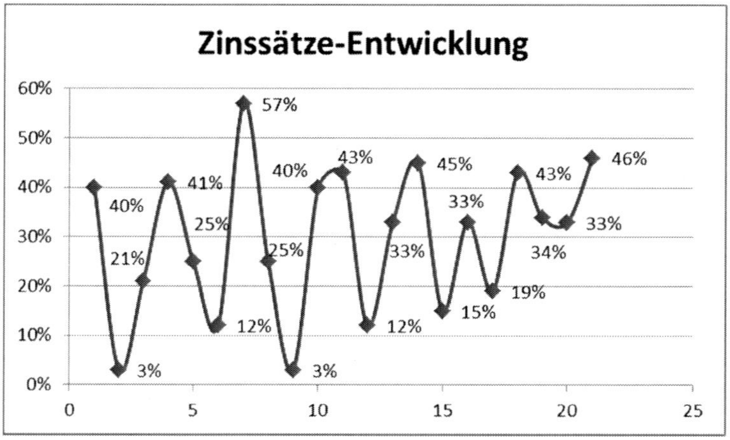

Eine weitere Analyse wird im Folgenden gezeigt.

Mittelwert	29,67%
Varianz	2,25%
Höchster Zins	57,00%
Kleinster Zins	3,00%

Durchschnittlich betragen die Zinsen aufgerundet 30 Prozent. Die quadratische Abweichung ist im Gegensatz zu den hohen Werten von aufgerundet fast 60 Prozent gering. Die Spanne zwischen diesen beiden Werten liegt bei 54 Prozent. Das steht für eine ungewöhnlich hohe Datenschwankung, die in keine Dimensionen einzuordnen ist und aus Sicht der Analysten nicht unkontrolliert gelassen werden darf. Nach den Berechnungen dieses Modells ergeben sich folgende Ergebnisse.

Prognoseperiode	Zinsprognose
22	19,11%
23	3,30%
24	16,05%
25	8,12%
26	15,59%
27	11,00%
28	**-35,08%**
29	14,03%
30	3,29%
31	1,70%
32	**-3,19%**
33	10,60%
34	8,60%
35	**-7,11%**
36	11,82%
37	8,32%
38	12,68%
39	**-3,74%**
40	7,39%
41	9,74%
42	**-6,93%**
Gesamt	-

Eine negative Zinsentwicklung ist in den Perioden 28, 32, 39 und 42 zu erkennen. Diese Perioden sind in der Fachsprache des Revenue Intelligence „überhitzt“. Ein Einbruch ist somit zu erwarten. Sind die Zinssätze über einen längeren Zeitraum überdurchschnittlich hoch, ist mit hoher Wahrscheinlichkeit damit zu rechnen, dass dieses Zinsniveau nicht erneut erreicht werden kann. Die Folge ist, dass die Teilinvestitionen in diesen Perioden einen deutlichen Verlust erbringen werden. Hierbei handelt sich um Trendschätzungen, die aus Analystensicht besonders beobachtet werden müssen. Die Auswirkungen sind in der nächsten Tabelle dargestellt.

Prognoseperiode	Revenue	in Prozent
22	95.549.813 €	18,15
23	16.485.608 €	3,13
24	80.228.550 €	15,24
25	40.618.549 €	7,72
26	77.969.744 €	14,81
27	54.987.231 €	10,45
28	-175.410.148 €	-33,33
29	70.144.447 €	13,33
30	16.442.667 €	3,12
31	8.492.314 €	1,61
32	-15.943.964 €	-3,03
33	53.005.719 €	10,07
34	42.978.782 €	8,17
35	-35.552.961 €	-6,75
36	59.122.825 €	11,23
37	41.590.384 €	7,90
38	63.402.536 €	12,05
39	-18.710.757 €	-3,55
40	36.936.366 €	7,02
41	48.677.822 €	9,25
42	-34.659.071 €	-6,58
Gesamt	526.356.458 €	-

Die erste Spalte zeigt den Ertrag, der in den einzelnen Perioden erwirtschaftet wird. Die zweite zeigt den relativen Anteil, gemessen an der Summe der Revenue in der Beobachtung.

Kennzahl	Ergebnis
Anfangskapital	500.000.000 €
Endkapital	526.356.458 €
Absolute Differenz	26.356.458 €
Rendite	5,14%
Mittelwert	25.064.593 €
Höchster Ertrag	95.549.813 €
Kleinster Ertrag bzw. größter Verlust	-175.410.148 €

Durchschnittlich werden 25.064.593 Euro erwirtschaftet. Der Mehrwert, der erreicht wurde, liegt bei 5,14 Prozent. Die Wirtschaftlichkeit kann somit abgeglichen werden mit weiteren Kapitalanlagen.

Die Kernaussage:

Laut der Prognose müssen die Fondsmanager mit hoher Sicherheit einen Verlust von aufgerundet 200.000 Euro verkraften, dennoch besteht unter diesen Voraussetzungen die Chance, ein maximales Revenue von aufgerundet 100.000 Euro zu erreichen.

d. Anwendungsempfehlungen

Dieses Verfahren eignet sich für Banken, Versicherungen, Finanz- und Unternehmensberatungen.

5. (H + P) Pricing

Für das Verständnis dieses Kapitels müssen zunächst einige Grundlagen ausführlich erklärt werden. Die Ursprungsfunktion des Preises ist ein metrischer Richtwert mit dem Ziel, aus Verkäufersicht gegenüber dem Käufer die Würdigkeit eines Marktprodukts zu verdeutlichen. Der Preis ist also im betriebswirtschaftlichen Sinne eine Unterstützungsfunktion. Die Preis-Strategien werden in drei Kategorien eingeteilt.

- Niedrigpreissegment
- Mittelpreissegment
- Hochpreissegment

Im ersten Segment sind die Low-Cost-Produkte oder Last-Minute-Angebote zugeordnet. Das Mittelpreissegment ist schwierig einzugrenzen. Das letzte Segment beschreibt eine professionale Preisgestaltung für Luxusgüter und Dienstleistungen, die mit einem teuren Produktionsprozess zu erfüllen sind. Die zielgerichtete Gestaltung des allgemeinen Preismanagements ist in drei hierarchisch verschiedene Sichtweisen eingeteilt.

- Strategisches Preismanagement
- Taktisches Preismanagement
- Operatives Preismanagement

Die erste Ebene beschreibt die Gesamtheit aller Preisstrategien, die langfristig nachhaltig geplant sind. Die taktische Preismanagementebene ist die kurzfristige Gestaltung der Preise, oftmals handelt sich hierbei um Saisonprodukte, die in einem überschaubaren Zeitraum verkauft werden sollen. In der letzten Ebene dieser Stufe ist das klassische Revenue Management angesiedelt, denn in diesem Bereich geht es um die konstanten Modifizierungen von Produkten, die einer großen Konkurrenzsituation unterliegen. Die Kernaussage dieses Abschnitts ist es, dass die Preisgestaltung kurzfristig bis langfristig nachhaltig und kundenmarktorientiert festgelegt werden muss.
Sobald aus Yield- oder Revenue-Management-Sicht die Dimensionierung der unternehmerischen Preispolitik festgelegt wird, geht es um die detaillierte Gestaltung der einzelnen Merkmale verschiedener Preise. Dies sind die:

- leistungsbezogene Preisgestaltung
- mengenbezogene Preisgestaltung
- zeitliche Preisgestaltung
- räumliche Preisgestaltung
- persönliche Preisgestaltung

In der ersten Preisausprägung richtet sich der Verkaufspreis nach dem Volumen oder der Dichte der Leistung oder Forderung, die der Endkunde gegenüber dem Unternehmen in Anspruch nimmt. Die Preisstrategie richtet sich danach, wie viel Zeit das Unternehmen benötigt, um die Aufträge des Kunden erfolgreich zu erfüllen. Dabei kann es sich um eine Dienstleistung oder ein Sachgut handeln. Der Preis wird in beiden Fällen (Dienstleistung und Sachgut) degressiv angepasst.

Die sekundäre Ausprägung richtet sich nach der Kaufmenge. Die zeitliche Preisdifferenzierung beschreibt die optimale Anpassung des Preisniveaus an temporäre Bedingungen. Es handelt sich hierbei um Saisonpreise. Diese Preismethode ist häufig im tourismuswirtschaftlichen Revenue Management zu finden. Die persönliche Preisdifferenzierung wird individuell angepasst an das Zahlungsverhalten, Vertrauen und die Vorlieben jedes Kunden. Des Weiteren haben sich weitere exotische Preisrichtungsverfahren über die Jahre hinweg entwickelt.
Dies sind

- Dynamic Pricing
- Value Pricing
- Cost-based Pricing
- Competition Pricing

Im dynamischen Preismanagement werden die Preise je nach Kundenverhalten gestaltet. Das Value Pricing ist als das wertorientierte Preismanagement bekannt und hebt aus Verkäufersicht ein besonderes Verlangen nach Produkt- oder Dienstleistungswertschätzung gegenüber dem Endkunden. Die vorletzte Preisstrategie ist gerichtet an die Aufwandsbeteiligung des Verkäufers zur Erstellung des Produkts oder der Dienstleistung, bei denen in den meisten Fällen eine Mindestpreisfestsetzung (Break-Even-Berücksichtigung) vorgenommen worden ist.
In der modernen preispolitischen Literatur werden die klassischen Preisstrategien und Ausprägungen mehr als deutlich erklärt. Dabei wird häufig vergessen, dass eine langfristige, empirische Untersuchung wichtig ist, um festzustellen, wann die Preispolitik marktsituationsspezifisch verändert werden muss.
In der touristischen Praxis werden aus Kostengründen nur wenige Marktpreisanalysen durchgeführt. Der Preis ist der Kernpunkt des Revenue Managements, denn nur aus ihm kann sich eine optimierte Revenue entwickeln. Das Revenue Intelligence ist das Analyse-Instrument des Revenue Managements und untersucht die Eigenschaften und Charakteristiken kurz- und langfristiger Marktpreisverläufe.
Zusammenhang, Aufbau und Prozess sind in der folgenden Darstellung präsentiert.

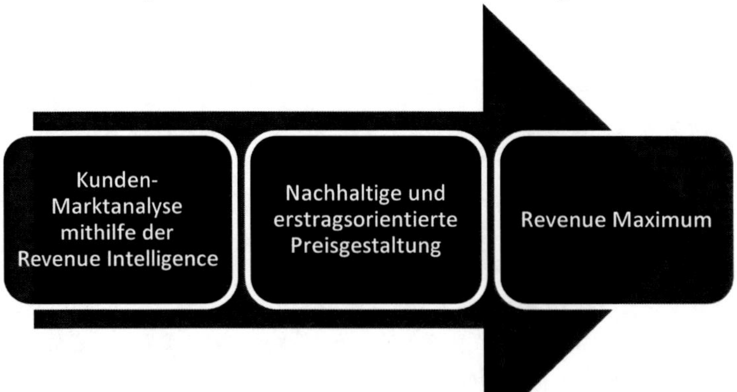

In der Praxis muss jede Preisanalyse an die Unternehmenssituation angepasst werden. Die Wahrheit ist, dass es kein Patent-Rezept gibt, das zum Erfolg führt. In keinem

der literarischen Werke über Preis-Revenue-Management wird dieser Umstand erwähnt. Die Historienfähigkeit ist der Schlüssel – mit ihr kann ein Analyst herausfinden, aus welchem Potenzial sich der Preis in der Zukunft entwickelt, was positive oder negative Auswirkungen auf das Kundenverhalten und deren Preiszahlungsbereitschaft hat.
Das Preis-Leistungs-Verhältnis muss gewahrt werden und einzelne Versuche der Preiserhöhung oder -senkung sind in der Praxis nicht möglich. Preise verändern sich im Minutentakt.
Daher müssen strategisch und taktisch Warnsignale gesetzt werden, um möglichst schnell auf Marktveränderungen reagieren zu können. Dieses Kapitel soll dem Leser Anregung dazu geben, in Sachen nachhaltiges Preismanagement innovativ zu reflektieren.
Das (H + P) Pricing Management ist ein spezialisiertes, modifiziertes Preisgestaltungssystem, das hauptsächlich dazu dient, Erkenntnisse aus der Vergangenheit zu nutzen, um in der Zukunft optimierte nachfrageorientierte Preise zu gestalten. Des Weiteren werden einige optimierte Investitionsinstrumente dargestellt, die Anregungen für eine bessere Analyse bringen sollen. Die einzelnen Modelle wurden grundlegend erklärt. Zur Einführung wird eine klassische Preiskalkulation dargestellt, die einen Preis-Innovationansatz zeigen wird.

Das Preismanagement ist ein Verfahren, das zu den grundlegenden Operationen jedes Reiseveranstalters, jeder Fluggesellschaft und jedes Busunternehmens gehört. In den Revenue-Management-Lehrbüchern wird oft behauptet, dass es um die Gewinn- oder Erlösmaximierung geht. Das ist auch richtig, in der Praxis ist es aber häufig schwierig, die Preisbereitschaft komplexer Kundenstrukturen zu ermitteln. Werden die Preise aus Unternehmersicht nicht konstant kontrolliert und gepflegt, verliert sich das Erlöspotenzial.
Eine neuseeländische Incoming-Agentur plant die Sommersaison und möchte daher eine Aufstellung folgender betriebswirtschaftlicher Kennzahlen:

- Durchschnittspreis
- Durchschnittsumsätze oder
- gesamte Auslastung

Dargestellt werden drei Kalkulationen von drei unterschiedlichen Revenue Managern mit unterschiedlichen Einflüssen. Die Situation ist Folgende:

Gesamtnachfrage	1.240
Zeitraum	3
Gesamtkosten	300.000 €
Auslastung	85%

Die Darstellung zeigt, dass erstens 1.240 Buchungen eingegangen sind und zweitens durch den Einkauf der Kontingente Gesamtkosten von 300.000 Euro zu decken sind. Der durchschnittliche Reisezeitraum beträgt drei Wochen. Die zu erwartende Auslastung beträgt 85 Prozent. Die Frage ist jetzt, welcher durchschnittliche Preis verlangt werden muss, damit ein mögliches Gewinnmaximum erreicht werden kann. Die Lösung des erstens Revenue Managers sieht folgendermaßen aus: Der Mindestpreis, der verlangt werden muss, beträgt demnach:

Preis pro Nachfrager
242 €

Das Resultat lässt sich anhand dieser Formel ermitteln.

$$\frac{Gesamtkosten}{Gesamtnachfrager} = Mindestpreis\ pro\ Nachfrager$$

Durch folgende Berechnung erhält man den Umsatz pro Passagier.

$$Mindestpreis * Passagier = Umsatz$$

Die nächste Tabelle zeigt, dass alle Kontingente nicht ausgelastet worden sind. Der erste Revenue Manager behauptet, dass der Anteil der fehlenden Auslastung der tatsächlichen Auslastung hinzugerechnet werden muss.

Fehlende Auslastung in Prozent	15,00
Tatsächliche Auslastung	1.054
Tatsächlicher Umsatz	255.000 €

Eine volle Auslastung ist somit nicht gegeben.

Fehlender Umsatz	45.000,00 €
in Prozent	15,00

Es fehlen 45.000 Euro. Der erste Revenue Manager behauptet, dass ein Teiler gebildet werden muss. Das bedeutet, dass die Differenz dividiert wird durch die Anzahl der Gesamtnachfrager. In der Fachsprache nennt man dies den „Preisteiler".

$$\frac{Fehlender\ Umsatz}{Tatsächliche\ Auslastung} = Teiler$$

Das Ergebnis beträgt 42,69. Der erste Revenue Manager addiert den Teiler zum Mindestpreis.

$$Preis\ pro\ Nachfrager = Teiler + Mindestpreis$$

$$= 284{,}69\ €$$

Der Planumsatz errechnet sich folgendermaßen.

$$Tatsächliche\ Auslastung * Preis\ pro\ Nachfrager = Planumsatz$$

$$= 300.000\ €$$

Das Resultat ist in der folgenden Tabelle eingetragen.

Teiler	42,69
Preis pro Nachfrager	284,69 €
Planumsatz	300.000 €

Das Ergebnis zeigt, dass der erste Revenue Manager den gleichen Anteil Umsatz und Kosten erwirtschaftet hat, trotz der Erhöhung der Preise. Diese Revenue-

Management-Strategie erwirtschaftet keinen zusätzlichen Umsatz. Langfristig kann diese Vorgehensweise zu einer Insolvenz führen. Der Ansatz des ersten Revenue Managers ist nicht zielführend, da er nur den Break-Even-Point errechnet hat. Die Gewinnschwelle ist somit erreicht, aber ein Gewinn ist nicht erwirtschaftet. Eine weitere Lösung muss gefunden werden. Der zweite Revenue Manager geht davon aus, dass die grundlegende Idee des ersten Revenue Managers als Anfangsschritt annehmbar ist. Der modifizierte Schritt wird mit der nächsten Formel erläutert.

$$HP\ Maximum\ Price\ surchage = \left(\frac{Teiler}{Mindestpreis}\right) * 100$$

$= 17{,}65\%$

Dies ist der Zuschlag, der auf den modifizierten Preis multipliziert werden muss, damit eine gewichtete Umsatz-Maximierung erfolgen kann.

$$\left[\left(\frac{HP\ Maximum\ Price\ surchage}{100}\right) + 1\right] * Modifizierter\ Preis = Optimaler\ Preis\ pro\ Person$$

$= 335$ €

Durch die erneute Berechnung (Modifizierter Preis * Gesamtanzahl der Passagier) erhält man einen Umsatz von 352.941 Euro. Zur Übersicht wird eine Tabelle erstellt.

Resultat	in Zahlen	in Prozent
Zuschlag	-	17,65
Modifizierter Preis pro Nachfrager	335 €	-
Modifizierter Umsatz	352.941 €	-

Die Philosophie des Revenue Managements beruht darauf, ein Umsatz- oder Ertragsmaximum zu finden und nicht das operative Geschäft an den Break-Even-Point anzunähern. Der erste Revenue Manager ist genau diesen Weg gegangen. Der zweite Revenue Manager errechnete einen zu maximierenden Zuschlag, den (H + P) Maximum Price Surcharge. Beide Manager haben allerdings die Historienfähigkeit der Nachfrager komplett vernachlässigt. Diese zu berücksichtigen ist die Aufgabe der Revenue Intelligence.
Die nächsten Seiten werden dies ausführlich darstellen und erläutern.

5.1 (H + P) Pricing Elasticity

(H + P) Pricing Elasticity ist ein mathematisch-statistisches Verfahren, das die allgemeine endperiodische Preissensitivität unter Berücksichtigung der Historienfähigkeit und periodischer Veränderungen der absoluten Preise über den gesamten empirischen Untersuchungszeitraum misst. In der Einführung wurde erklärt, dass in der internationalen ökonomischen Literatur die klassische Preiselastizität anhand eines monopolistischen, vollkommenen Marktes erklärt wird. Somit rechnen die theoretischen Makroökonomen mit einer nachfrageseitigen Sofortreaktion. Solch eine Situation ist selten gegeben. Denn die Linearität ist vorausgesetzt. Preiselastizität im Sinne der Revenue Intelligence ist spezialisiert auf eigene erhobene Preise. Durch die Analyse dieser empirischen Daten entsteht ein geglätteter Wert, der nicht durch Linearität geprägt ist.

a. Problemstellung/Szenario

Eine internationale Hotelgesellschaft erstellt an einem Messestandort in einem bestimmten Zeitraum von 20 Monaten verschiedene empirische Preisanalysen. Ein Mitarbeiter mit Schwerpunkt Revenue Intelligence soll im Folgenden untersuchen, wie weit die Preise prozentual verändert werden können, ohne dass ein Nachfragerückgang erlitten wird. Die Beobachtung beschränkt sich auf 20 Tage.

Kapazität	Zimmer
Tageskapazität	200
20-tätige, verfügbare Kapazität	4000

Die Hotelgesellschaft besitzt eine Zimmerkapazität von 200. In einem Zeitraum von 20 Tagen entstehen 4.000 Kapazitätseinheiten.

Tage	Preise	Hotelgäste	Auslastung in Prozent	Revenue	Revenue-Rendite
1	120 €	100	50	12.000 €	-
2	150 €	110	55	16.500 €	31,85%
3	160 €	120	60	19.200 €	15,15%
4	179 €	130	65	23.270 €	19,23%
5	190 €	140	70	26.600 €	13,37%
6	250 €	150	75	37.500 €	34,34%
7	260 €	160	80	41.600 €	10,38%
8	270 €	170	85	45.900 €	9,84%
9	290 €	180	90	52.200 €	12,86%
10	300 €	190	95	57.000 €	8,80%
11	310 €	200	100	62.000 €	8,41%
12	300 €	190	95	57.000 €	-8,41%
13	290 €	180	90	52.200 €	-8,80%
14	270 €	190	95	51.300 €	-1,74%
15	260 €	200	100	52.000 €	1,36%
16	250 €	190	95	47.500 €	-9,05%
17	190 €	180	90	34.200 €	-32,85%
18	179 €	190	95	34.010 €	-0,56%
19	160 €	200	100	32.000 €	-6,09%
20	120 €	190	95	22.800 €	-33,90%
Gesamt	-	3360	-	776.780 €	-

In der ersten Spalte sind die Zimmerverkaufspreise pro Person eingetragen, die zuvor für die letzten zwanzig Tage verlangt worden sind. Die zweite und dritte Spalte stellen die absolute und relative Auslastung der Zimmer dar. Eindeutig ist zu erkennen, dass eine Mindestauslastung von 50 Prozent in diesem Zeitraum gegeben ist.

Preisanalyse	Ergebnis
Mittelwert	224,90 €
Höchster Preis	310,00 €
Kleinste Preis	120,00 €
Standardabweichung	62,24 €

Die Tabelle zeigt, dass zur Messezeit maximal ein Preis von 310 Euro bezahlt werden muss. Die beiden letzten Spalten repräsentieren den Revenue mit der jeweiligen Rendite. Der gesamte Revenue beträgt 776.780 Euro.

Tatsächliche Auslastung	3.360
in Prozent	84,00

Im gesamten Zeitraum wurden 3.360 Zimmer verkauft, wobei 16 Prozent nicht ausgelastet wurden. Das Ziel der Revenue Intelligence ist es, einen gewinnorientierten Verkaufspreis zu finden, der der Zahlungsbereitschaft der Abnehmer entspricht. In der Literatur wird häufig davon ausgegangen, dass das Hauptziel des Revenue Managements die einfache Belegung der Kapazitätseinheiten sei.

b. Erstellung eines Lösungskonzeptes

Im statistischen Sinne werden die Variablen x und y unabhängig aufgestellt. In diesem Teilkapitel wird zur Übersicht eine Abkürzungstabelle erstellt.

Abkürzung	Bedeutung
PP	Preis der Periode - PP1 ist der Preis der ersten Periode.
N	Gesamter Zeitraum
Ni	Einzelne Periode X
A	absolute Auslastung

Die Gesamtformel ist folgendermaßen definiert.

$$\sum \left[\frac{\left[\left(\frac{Ni^2 * PP^2}{A^2} \right) + \left(Pi - \frac{\frac{Ni}{100}}{A} \right) \right]^{\frac{1}{N}}}{\left[\left(\frac{Ni^2 * PP^2}{A^2} \right) + \left(Pi - \frac{\frac{Ni}{100}}{A} \right) \right]} + Ln\left(\frac{PP2}{PP1} \right) \right]$$

$$\left(\frac{Ni^2 * PP^2}{A^2} \right) = Schritt\ 1$$

$$\left(Pi - \frac{\frac{Ni}{100}}{A} \right) = Schritt\ 2$$

$$\left(\frac{Ni^2 * PP^2}{A^2} \right) + \left(Pi - \frac{\frac{Ni}{100}}{A} \right) = Schritt\ 3$$

$$[Schritt\ 3]^{\frac{1}{N}} = Schritt\ 4$$

$$\left(\frac{Schritt\ 4}{Schritt\ 3} \right) + \left(ln\left(\frac{PP2}{PP1} \right) \right) = Schritt\ 5$$

Periode/Schritte	1	2	3	4	5
1	1,44	144,00	145,44	1,28	
2	7,44	204,55	211,98	1,31	0,23
3	16,00	213,33	229,33	1,31	0,07
4	30,33	246,47	276,80	1,32	0,12
5	46,05	257,86	303,90	1,33	0,06
6	100,00	416,67	516,67	1,37	0,28
7	129,39	422,50	551,89	1,37	0,04
8	161,44	428,82	590,26	1,38	0,04
9	210,25	467,22	677,47	1,39	0,07
10	249,31	473,68	722,99	1,39	0,04
11	290,70	480,50	771,20	1,39	0,03
12	359,00	473,68	832,69	1,40	-0,03
13	438,67	467,22	905,89	1,41	-0,03
14	395,80	383,68	779,48	1,40	-0,07
15	380,25	338,00	718,25	1,39	-0,04
16	443,21	328,95	772,16	1,39	-0,04
17	322,00	200,55	522,56	1,37	-0,27
18	287,57	168,64	456,21	1,36	-0,06
19	231,04	128,00	359,04	1,34	-0,11
20	159,56	75,79	235,35	1,31	-0,28
					0,06

Das Endergebnis ist der prozentuale Wert von 5,80 Prozent und somit unelastisch.

c. Interpretation der Ergebnisse

Das interne Revenue Management hat nun die Gewissheit, dass die Preise problemlos um 5,80 Prozent gesteigert werden können.

Periode	Preise	Hotelgäste	Optimierter Revenue
1	127 €	100	12.696 €
2	159 €	110	17.456 €
3	169 €	120	20.313 €
4	189 €	130	24.619 €
5	201 €	140	28.142 €
6	264 €	150	39.674 €
7	275 €	160	44.011 €
8	286 €	170	48.561 €
9	307 €	180	55.226 €
10	317 €	190	60.304 €
11	328 €	200	65.594 €
12	317 €	190	60.304 €
13	307 €	180	55.226 €
14	286 €	190	54.274 €
15	275 €	200	55.014 €
16	264 €	190	50.253 €
17	201 €	180	36.182 €
18	189 €	190	35.981 €
19	169 €	200	33.855 €
20	127 €	190	24.122 €
Gesamt	-	3.360	821.807 €

In der Tabelle wurden die Verkaufspreise um 5,80 Prozent erhöht. Somit ist ein Mehrwert von 45.027 Euro erwirtschaftet worden. Generell kann davon ausgegangen werden, dass die Nachfrage gleich bleibt, was durch andere Verfahren bestätigt werden kann.

Revenue	776.780 €
Optimierter Revenue	821.807 €
Absolut	45.027 €
in Prozent	5,63

Wichtig ist, dass die Rendite nicht der Preiselastizität entspricht. Die Interpretationsregeln sind in der Tabelle dargestellt.

<	-1%	Elastisch
=	0%	Unelastisch
>	1%	Unelastisch

Bei einer negativen Preiselastizität von -1 Prozent ist diese extrem sensibel, was bedeutet, dass eine Preisänderung einen Nachfragerückgang nach sich zieht. Bei einem Wert von null ist keine Veränderung zu verzeichnen. Sobald der Wert höher als 1 Prozent ausfällt, kann der Preis um diese Zahl erhöht werden. Die Entwicklung muss aus Sicht des Revenue Managements langfristig kontrolliert werden.

d. Anwendungsempfehlungen

Dieses Verfahren ist geeignet für Revenue Manager in Hotels, Reiseveranstalter, Fluggesellschaften und Versicherungen.

5.2 (H + P) Bid Pricing

(H + P) Bid Pricing ist ein mathematisches Cluster-Verfahren, das im Tarifplan-Management einer internationalen Fluggesellschaft eingesetzt werden kann. So kann einem häufig auftretenden Problem begegnet werden: Denn bei einer Vielzahl von Tarifen, unterschiedlichen Tarifbedingungen und internationalen Reiserouten kann der Bid Price oft nicht ertragsorientiert ermittelt werden.

Die Ursache liegt darin, dass mehrere komplexe Untersuchungen vorgenommen werden müssen. In der Literatur zum Revenue Management wird der Begriff des Bid Price nicht korrekt definiert. Der Bid Price wird in der Regel mit dem Break-Even-Preis gleichgesetzt. Der Break-Even-Preis ist der Mindestpreis, der langfristig fixe und variable Kosten im gesamten Geschäftsprozess deckt. Der Bid Price beschreibt in der Sprache des Revenue Managers den ertragsorientierten Verkaufspreis, der aufgrund von verschiedenen Mengen, zeitlichen, räumlichen und marktorientierten Geschäftsprozessen gegenüber Marktkonkurrenzfaktoren als akzeptabel angenommen werden kann.

a. Problemstellung/Szenario

Ein Revenue Manager einer internationalen Fluggesellschaft untersucht eine Single-Strecke mit einem zusätzlichen Zwischenstopp.

Direktflug
Startdestination → Zieldestination
Strecke 1 → Zwischenstopp → Strecke 2

Der Direktflug kostet 150 Euro pro Person und hat eine Nachfrage von 120. Die Kapazität beträgt 150 Einheiten. Der Flug von der Startdestination bis hin zum Zwischenstopp hat einen Preis von 100 Euro pro Person. Die Nachfrage beträgt 80. Der Weiterflug zur Zieldestination kostet exakt 80 Euro, und es sind genau 90 Nachfrager, die die Teilstrecke in Anspruch nehmen. Die Anzahl der Fluggäste, die den Zwischenstopp gebucht haben, liegt bei 45 bei einem Preis von 110. Eine Zusammenfassung wird erstellt.

Tarif	Strecke	Preise	Nachfrage	Revenue	Strecken in Kilometer
1	Direktflug	150 €	120	18.000 €	900
2	Strecke 1	100 €	80	8.000 €	500
3	Strecke 2	80 €	90	7.200 €	400
4	Flug mit Zwischenstopp	110 €	45	4.950 €	900
Summe		-	335	38.150 €	

Zum Vergleich wird in der nächsten Tabelle der höchste und niedrigste Umsatz gesondert dargestellt, um das Prinzip des Gewinnmaximums zu zeigen.

Art	Revenue
Höchster	18.000 €
Kleinster	4.950 €

Die Airline erwirtschaftet bei einem Direktflug einen Umsatz von 18.000 Euro. Auf den ersten Blick ist dies aus Revenue-Management-Sicht vernünftig. Dennoch gibt es Optimierungspotenzial.

Optimale Kombination	Nachfrage	Preis	Revenue
Tarif 4	45	110 €	4.950 €
Tarif 2	80	100 €	8.000 €
Tarif 3	90	80 €	7.200 €
	215		20.150 €

Die Airline bietet die Tarife 4, 2 und 3 an. Die Nachfrager, die den Zwischenstopp gebucht haben, werden in die Gesamtkapazität eingeplant. Der Teilrevenue beträgt nach der Tabelle 10.475 Euro.

Strecke 1	Nachfrage	Preis	Revenue
Tarif 2	80	100 €	8.000 €
(Tarif 4/2)	45	55 €	2.475 €
Ergebnis			10.475 €

Der Revenue im vierten Tarif wird halbiert, da diese Erfassung nur für die Hälfte der Strecke gilt. Somit ist die Kapazität der Strecke von der Startdestination bis zum Zwischenstopp belegt mit 125 Personen. Dies entspricht einer Auslastungsquote von 83 Prozent. Der Teilrevenue beträgt 10.475 Euro. Das Endresultat wird nun in einer Tabelle gezeigt.

Erhöhung	Revenue
Direktflug	18.000 €
Optimierte Strecke	20.150 €
Absolute Differenz	2.150 €
Steigung in Prozent	11,94

Die Fluggesellschaft fliegt bei dem Direktflug insgesamt 18.000 Euro ein. Die Kombination der Kapazitätssteuerung führt aus Sicht des Revenue Managers zu einem Gesamtertrag von 20.150 Euro. Dies entspricht einer Erhöhung von aufgerundet 12 Prozent. Die Opportunitätserträge betragen 2.150 Euro. In der Praxis kann solch eine Berechnung nicht manuell durchgeführt werden, da der Aufwand langfristig nicht zu bewältigen ist. Die Sichtweise ist vereinheitlicht auf eine Fluggesellschaft mit einer Single-Strecke. In diesem grundlegend theoretischen Modell wurden keine No- und Go-Show-Passagiere berücksichtigt. Immerhin sind auf der Strecke 1 aufgerundet 17 Prozent der gesamten Kapazität nicht ausgelastet, was einem Leerumsatz von 2.625 Euro entspricht. Das Produktmanagement der Fluggesellschaft kann in einem solchen Fall Belohnungs- oder Gruppenreisen an Stammkunden verkaufen, um die restlichen Kapazitäten gewinnorientiert zu belegen. Das Hauptproblem liegt darin, dass mehrere Kunden mehrere Flüge auf unterschiedlichen Flugstrecken buchen, weshalb eine eindeutige Analyse erschwert wird. Aus mathematisch-statistischer Sicht bedeutet dies, dass die Parameter sich vermehren und daher auch berücksichtigt werden müssen.

b. Erstellung eines Lösungskonzeptes

Das Streckenportfolio der Fluggesellschaft ist in folgender Darstellung gegeben. Die zeitliche Dimensionierung ist auf Tages-Basis gerichtet.

Strecke	1	2	3	4	5	Mittelwert
Teilkapazität	100	90	150	10	400	150
Strecke in km	10.000	15.000	12.000	900	18.000	11.180
Ticketpreis	2.000 €	3.500 €	3.000 €	1.800 €	400 €	2.140 €
Variable Kosten	400 €	300 €	200 €	120 €	1.000 €	404 €

Die Airline bedient fünf internationale Strecken. Im Durschnitt beträgt der Ticketpreis 2.140 Euro, und der Mittelwert der geflogenen Kilometer beträgt genau 11.180.

Wie weit kann der Bid Price in der Gesamtheit der Strecken optimiert werden, um ein angemessenes Verhältnis aller Strecken, der variablen Kosten und Kapazitäten zu erreichen? Ziel ist das allgemeine Gewinnmaximum.

Abkürzung	Bedeutung
A	Teilkapazität
B	Strecke in km
C	Ticketpreis
D	Variable Kosten
Mi	Mittelwert

$$\left[\frac{\left(\left(\frac{LOG(Mittelwert\ von\ A)}{Ln\left(\frac{C}{D}\right)}\right)*\left(Exp\left(\frac{D}{B}\right)-1\right)^{2}\right)}{\sum\left(\left(\frac{LOG(Mittelwert\ von\ A)}{Ln\left(\frac{C}{D}\right)}\right)*\left(Exp\left(\frac{D}{B}\right)-1\right)^{2}\right)}+1\right]*Preis$$

Die Formel wird wie gewohnt auseinandergenommen und in Schritte eingeteilt.

$$\left(\left(\frac{LOG(Mittelwert\ von\ A)}{Ln\left(\frac{C}{D}\right)}\right)*\left(Exp\left(\frac{D}{B}\right)-1\right)^{2}\right)=Schritt\ 1$$

Die Ergebnisse werden im Folgenden dargestellt.

Strecken	Schritt 1
1	7,03011338
2	16,2477506
3	12,7306528
4	9,11701323
5	87,2584694
Gesamt	132,383999

$$\sum\left(\left(\frac{LOG(Mittelwert\ von\ A)}{Ln\left(\frac{C}{D}\right)}\right)*\left(Exp\left(\frac{D}{B}\right)-1\right)^{2}\right)=Schritt\ 2$$

Das Ergebnis des dritten Schritts beträgt 132,38. Mit der Kombination des ersten und zweiten Schritts werden die Werte prozentual ins Verhältnis gesetzt. Diese Werte bilden die Zuschläge, die auf die Ticketpreise hinzugerechnet werden.

Strecken	Zuschläge	Faktoren
1	55,59%	1,55593673
2	65,73%	1,65734225
3	62,60%	1,62604137
4	58,56%	1,58560317
5	92,00%	1,92001396

Nun kann der (H + P) Bid Price ermittelt werden.

Strecken	(H + P) Bid Price
1	3.111,87 €
2	5.800,70 €
3	4.878,12 €
4	2.854,09 €
5	768,01 €

c. Interpretation der Ergebnisse

Eine weitere Analyse ist notwendig, um die Effizienz dieses Verfahrens zu beweisen. Der Revenue steigt durch die erhöhten Preise, was in der folgenden Tabelle dargestellt wird.

Strecken	Absolut
1	1.111,87 €
2	2.300,70 €
3	1.878,12 €
4	1.054,09 €
5	368,01 €

Die Wirkung auf den Revenue wird nun dargestellt.

Strecken	Alt-Revenue	Optimierter Revenue	Absolute Differenz	Relative Differenz
1	200.000 €	311.187 €	111.187 €	56%
2	315.000 €	522.063 €	207.063 €	66%
3	450.000 €	731.719 €	281.719 €	63%
4	18.000 €	28.541 €	10.541 €	59%
5	160.000 €	307.202 €	147.202 €	92%
Gesamt	1.143.000 €	1.900.712 €	757.712 €	-

Die Tabelle zeigt den Vergleich zwischen dem möglichen Umsatz ohne Optimierung gegenüber dem neu erfassten Revenue. Die relative Schwankungsspanne liegt im Raum von 56 Prozent bis 92 Prozent.

Alt-Revenue	1.143.000 €
Neuer Revenue	1.900.712 €
Erhöhung in Prozent	66,29

Der Revenue lässt sich mit diesem Verfahren um 66,29 Prozent erhöhen. Das Endergebnis wird nun in einer Tabelle dargestellt.

Strecke	1	2	3	4	5
Teilkapazität	100	90	150	10	400
Strecke in km	10.000	15.000	12.000	900	18.000
(H + P) Bid Price	**3.111,87 €**	**5.800,70 €**	**4.878,12 €**	**2.854,09 €**	**768,01 €**
Variable Kosten	400	300	200	120	1000

In der Tabelle zeigt sich eindeutig: Je weiter die Strecke, desto teurer ist der Preis. Die gleiche Logik ist zu erkennen bei der Anzahl der Kapazitäten. Der Vorteil bei diesem mathematischen Modell ist, dass das Verhältnis der Parameter berücksichtigt ist. Zuvor müssen aus Sicht des Revenue Managers mehrere Marktpreisanalysen gemacht werden. Generell muss beachtet werden, dass aus Kundensicht das Preisniveau angemessen ist. Die Historienfähigkeit und die Auslastung sind bei diesem Verfahren nicht berücksichtigt. Es handelt sich um ein Punktanalyseverfahren.

d. Anwendungsempfehlungen

Die Verwendung dieses mathematisch-statistischen Verfahrens hilft Fluggesellschaften bzw. Luftfahrtunternehmen.

5.3 (H + P) Pricing Margin Analysis

Eine Herausforderung im Preismanagement ist es, eine korrekte Ermittlung der Differenz zwischen Einkaufs- und Verkaufspreis durchzuführen. Viele Preiskalkulationen sind fehleranfällig.
Vielen Controllern und Einkaufsmanagern fehlt aufgrund differenzierter Rabatte und Nachlässe eine Übersicht über die eigentlichen Listenpreise.
In der Touristikbranche gibt es durch kurzfristige Preisveränderungen kaum eine Kontrolle der Preisgestaltung, da Überkapazitäten durch Last-Minute-Angebote besetzt werden oder im Allgemeinen bislang unbekannte Schwierigkeiten eintreten können.
Betriebswirtschaftlich gesehen sind durch das Unterbieten der Marge langfristig hohe Gewinneinbußen im operativen Geschäft zu verzeichnen, was aus Sicht des Revenue Managements verhindert werden soll. Volkswirtschaftlich gesehen kann es vorkommen, dass die Inflationsrate ansteigt und die Preisbereitschaft der Nachfrager sinkt. Ebenso kann es passieren, dass Kosten im operativen Geschäft durch „Höhere Gewalt" unerwartet ansteigen.
(H + P) Pricing Margin Analysis ist ein statistisch-mathematisches Verfahren, das einen prozentualen Wert errechnet, der Fixpreise pro Person/Saison absichern soll. Durch die Beobachtung der Preishistorie wird ein verdecktes Preispotenzial bestimmt, durch das die empirische Erforschung des Verhältnisses von Revenue und Verkaufspreis möglich wird. Final führt dieses Verfahren zu einem Revenue-Anstieg.

a. Problemstellung/Szenario

Eine Hotelgesellschaft in einer Großstadt besitzt etwa 200 Betten. Das Kundenportfolio ist beschränkt auf Geschäftsleute. In den letzten 20 Wochen wurden nicht alle Zimmer belegt.

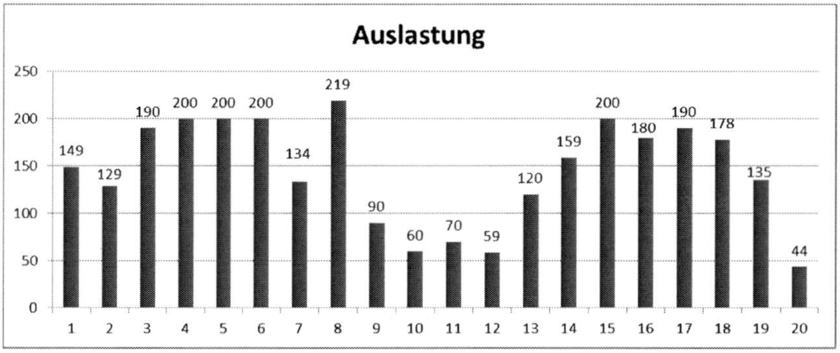

Es zeigt sich, dass die Wochen vier und fünf gegenüber den Wochen zehn bis zwölf ganz ausgelastet sind. In der zwanzigsten Woche ist der niedrigste Auslastungstand zu vermerken. Zur Verdeutlichung werden die Daten in Prozent aufgezeichnet.

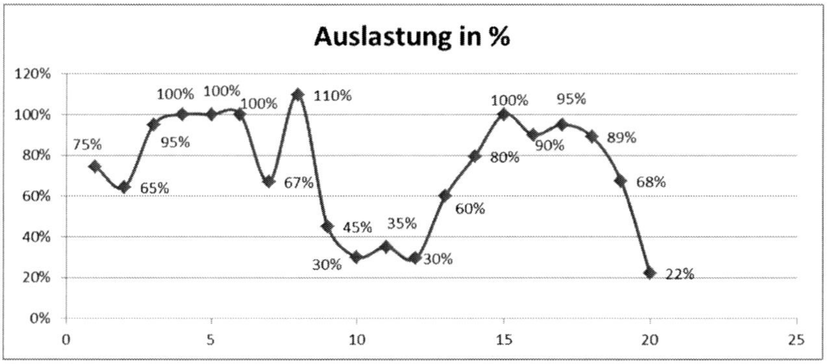

Die Auslastung ist nicht relevant bei der Preisgestaltung in diesem Verfahren.

Wochen	Preise	Auslastung	Revenue
1	150 €	149	22.350 €
2	150 €	129	19.350 €
3	150 €	190	28.500 €
4	150 €	200	30.000 €
5	150 €	200	30.000 €
6	150 €	200	30.000 €
7	150 €	134	20.100 €
8	150 €	219	32.850 €
9	99 €	90	8.910 €
10	99 €	60	5.940 €
11	99 €	70	6.930 €
12	99 €	59	5.841 €
13	150 €	120	18.000 €
14	150 €	159	23.850 €
15	150 €	200	30.000 €
16	150 €	180	27.000 €
17	150 €	190	28.500 €
18	150 €	178	26.700 €
19	150 €	135	20.250 €
20	99 €	44	4.356 €
Summe			419.427 €

Die Tabelle zeigt, dass die Hotelgesellschaft zwei Festpreisstrategien verfolgt. Sobald die Nachfrage einen bestimmten Wert erreichet hat, wird der Preis auf 150 Euro festgesetzt. In schwach ausgelasteten Zeiten wird ein Normalpreis von 99 Euro fixiert. Die Preisspanne liegt derzeit bei 50 Euro pro verkauftes Zimmer.

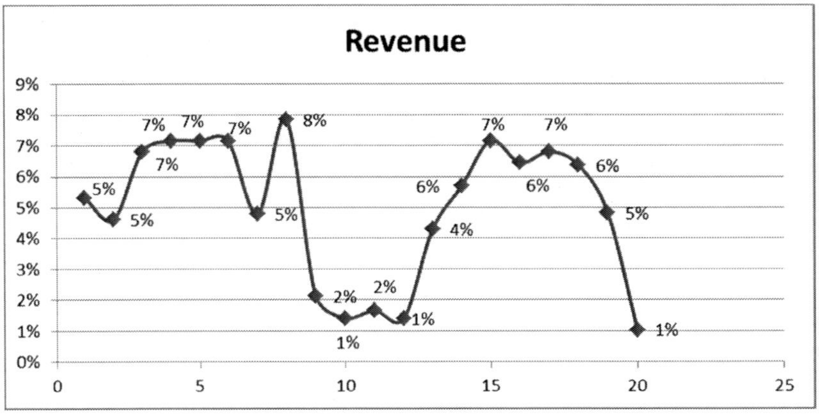

In Prozent angegeben zeigt sich, wie der operative Revenue im Beobachtungszeitpunkt ausfällt. Der höchste Wert beträgt 8 Prozent. Die Revenue Manager des Hotels wollen ein mögliches Preispotenzial mithilfe eines exakten Analyseverfahrens entdecken. Dafür eignet sich das Verfahren (H + P) Pricing Margin Analysis.

b. Erstellung eines Lösungskonzeptes

Die Ermittlung eines geeigneten Wertes bedarf einer Abkürzungstabelle, damit die Komplexität der Rechnung bewältigt werden kann.

Abkürzung	Bedeutung
Ki....Ki1...Ki2	Kapazitätseinheit der Periode i
Pi.....Pi1...Pi2	Preis einer Periode
HP	Höchster Preis
NP	Niedrigster Preis
COS	Cosinus
RI...Ri1....Ri2	Operativer Revenue der Periode I
MR	Durchschnittsrevenue
N	Gesamtzeitraum

Die erste Formel zur Lösung des Problems ist definiert durch:

$$\left(\left(COS\left(\frac{HP-NP}{NP}\right)\right)^2+1\right)=S1$$

$$\left[\sum\left[\left(\frac{\left(1-\left(\frac{Ki2-Ki1}{Ki2}\right)\right)}{\left(Ln\left(\frac{1}{Pi2}\right)\right)}\right)+\left[\left(\frac{\left(1-\left(\frac{Ki2-Ki1}{Ki2}\right)\right)}{\left(Ln\left(\frac{1}{Pi2}\right)\right)}\right)+1\right]\right]*S1\right]=S2$$

Das Ergebnis der ersten Formel zeigt den zweiten Schritt. Der dritte Schritt ist einfacher zu bewältigen.

$$\sum 1-\left(\frac{Ri2}{Ri1}\right)=Schritt\ 3\ (S3)$$

Die endgültige Formel ist definiert durch:

$$\left[\frac{((1-S3)^2)}{\left((S1*S2*\left(\left(exp\left(\frac{N}{MR}\right)*S3^2\right)\right)\right)}\right]$$

Das Ergebnis des ersten Schrittes ist 1,75727952. Schritt 2 ist unterteilt in drei Unterpunkte.

Schritt 2		
1	2	3
-0,23	0,64	1,12
-0,11	1,37	2,40
-0,19	0,86	1,52
-0,20	0,80	1,41
-0,20	0,80	1,41
-0,27	0,40	0,71
-0,07	1,56	2,74
-0,35	0,07	0,11
-0,29	0,38	0,66
-0,18	0,99	1,73
-0,25	0,59	1,04
0,01	2,04	3,59
-0,13	1,19	2,09
-0,15	1,11	1,95
-0,22	0,68	1,20
-0,19	0,87	1,52
-0,21	0,72	1,27
-0,25	0,51	0,90
-0,36	-0,04	-0,07
Ergebnis	=	**27,31**

Der dritte Schritt ist ebenfalls in einer Ergebnistabelle dargestellt.

Wochen	Schritt 3
2	13,42%
3	-47,29%
4	-5,26%
5	0,00%
6	0,00%
7	33,00%
8	-63,43%
9	72,88%
10	33,33%
11	-16,67%
12	15,71%
13	-208,17%
14	-32,50%
15	-25,79%
16	10,00%
17	-5,56%
18	6,32%
19	24,16%
20	78,49%
Summe	**-117,35%**

Das Gesamtresultat beträgt nach der Berechnung:

$$\left[\frac{((1-(1{,}11735)^2)}{\left((1{,}75727952 * 1{,}758 * \left(\left(exp\left(\frac{20}{39.945}\right) * 1{,}337^2\right)\right)\right)}\right] = 0{,}714 * 100 = 7{,}14\%$$

c. Interpretation der Ergebnisse

Die Hotelgesellschaft hat durch das Verfahren ein relatives Ergebnis erhalten. Die Untersuchung der historischen Preise in Kombination mit dem innovativen mathematischen Verfahren erlaubt eine kontrollierte Preiserhöhung. Den Vergleich zeigt die Tabelle.

Preisspannenerhöhung	Historisch	Neu	Differenz
Peakpreis	150 €	161 €	11 €
Lowpreis	99 €	106 €	7 €

Die Ergebnisse zeigen, dass die Preisspanne um 11 Euro pro verkauftem Zimmer erhöht werden kann. Peakpreis ist der Verkaufspreis, der bei hoher Nachfrage bedingt durch Events, Messen etc. verlangt wird. Der Low-Preis wird verlangt in Phasen schlechter Nachfrage.

Die Überlegung ist, dass die Preise je nach Auslastung festgelegt werden. Die Preispanne wurde festgelegt auf 50 Euro. Nach der Optimierung ergibt dies aufgerundet 54 Euro. Die Auswirkungen auf den Revenue sind folgende.

Wochen	Optimierter Preis	Optimierter Revenue	Differenz
1	161 €	23.947 €	1.597 €
2	161 €	20.733 €	1.383 €
3	161 €	30.536 €	2.036 €
4	161 €	32.143 €	2.143 €
5	161 €	32.143 €	2.143 €
6	161 €	32.143 €	2.143 €
7	161 €	21.536 €	1.436 €
8	161 €	35.197 €	2.347 €
9	106 €	9.547 €	637 €
10	106 €	6.364 €	424 €
11	106 €	7.425 €	495 €
12	106 €	6.258 €	417 €
13	161 €	19.286 €	1.286 €
14	161 €	25.554 €	1.704 €
15	161 €	32.143 €	2.143 €
16	161 €	28.929 €	1.929 €
17	161 €	30.536 €	2.036 €
18	161 €	28.608 €	1.908 €
19	161 €	21.697 €	1.447 €
20	106 €	4.667 €	311 €
Gesamt	-	449.394 €	29.967 €

Durch die Preisspannenerhöhung von 7,14 Prozent erhält man bei der derzeitigen Auslastung einen gesamten operativen Revenue von 449.394 Euro.

Erhöhung	Ergebnis
in Prozent	7,14
in Zahlen	29.967 €

Das Verfahren zeigt, dass durch die Analyse Preisspannen erhöht werden können. Insgesamt können bei dieser Auslastungssituation bis zu 29.967 Euro Revenue erwirtschaftet werden.

Vorsicht ist geboten bei Veränderung der Auslastung pro Periode. In diesem Beispiel wird davon ausgegangen, dass die Nachfrage in den nächsten Wochen gleichmäßig verläuft. Unvorhergesehene Situationen können jederzeit eintreten. Deshalb ist es notwendig, ein Worst-Case-Szenario zu erstellen. Dafür nehmen wir an, dass die Auslastung in den zwanzig Wochen um fünf Prozent gefallen ist. Die Auswirkungen auf den Revenue sollen in einer Tabelle beobachtet werden.

Wochen	(H + P) Margin Price	Auslastung	Revenue
21	161 €	142	22.749,53 €
22	161 €	123	19.695,90 €
22	161 €	181	29.009,47 €
23	161 €	190	30.536,28 €
23	161 €	190	30.536,28 €
24	161 €	190	30.536,28 €
24	161 €	127	20.459,31 €
25	161 €	208	33.437,23 €
25	106 €	86	9.069,28 €
26	106 €	57	6.046,18 €
26	106 €	67	7.053,88 €
27	106 €	56	5.945,41 €
27	161 €	114	18.321,77 €
28	161 €	151	24.276,34 €
28	161 €	190	30.536,28 €
29	161 €	171	27.482,65 €
29	161 €	181	29.009,47 €
30	161 €	169	27.177,29 €
30	161 €	128	20.611,99 €
31	106 €	42	4.433,87 €
Gesamt	-	2.761	426.924,69 €

Revenue-Abweichung	Ergebnis
Differenz	22.470 €
in Prozent	5,26

Es lässt sich erkennen, dass der operative Revenue um 5,26 Prozent sinkt, wenn ein Auslastungsrückgang von fünf Prozent vorliegt. Vergleicht der Revenue Manager diese Ergebnisse mit den Ursprungswerten, dann ergibt dies folgende Tabelle.

Vergleich Ursprungswerte	
Differenz	7.497,69 €
in Prozent	1,79

Final lässt sich eindeutig schließen, dass durch diese Preisspannenerhöhung ein Mindest-Revenue-Anstieg von 1,79 Prozent erreicht werden kann, was einen absoluten Anteil von aufgerundet 7.500 Euro ausmacht. Somit sind Szenarien durchgeführt worden und damit kann aus Revenue-Management-Sicht entschieden werden, ob eine Absicherung durchgeführt werden soll.

d. Anwendungsempfehlungen

Die Anwendung dieses Verfahrens ist besonders für die Hotellerie oder Luftfahrtindustrie zu empfehlen. Denn hier müssen die Verkaufspreise unter Berücksichtigung der Auslastung kurz- und langfristig harmonisiert werden.

5.4 (H + P) Portfolio Analysis

(H + P) Portfolio Analysis ist ein mathematisch-statistisches Verfahren, das durch die Kurshistorienfähigkeit des Anlegerdepots eine optimale prozentuale Verteilung der gesamten Investitionssumme wiedergibt. So erhält der Investor eine Orientierung bei der Aufstellung seines Marktportfolios. Dieses Modell ist geeignet für einen vorsichtig denkenden Investor.

a. Problemstellung/Szenario

Die (H + P) Tourism Investment AG legt einen weiteren Fonds für globale Kreuzfahrtunternehmen auf. Die Investitionen werden in drei Reedereien, die 50 Prozent des touristischen Kreuzfahrtmarktes ausmachen, getätigt. Die Fondsmanager sind unsicher über die Verteilung der Investitionssumme von 60.000.000 Euro. Die Frage ist also: Wie soll diese Summe auf die drei Kreuzfahrtgesellschaften aufgeteilt werden?

Periode	Kreuzfahrtgesellschaft 1	Kreuzfahrtgesellschaft 2	Kreuzfahrtgesellschaft 3
1	2.041.000 €	2.061.410 €	2.267.551 €
2	2.052.100 €	2.093.142 €	2.302.456 €
3	2.343.200 €	2.413.496 €	2.654.846 €
4	2.100.000 €	2.310.000 €	2.541.000 €
5	2.250.000 €	2.475.000 €	2.722.500 €
6	2.340.000 €	2.363.400 €	2.599.740 €
7	2.410.000 €	2.458.200 €	2.704.020 €
8	2.501.000 €	2.576.030 €	2.833.633 €
9	2.503.000 €	2.603.120 €	2.863.432 €
10	2.515.000 €	2.766.500 €	3.043.150 €
Gesamt	**23.055.300 €**	**24.120.298 €**	**26.532.328 €**

Die Tabelle stellt die geplanten Cashflows dar, die pro Periode erwirtschaftet werden sollen. Insgesamt wird mit dieser Investitionsplanung eine Investition von 73.707.926 Euro getätigt.
Die nachfolgende Tabelle zeigt eine Rendite von 20,58 Prozent und einen Differenzbetrag von 13.707.926 Euro.

Kennzahl	Ergebnisse
Rendite	20,58%
Absolut	13.707.926 €

Eine Übersicht über die prozentuale Verteilung der einzelnen Kreuzfahrten zeigt die Wirtschaftlichkeit jeder Investition.

Periode	Kreuzfahrtgesellschaft 1	Kreuzfahrtgesellschaft 2	Kreuzfahrtgesellschaft 3
1	8,85%	8,55%	8,55%
2	8,90%	8,68%	8,68%
3	10,16%	10,01%	10,01%
4	9,11%	9,58%	9,58%
5	9,76%	10,26%	10,26%
6	10,15%	9,80%	9,80%
7	10,45%	10,19%	10,19%
8	10,85%	10,68%	10,68%
9	10,86%	10,79%	10,79%
10	10,91%	11,47%	11,47%
Gesamt	100,00%	100,00%	100,00%

Die unabhängige Betrachtung der einzelnen Gesellschaften zeigt, dass die prozentuale Schwankungsspanne ungefähr bei 8 Prozent bis 12 Prozent pro Periode liegt. Diese Beobachtung deutet darauf hin, dass es sich um eine gleichmäßige Verteilung handelt. Eine Analyse der gesamten Anlagen liefert folgendes Ergebnis:

Periode	Kreuzfahrtgesellschaft 1	Kreuzfahrtgesellschaft 2	Kreuzfahrtgesellschaft 3	Zeilensumme
1	2,77%	2,80%	3,08%	8,64%
2	2,78%	2,84%	3,12%	8,75%
3	3,18%	3,27%	3,60%	10,06%
4	2,85%	3,13%	3,45%	9,43%
5	3,05%	3,36%	3,69%	10,10%
6	3,17%	3,21%	3,53%	9,91%
7	3,27%	3,34%	3,67%	10,27%
8	3,39%	3,49%	3,84%	10,73%
9	3,40%	3,53%	3,88%	10,81%
10	3,41%	3,75%	4,13%	11,29%
Gesamt	31,28%	32,72%	36,00%	100,00%

Die letzte Spalte in Periode zehn zeigt, dass in dieser der höchste prozentuale Wert erreicht wurde. In Zahlen sind das 8.324.650 Euro. Die Fondsmanager erstellen nun ein Verteilungskonzept, um die Investitionssumme zu optimieren. Das Ziel ist, eine höhere Gesamtrendite mit einem geringen Risiko zu erwirtschaften.

In der Literatur werden häufig Gleichungssysteme vorgestellt, die mithilfe von Binomischen Formeln gelöst werden können. In diesem Zusammenhang wird mit diesem Investmentfall ein Lösungskonzept erstellt. Mathematisch muss die folgende Bedingung festgelegt werden:

$X1+X2+X3 = X$

Somit dürfen die Variablen Xi nicht größer sein als das Ergebnis. Für die Optimierung werden die Mittelwerte der einzelnen Investmentfelder (Kreuzfahrtgesellschaften) verwendet.

Gesellschaft	Kreuzfahrtgesellschaft 1	Kreuzfahrtgesellschaft 2	Kreuzfahrtgesellschaft 3
Mittelwert	23,06 €	24,12 €	26,53 €

Angaben in Millionen

Für die Lösung dieses Gleichungssystem wird folgende Formel gestellt:

X2 = (1-x1)

X3 = (1-x1)

Gleichung

23,06x1+24,12x2+26,53x3 = 60

Das Ziel ist es, einen prozentualen Wert zu finden, der bestimmt, wie viel der Investor in die drei Investmentfelder optimaler Weise investieren sollte. Nach der Berechnung der oben genannten Formel ist der nächste Schritt wie folgt:

23,06 x1 - 23,06 + 24,1 x1 - 24,1 + 26,53 x1 - 26,53= 60

73,71 x1 – 28 = 60

73,71 x1 = 88

X1= 1,18

Die erste Komponente ist gelöst. Somit kann 1/3 der Gleichung gelöst werden. Für die Lösung der zweiten Komponente wird der erste errechnete Faktor 1,18 mit der Investitionssumme multipliziert. Es gilt wieder:

X3=(1-x2)

27,40 + 24 x2 + 26 x2 - 26,53= 60

0,87 + 50,65 x2 = 59,124

50,65 x2 = 59,124

X2 = 1,1673

Der letzte Schritt erfolgt durch die Berechnung

27,40 + 28,16 + 26,53 x3 = 60

55,56+ 26,53 x3 = 4,40

X3 = 0,167

(23,06 *1,18) + (24,12*1,1673) +(26,53*0,167)= 60

Verteilung	Kreuzfahrtgesellschaft 1	Kreuzfahrtgesellschaft 2	Kreuzfahrtgesellschaft 3	Summe
Ergebnis	45,67%	46,93%	7,40%	100,00%

Die Ergebnisse werden nun in Prozent gesetzt und in einer Tabelle dargestellt. Eindeutig ist zu sehen, dass das Modell empfiehlt, 45,67 Prozent der gesamten Investitionssumme in Kreuzfahrtgesellschaft 1 zu tätigen. Zu bedenken ist, dass es sich um eine reine mathematische Methode ohne die Berücksichtigung folgender Faktoren handelt: Es fehlt eine empirische Untersuchung des Kursverlaufs der Investition mit Prägung der eindeutig positiven oder negativen Rendite. Des Weiteren ist der Risikoaspekt durch die Historienfähigkeit nicht gegeben. Zum Vergleich wird nochmal die Verteilung des aktuellen Portfolios dargestellt.

Anlage	Verteilung
Kreuzfahrtgesellschaft 1	31,28%
Kreuzfahrtgesellschaft 2	32,72%
Kreuzfahrtgesellschaft 3	36,00%

b. Erstellung eines Lösungskonzeptes

Für das Gestalten einer Lösung wird eine numerische Matriz erstellt, um die Übersicht zu behalten. Der Buchstabe A steht für die erste Anlage und B, C für die weiteren. Auf diese Weise lassen sich die Anlagen im weiteren Verlauf lokalisieren.

A	B	C	Summe
A1	B1	C1	A1+B1+C1
A2	B2	C2	A2+B2+C2
A3	B3	C3	A3+B3+C3
A4	B4	C4	A4+B4+C4
A5	B5	C5	A5+B5+C5
A6	B6	C6	A6+B6+C6
A7	B7	C7	A7+B7+C7
A8	B8	C8	A8+B8+C8

Für den ersten Schritt werden die einzelnen Renditen benötigt und in einer Tabelle dargestellt. Die Rendite wird für die einzelnen Spalten berechnet.

A=Ln(A2/A1) B=Ln(B2/B1) C=Ln(C2/C1)

Periode	A	B	C	Zeilensumme
2	0,54%	1,53%	1,53%	3,60%
3	13,27%	14,24%	14,24%	41,75%
4	-10,96%	-4,38%	-4,38%	-19,72%
5	6,90%	6,90%	6,90%	20,70%
6	3,92%	1,61%	1,61%	5,31%
7	2,95%	3,93%	3,93%	10,81%
8	3,71%	4,68%	4,68%	13,07%
9	0,08%	1,05%	1,05%	2,17%
10	0,48%	6,09%	6,09%	12,65%

Der zweite Schritt ist definiert durch diese Formeln:

$$\left(\sqrt{\left(\frac{\frac{1}{ln\left(\frac{A2}{A1}\right)}}{ln\left(\frac{A2}{A1}\right)}\right)}\right)^2$$

$$\left(\sqrt{\left(\frac{\frac{1}{ln\left(\frac{B2}{B1}\right)}}{ln\left(\frac{B2}{B1}\right)}\right)}\right)^2$$

$$\left(\sqrt{\left(\frac{\frac{1}{ln\left(\frac{C2}{C1}\right)}}{ln\left(\frac{C2}{C1}\right)}\right)}\right)^2$$

Die Ergebnisse werden in einer Tabelle zusammengefasst.

Periode	A	B	C
2	33.993,56	4.285,25	4.285,25
3	56,83	49,31	49,31
4	83,28	520,57	520,57
5	210,08	210,08	210,08
6	650,08	469,74	469,74
7	1.150,98	646,54	646,54
8	727,94	456,18	456,18
9	1.565.000,83	9.137,58	9.137,58
10	43.715,67	269,87	269,87

Für die Fortsetzung der Rechnung gilt folgende Formel:

$$LOG\left(\frac{\left(Ln\left(\frac{A2}{A1}\right)+Ln\left(\frac{B2}{B1}\right)+Ln\left(\frac{C2}{C1}\right)\right)^2}{\sqrt{\left(\sum\left(Ln\left(\frac{A2}{A1}\right)+Ln\left(\frac{B2}{B1}\right)+Ln\left(\frac{C2}{C1}\right)\right)^2\right)}}\right)^2=AnBnCn$$

Diese Formel ist ein fester Bestandteil und wird bezeichnet als *AnBnCn*. Das Ergebnis ist 2,09.

Der vierte Schritt besteht aus der Formel

$$\sum ln\left(\frac{AnBnCn}{\left(\frac{\frac{1}{ln\left(\frac{A2}{A1}\right)}}{ln\left(\frac{A2}{A1}\right)}\right)}\right)=Ergebnis\ A$$

$$\sum ln\left(\frac{AnBnCn}{\left(\frac{\frac{1}{ln\left(\frac{B2}{B1}\right)}}{ln\left(\frac{B2}{B1}\right)}\right)}\right)=Ergebnis\ B$$

$$\sum ln\left(\frac{AnBnCn}{\left(\frac{\frac{1}{ln\left(\frac{C2}{C1}\right)}}{ln\left(\frac{C2}{C1}\right)}\right)}\right) = Ergebnis\ C$$

Die Ergebnistabelle wird im Folgenden gezeigt.

Periode	Ergebnis A	Ergebnis B	Ergebnis C
2	9,70	7,63	7,63
3	3,31	3,16	3,16
4	3,69	5,52	5,52
5	4,61	4,61	4,61
6	5,74	5,42	5,42
7	6,31	5,74	5,74
8	5,86	5,39	5,39
9	13,53	8,39	8,39
10	9,95	4,86	4,86
Summe	**62,69**	**50,71**	**50,71**

Der fünfte Schritt besteht aus der Formel:

$$Summe\ von\ Ergebnis\ A$$
$$+Summe\ von\ Ergebnis\ B$$
$$+Summe\ von\ Ergebnis\ C$$
$$= Ergebnis\ von\ A + B + C$$

Die Gesamtsumme beträgt 164,87. Die prozentualen Anteile von A, B und C werden nun ins Verhältnis gesetzt. Final erhält man die optimale Aufteilung der Investitionssumme des Portfolios.

A	38,20%
B	30,90%
C	30,90%
Summe	100,00%

c. Interpretation der Ergebnisse

Verteilung	Kreuzfahrtgesellschaft 1	Kreuzfahrtgesellschaft 2	Kreuzfahrtgesellschaft 3
Relative Verteilung	**38,20%**	**30,90%**	**30,90%**
Absolute Verteilung	22.919.716 €	18.540.142 €	18.540.142 €

Die Aufteilung zeigt, dass der größte Teil der Investition in Kreuzfahrtgesellschaft 1 getätigt wird. Die restliche Investitionssumme wird prozentual gleichermaßen in die anderen Gesellschaften verteilt. Der größte Wert liegt bei 38,20 Prozent und ist errechnet für die erste Anlage. Durch mehrfache Errechnung der Rendite sind der allgemeine relative Preisverfall und die Konjunkturzyklen berücksichtigt. Das Verfahren (H + P) Portfolio Analysis dient nur als Empfehlung bei der Portfoliogestaltung.

d. Anwendungsempfehlungen

Das Verfahren ist gedacht für Investmentunternehmen, die auf den internationalen Kapitalmärkten mit einem langfristigen, vorsichtigen und nachhaltigen Bewusstsein agieren möchten.

5.5 (H + P) Input-Output Analysis

Die Verwendung dieses Modells wird anhand mehrerer Sichtweisen erklärt. Dieses statistisch-mathematische Verfahren dient der Signalerkennung, mit dem angezeigt werden kann, wann das Verhältnis zwischen dem erzielten Revenue und den entstandenen Kosten jeder Abteilung nicht mehr ausgeglichen ist. Das Ziel ist, einen prozentualen Messwert für einen Vergleich zwischen Revenue und Kosten im operativen Geschäft eines Unternehmens zu finden, unabhängig von der Einflussnahme von Bilanzen. Ein Unternehmen, das mehrere erlösorientierte Abteilungen wie Marketing, Vertrieb oder Produktion hat, darf den Überblick über die finanziellen Mittel nicht verlieren, sonst kann ein Kostenteufel oder eine Schuldenfalle entstehen kann.
Dieses Verfahren dient der Vorstufe der Unternehmensbewertungen. Es ist ein Zeitpunktverfahren, die Historienfähigkeit ist nicht relevant. Das Verfahren ist nicht nur für die interne Ermittlung gedacht. Die mathematische Logik und Struktur kann in weitere Bereiche transferiert werden. Im Investment- und Finanzbereich kann bei den getätigten Investitionen ein Vergleich zwischen Gewinn und Verlust dargestellt werden. Somit hat der Investor kurzfristig einen schnellen Überblick über die Situation des Investmentportfolios und kann diese schnell ermittelten negativen oder positiven Ergebnisse als Grundlage für weitere Investments verwenden.
Im Projektmanagementbereich können verschiedene Projekte miteinander verglichen werden. In der Immobilienindustrie können im Portfolio einer Immobiliengesellschaft die aktuelle Werterhöhung und -senkung ermittelt werden, um kurzfristig Verkaufspreise ermitteln zu können.

a. Problemstellung/Szenario

Die (H + P) Tourism Investment AG investiert in neun Fonds. Ein Anfangskapital von 2.000.000 Euro wird in verschiedene international tätige Luxushotels, Reiseveranstalter und Tourism-IT-Unternehmen angelegt. Nach den ersten Monaten wird eine erste Bilanz erstellt.

Anlage	Gewinn	Verlust
1	300.000 €	240.000 €
2	700.000 €	560.000 €
3	301.000 €	190.000 €
4	701.000 €	300.004 €
5	301.100 €	130.400 €
6	701.010 €	189.000 €
7	301.200 €	130.000 €
8	702.010 €	140.000 €
9	302.200 €	120.000 €
	4.309.520 €	1.999.404 €

Die Tabelle zeigt jeweils den Gewinn nach Steuern und den Verlust, den die einzelnen Anlagen erwirtschaftet haben. Der nächste Schritt ist die Rendite-Analyse.

Anlage	Rendite
1	22,31%
2	22,31%
3	46,01%
4	84,87%
5	83,68%
6	131,08%
7	84,02%
8	161,23%
9	92,36%
Summe	-

Die Fonds 6 und 8 weisen die größten Renditen auf und haben somit die größte Wirtschaftlichkeit. Die Berechnung der Rendite ist unabhängig von den einzelnen Fonds analysiert worden. Die Fondsmanager wollen eine Gesamtbewertung aller Anlagen haben, um einen effektiveren Vergleich durchführen zu können.

b. Erstellung eines Lösungskonzeptes

Für die Lösung des Vorfalls wird das Verfahren (H + P) Input-Output Analysis vorgeschlagen. Im Folgenden wird dieses Verfahren detailliert erklärt. Zuvor müssen wieder zwei Abkürzungen im Einzelnen erklärt werden.

Abkürzung	Bedeutung
Ri	Revenue eines Fonds
Vi	Verlust eines Fonds

Zwei Formeln sind zur Problemlösung notwendig und müssen je Fonds angewendet werden.

$$\frac{\left(\left(\frac{1}{Ri}\right) * \left(Exp\left(\frac{1}{Vi}\right)\right)^2\right)}{\left[\frac{Ri}{Vi} * \left(\frac{\left(\sqrt{\left(\frac{1}{Ri}\right)} * \sqrt{\frac{1}{\left(\frac{1}{Vi}\right)}}\right)}{\frac{Log(Ri)}{Ln(Vi)}}\right)\right]} = Revenue\ eines\ Fonds$$

Mit dieser Formel wird der prozentuale Revenue-Anteil des eingesetzten Fonds errechnet. Durch die Berechnung (1- Revenue-Anteil) erhält man das Verlustergebnis.

$$1-\frac{\left(\left(\frac{1}{Ri}\right)*\left(Exp\left(\frac{1}{Vi}\right)\right)^{2}\right)}{\left[\frac{Ri}{Vi}*\left(\frac{\left(\sqrt{\left(\frac{1}{Ri}\right)}*\sqrt{\frac{1}{\left(\frac{1}{Vi}\right)}}\right)}{\frac{Log(Ri)}{Ln(Vi)}}\right)\right]}=Verlust\ des\ Fonds$$

Die Lösungen werden im Einzelnen dargestellt.

$$\left(\left(\frac{1}{Ri}\right)*\left(Exp\left(\frac{1}{Vi}\right)\right)^{2}\right)$$

1	0,000003333
2	0,000001429
3	0,000003322
4	0,000001427
5	0,000003321
6	0,000001427
7	0,000003320
8	0,000001425
9	0,000003309

$$\left[\frac{Ri}{Vi}*\left(\frac{\left(\sqrt{\left(\frac{1}{Ri}\right)}*\sqrt{\frac{1}{\left(\frac{1}{Vi}\right)}}\right)}{\frac{Log(Ri)}{Ln(Vi)}}\right)\right]$$

1	1,250000	0,000004	0,442117	0,000011
2	1,250000	0,000002	0,441616	0,000005
3	1,584211	0,000004	0,450734	0,000015
4	2,336636	0,000002	0,463521	0,000011
5	2,309049	0,000005	0,465150	0,000025
6	3,709048	0,000003	0,481149	0,000021
7	2,316923	0,000005	0,465284	0,000025
8	5,014357	0,000003	0,493387	0,000032
9	2,518333	0,000005	0,468592	0,000028

Die Ergebnistabelle wird final gezeigt.

Anlage	Revenue	Verlust
1	68,36%	31,64%
2	68,40%	31,60%
3	77,39%	22,61%
4	87,02%	12,98%
5	86,74%	13,26%
6	93,26%	6,74%
7	86,81%	13,19%
8	95,61%	4,39%
9	88,27%	11,73%

c. Interpretation der Ergebnisse

Die Ergebnisse zeigen, dass der Ertragsanteil bei allen Fonds einen Wert von über 60 Prozent erreicht, was für eine effektive und effiziente Anlagepolitik der (H + P) Tourism Investment AG spricht. Der sechste Fonds erreicht einen Höchstwert von 93,26 Prozent. Die Entwicklung der ersten beiden Fonds muss durch die Fondsmanager intensiv beobachtet werden. Die nächste Tabelle zeigt eine Rangliste der Fonds. Grundlegend ist zu sagen, dass keine Verluste erwirtschaftet worden sind.

Fonds	Revenue	Rang
1	68,36%	9
2	68,40%	8
3	77,39%	7
4	87,02%	4
5	86,74%	6
6	93,26%	2
7	86,81%	5
8	95,61%	1
9	88,27%	3

Das Verfahren dient in diesem Beispiel als eine Art Clustering, das die Grundlage für weitere Zukunftsentscheidungen ausmacht. Dennoch ist zu beachten, dass keine Historienfähigkeit durch empirische Forschung ermittelt wurde.

Mit dem letzten Beispiel wurde eine Situation im Finanzbereich gezeigt. Um die Vielfältigkeit dieses Modells zu beweisen, wird im Folgenden eine Berechnung für die operative Ebene eines Verkehrsunternehmens dargestellt.

Eine Charter-Fluggesellschaft, die Geschäftsleute in die Metropolen Europas transportiert, muss sich einer finanziellen Untersuchung unterziehen. Die Geschäftsleitung plant, das Streckenportfolio auszubauen und in den asiatischen Markt zu expandieren. Die unternehmensinternen Business-Analysten werden beauftragt, eine schnelle, effiziente und effektive Gesamtuntersuchung der Erträge und Kosten vorzunehmen, um einen grundlegenden Überblick über die Unternehmenssituation zu bekommen. Festgestellt werden muss, ob eine gesunde Vergrößerung der Fluggesellschaft möglich ist. Insgesamt werden zwanzig City-Jets auf den Strecken eingesetzt.

Nummer	Strecke	Passagiere	in Prozent
1	Frankfurt/Main-Berlin	1.200	11,85
2	Frankfurt/Main-München	1.205	11,90
3	Frankfurt/Main-Hamburg	1.500	14,81
4	Frankfurt/Main- London	1.600	**15,80**
5	Düsseldorf-London	1.700	**16,79**
6	Düsseldorf-Paris	1.100	10,86
7	Düsseldorf-Bern	900	8,89
8	Stuttgart-Berlin	800	7,90
9	Stuttgart-Hamburg	121	1,19
Gesamt	-	10.126	-

Die kleine Fluggesellschaft bedient neun unterschiedliche Strecken. Die Gesamtauslastung beträgt 10.126 Passagiere, die auf den Routen befördert wurden. Eindeutig ist zu erkennen, dass die Strecken vier und fünf im Vergleich den größten relativen Anteil ausmachen.

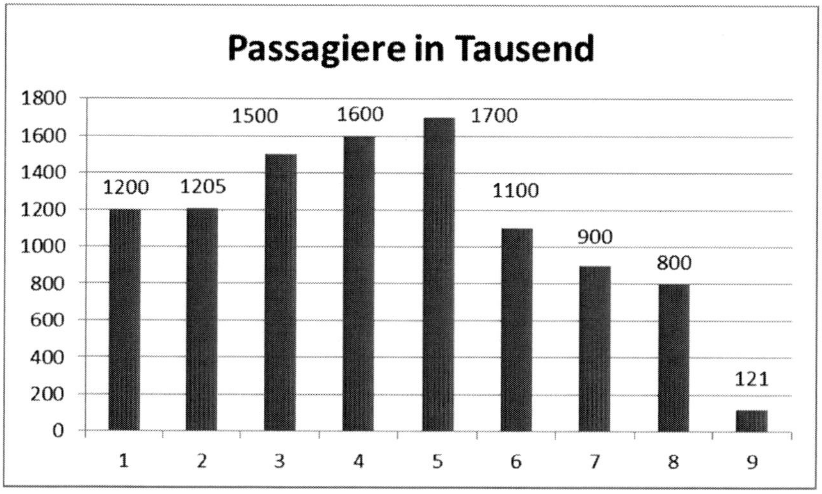

Die Balken zeigen einen kleinen Einbruch in der Periode neun. Es bleibt aus Analystensicht die Frage offen, ob die Expansion in den aufstrebenden Markt gelingen kann. Die Unternehmenscontroller erstellen eine Übersicht über die Ertrags- und Kostensituation des gesamten Streckenportfolios.

Strecke	Ertrag	Kosten	Gewinn
1	550.000 €	430.000 €	120.000 €
2	290.000 €	232.000 €	58.000 €
3	510.000 €	350.000 €	160.000 €
4	290.000 €	200.000 €	90.000 €
5	300.000 €	110.000 €	**190.000 €**
6	110.000 €	70.000 €	40.000 €
7	120.000 €	55.000 €	65.000 €
8	170.000 €	80.000 €	90.000 €
9	190.000 €	100.000 €	90.000 €
Gesamt	2.530.000 €	1.627.000 €	903.000 €

Es lässt sich erkennen, dass der größte Gewinn auf der Strecke Düsseldorf–London erzielt wird.

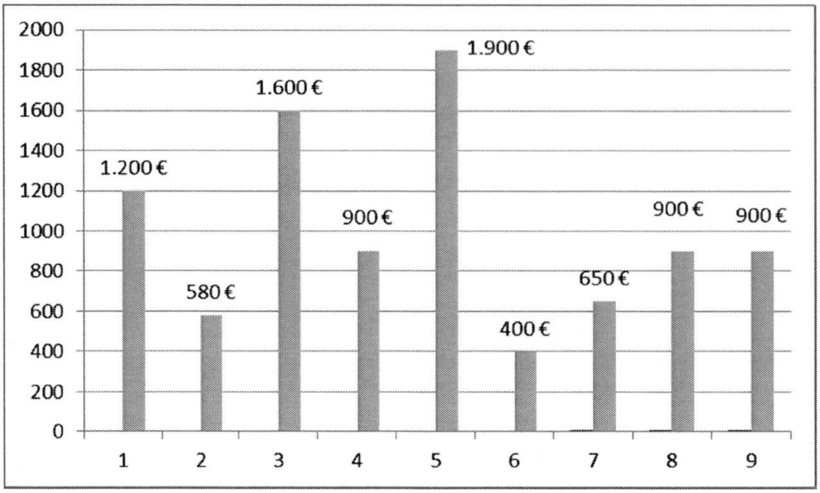

Zum Vergleichsmaß wird pro Route das Verhältnis zwischen Umsatz und Kosten errechnet. Die Formel dafür lautet:

$$Ln\left(\frac{Ertrag}{Kosten}\right) * 100 = Wirtschaftlichkeit\ pro\ Route$$

Strecke	Wirtschaftlichkeit
1	24,61%
2	22,31%
3	37,65%
4	37,16%
5	**100,33%**
6	45,20%
7	78,02%
8	75,38%
9	64,19%
Summe	-

Die Resultattabelle zeigt, dass die ersten drei Routen im Vergleich zu den restlichen nicht weniger als das Doppelte an Gewinn erbringen. Die Business-Analysten untersuchen nun die Unternehmenssituation nach dem mathematisch-statistischen Modell (H + P) Input-Output Analysis.

1	0,000001818
2	0,000003448
3	0,000001961
4	0,000003448
5	0,000003333
6	0,000009091
7	0,000008334
8	0,000005883
9	0,000005263

1	1,279070	0,000002	0,442535	0,000006
2	1,250000	0,000004	0,442139	0,000011
3	1,457143	0,000002	0,447102	0,000008
4	1,450000	0,000004	0,447515	0,000013
5	2,727273	0,000006	0,471831	0,000032
6	1,571429	0,000011	0,451890	0,000040
7	2,181818	0,000012	0,465336	0,000058
8	2,125000	0,000009	0,463291	0,000039
9	1,900000	0,000007	0,458507	0,000030

Das Ergebnis wird erneut in einer Tabelle gezeigt.

Strecke	Ertrag	Kosten
1	69,41%	30,59%
2	68,36%	31,64%
3	74,58%	25,42%
4	74,37%	25,63%
5	89,52%	10,48%
6	77,06%	22,94%
7	85,56%	14,44%
8	85,04%	14,96%
9	82,49%	17,51%
Mittelwert	78,49%	21,51%

Der (H + P)-Input-Output-Koeffizient der Ertragsseite liegt bei 78,49 Prozent und die Kosten bei 21,51 Prozent. Das Ergebnis der Unternehmensanalyse sagt aus, dass die finanzielle Lage nicht als kritisch zu bewerten ist. Aufgrund der Wirtschaftlichkeit sollte der Deckungsbeitrag pro Passagier untersucht werden. Das Produktmanagement muss durch bestimmte Kunden-Strategien bei den Strecken eins bis drei optimieren.

d. Anwendungsempfehlungen

Empfohlen wird dieses mathematische Verfahren für alle Unternehmen, die eine effektive und effiziente Untersuchung von zwei unabhängigen Variablen im operativen Geschäft vornehmen wollen.

- Analysten
- Produktmanager
- Vertriebsmanager
- Revenue Manager
- Investoren
- Börse
- Finanzberatungsunternehmen
- Banken
- Versicherungen

5.6 (H + P) Pricing Factor

(H + P) Pricing Factor ist ein mathematisches Modell zur Berechnung eines Einheitspreises verschiedener Preiskategorien. Durch eine empirische Preisanalyse entstehen verschiedene Zahlungsbereitschaften von verschiedenen Kunden. Ziel ist es, herauszufinden, welcher Preis für die einzelnen Kundengruppen am besten geeignet ist. Zu vermeiden ist, dass der Preis nicht marktgerecht gestaltet wird, weil die Kunden die Leistung dann nicht in Anspruch nehmen werden.

a. Problemstellung/Szenario

Ein internationaler Reiseveranstalter mit Spezialisierung auf Australien und Neuseeland hat differenzierte Kundengruppen aus verschiedenen europäischen Staaten. Das Reiseunternehmen plant für die nächste Saison ein Kontingent für eine geführte Rundreise mit zwei erfahrenen ansässigen Reiseführern. Die Kapazität des Reiseveranstalters beträgt 140 Leute in der gesamten Saison. Nach einer aufwendigen Preisanalyse entsteht folgende Tabelle.

Preiskategorie	Preise	Kunden
Preis 1	300 €	10
Preis 2	200 €	50
Preis 3	150 €	80
Gesamt		140

Die Auswertungen haben gezeigt, dass nur zehn Kunden eine Zahlungsbereitschaft von 300 Euro haben, d.h. das absolute Preismaximum für die Leistung beträgt 300 Euro. Eine Erhöhung führt zur Abwanderung der Kunden. Die Umsätze des Reiseveranstalters werden in folgender Tabelle dargestellt.

Kunden	Umsatz	in Prozent
Kundensparte 1	3.000 €	12,00
Kundensparte 2	10.000 €	40,00
Kundensparte 3	12.000 €	48,00
Gesamt	25.000 €	100,00

Der Gesamtumsatz der Saison beträgt 25.000 Euro. Unterschiedliche Preisgestaltung kann zu einem Misstrauen seitens der Kunden führen. Zu empfehlen ist daher ein ausgeglichener und marktgerechter Einheitspreis, der für alle Kundengruppen gilt und gleichzeitig den Umsatz erhöht.

b. Erstellung eines Lösungskonzeptes

Die einzelnen Rechenschritte und Formeln zur Berechnung des Einheitspreises sind komplex. Zunächst muss die Notation in einer Tabelle erläutert werden.

Notation	Bedeutung
P1....Pn	Preis 1 (P1) bis Endpreis (Pn)
M	(H + P) Glättung
Qi	Steigung
Qn	Modifizierter Wert der Steigung

Des Weiteren werden für die Anwendung der Formel zwei Maßzahlen benötigt.

Statistische Maßzahl	Ergebnisse
Mittelwert	216,67
Harmonischer Mittelwert	200,00

Die Kennzahlen M, qi und qn werden mit folgenden Formeln berechnet:

$$M = \left(\frac{Preis\ 1}{3}\right) + \left(\frac{Preis\ 2}{6}\right) + \left(\frac{Preis\ 3}{9}\right)$$

$$qi = \left[\frac{\left[\frac{Preis\ 2}{Preis\ 1}\right]}{\left[\frac{Preis\ 1}{Preis\ 2}\right]}\right]^2$$

$$qn = \sqrt{\left[\sum \frac{\left[\frac{Preis\ 2}{Preis\ 1}\right]}{\left[\frac{Preis\ 1}{Preis\ 2}\right]}\right] * \frac{Preis\ 1}{Preis\ 2}}$$

$$PC = \left[\sum \frac{\left[\frac{Preis\ 2}{Preis\ 1}\right]}{\left[\frac{Preis\ 1}{Preis\ 2}\right]}\right]$$

$$PB = \frac{Preis\ 1}{Preis\ 2}$$

Die Ergebnisse werden in folgenden Tabellen dargestellt.

Preise	Qi
Preis 1	0,19753086
Preis 2	0,31640625
Preis 3	0,83034336

M	150

Qn
0,91123178

PB und PC sind Kennzahlen, die einen bereits vorausberechneten mathematischen Schritt darstellen. Die Grundlagen des (H + P) Pricing Factor Models sind geklärt. Für einen besseren Überblick werden die einzelnen Schritte der Berechnungen numerisch gekennzeichnet.

Schritt 1

$$\left[\frac{\sqrt{\left[(Preis\ 1)^2 + \left(Preis\ 2 * (qi + 1)\right)^2 + \left[Preis\ 3 * \left[\left((PC + PB) + 1\right)^2\right]\right]\right]}}{\sqrt{M} + Ln(M)}\right] + 1$$

Das Ergebnis des ersten Schrittes ist 1,000191694.

Schritt 2

$$= \frac{\left[\frac{ln\left(\frac{1}{qn}\right)}{Mittelwert}\right]}{\left[\frac{\left[\frac{ln\left(\frac{1}{qn}\right)}{Mittelwert}\right]}{Ln\left(\frac{1}{qn}\right)}\right]}$$

Das Ergebnis des zweitens Schrittes beträgt 0,004615385.

Schritt 3

$$= (Ln(Schritt\ 1 + Schritt\ 2)) + 1$$

Das Ergebnis des drittens Schrittes beträgt 1,004795562.

Schritt 4

$$= \left[log\left(\frac{Mittelwert}{100}\right)\right]^4$$

Das Ergebnis des vierten Schrittes beträgt 0,012713991.

Schritt 5

$$= Ln((Preis\ 1)^2) + Ln((Preis\ 2)^2) + Ln((Preis\ 3)^2)$$

Das Ergebnis des fünften Schrittes beträgt 32,02547027.

Schritt 6

$$= \left[\sqrt{\frac{Schritt\ 4}{Schritt\ 5}}\right] + 1$$

Das Ergebnis des sechsten Schrittes beträgt 1,019924764.

Schritt 7

$$= \frac{\left[\left(\frac{\frac{Schritt3}{Schritt\ 6}}{\frac{Schritt\ 6}{Schritt\ 3}}\right)\right]}{(Schritt\ 3 + Schritt\ 6)}$$

Das Ergebnis des siebten Schrittes beträgt 0,48.
Schritt 8
$= Schritt\ 7 + 1$
Das Ergebnis des achten Schrittes beträgt 1,48.

Schritt 9

$$\frac{\left[\left(\frac{Harmonischer\ Mittelwert}{Mittelwert}+1\right)*Harmonischer\ Mittelwert\right]}{(Mittelwert * Schritt\ 8)}$$

Das Ergebnis des neunten Schrittes beträgt 1,19995006.

Schritt 10

$$= (Schritt\ 9 - 1)^2$$

Das Ergebnis des zehnten Schrittes beträgt 0,03998003.

Schritt 11

$$= (Schritt\ 10 + 1) * Harmonischer\ Mittelwert$$

Das Ergebnis des elften Schrittes beträgt 207,996005. Das Endergebnis ist schließlich 207,996 Euro.

c. Interpretation der Ergebnisse

Mit dem (H + P) Pricing Factor Model wurde ein Einheitspreis von aufgerundet 208 Euro für die angebotene Leistung errechnet. Jeder Kunde muss für die Buchung des Kontingents diesen Preis bezahlen.

Sparte	Einheitspreis
Kundensparte 1	208 €
Kundensparte 2	208 €
Kundensparte 3	208 €

Bei diesem Einheitspreis kann mit folgendem Planumsatz gerechnet werden.

Planumsatz		
Sparte	Umsatz	in Prozent
Kundensparte 1	2.080 €	7,14
Kundensparte 2	10.400 €	35,71
Kundensparte 3	16.640 €	57,14
Gesamtplanumsatz	29.119 €	100,00

Die Kundensparte 3 erwirtschaftet mit 29.119 Euro den größten Umsatz. In Prozent ist dies ein Anteil von 57,14.

Gesamtumsatzveränderung	Ergebnisse
in Prozent	16,48%
in Zahlen	4.119 €

Die Tabelle zeigt, dass mit der Verwendung des (H + P) Pricing Factor ein Gesamtumsatzanstieg von 16,48 Prozent erwirtschaftet werden kann.

Umsatzveränderung	in Prozent
Kundensparte 1	-30,67
Kundensparte 2	4,00
Kundensparte 3	38,66

Der Umsatz der Kundensparte 1 wird durch die Preiserhöhung mit einem Prozentanteil von aufgerundet 31 Prozent gesenkt.

Preisveränderung	in Zahlen	in Prozent
Kundensparte 1	92 €	30,67
Kundensparte 2	-8 €	-4,00
Kundensparte 3	-58 €	-38,66
Gesamt	26 €	-11,99

Der Preis für Kundensparte 1 wird um 92 Euro erhöht, der für die restlichen Kundensparten gesenkt. Das (H + P) Pricing Factor Model zeigt, dass bei der einheitlichen Kundenpreisgestaltung ein Umsatzanstieg erreicht werden kann. Somit ist die Schwierigkeit, einen Preismaßstab für einheitliche Leistung zu generieren, überwunden.

d. Anwendungsempfehlungen

Das (H + P) Pricing Factor Model ist gedacht für z.B. Reiseveranstalter und Busunternehmer, die bei der Leistungserstellung keine Leistungs- und Kundendifferenzierungen vornehmen und keine zusätzlichen Leistungen, sogenannte Service Ancillaries, einsetzen.

5.7 Preis-Mengen-Strategie aus Sicht einer Destinationsorganisation

Die Insel Lagarta befindet sich im karibischen Raum. Der Name der Insel leitet sich von dem portugiesischen Wort für „Eidechse" ab. Die Insel besteht hauptsächlich aus Palmen und Stränden und hat ungefähr 200.000 Einwohner. Die Fläche entspricht ungefähr der von Frankfurt/Main. Die Landwirtschaft besteht zum großen Teil aus der Produktion von Kokosnüssen und Tabak. Die Finanzindustrie hat einen Anteil von einem Prozent an der gesamten Wirtschaftsleistung. Das ganze Jahr ist es warm und bei den internationalen Touristen ist diese Insel als Ferienort beliebt.

Jahr	Besucherzahlen	Veränderung
1	120.329	0,10%
2	120.450	-0,21%
3	120.201	0,91%
4	121.290	-0,17%
5	121.089	0,09%
6	121.200	0,67%
7	122.010	0,98%
8	123.200	7,23%
9	132.102	1,44%
10	134.000	11,03%

Die Tabelle zeigt eine Aufstellung der Besucherzahlen in den letzten zehn Jahren. Im zweiten und vierten erfassten Jahr ist ein leichter Rückgang zu vermerken. Hingegen ist für das letzte Jahr mit 11,03 Prozent die größte Zunahme zu sehen. Es ist zu beachten, dass bei dieser Aufzählung keine Kundensegmentdifferenzierung vorgenommen wurde.

Urlaubreisende	80%
Dienstreisende	0,10%
Geschäftsreisende	17,90%
Sonstige	2,00%

Die Tabelle zeigt die Differenzierung der Touristen in dem erhobenen Zeitraum. Der Inselstaat Lagarta ist eine Destination für Urlaubsreisende, die einen Anteil von 80 Prozent ausmachen. Die durchschnittliche Touristenzahl pro Jahr beträgt 123.587.

Was ist nun genau eine Destinationsorganisation? So wird eine Institution bezeichnet, die sich für eine Zusammenarbeit der einzelnen Leistungsträger in der Destination einsetzt. Generell haben Destinationsorganisationen keine Weisungsbefugnisse gegenüber Leistungsträgern. Unsere Destinationsorganisation trägt den Namen: Lagarta Island Tourism Association, ihr Sitz ist Lagarta Stadt.
Die nächste Frage, die sich stellt, ist, welche Bedeutung eine Preis-Mengen-Strategie trägt. Mit dieser Strategie werden Sachgüter oder Dienstleistungen zeitweise mit einem geringen Preis auf dem Markt angeboten. Ziel ist es, einen kurzfristigen, hohen Gewinn zu erwirtschaften. Solch eine Strategie ist mit Vorsicht zu genießen, da es zu einem Qualitätsverlust seitens der Produktion und zu einer Verwirrung seitens des Kunden kommen kann. Bei einer kurzfristigen Preisfestsetzung, die unter dem allgemeinen Marktpreis gestaltet ist, entsteht ein Kundengewöhnungseffekt. Daher werden solche Preisstrategien hauptsächlich in der Nebensaison praktiziert. Das Resultat ist, dass es sich bei dieser Strategie um eine klassische Preisreduzierung handelt. Die Schwierigkeit ist, den Bezugspunkt festzustellen, bei dem diese Strategie angewendet werden kann.
In diesem Beispiel ist es der Preis für eine touristische Leistung wie Übernachtung in einem Beherbergungsunternehmen oder beliebige Ausflüge in der Destination. Für die Durchführbarkeit einer Preis-Mengen-Strategie im Destinationsmanagement wird als Bezugspunkt der Devisenkurs des Staates genommen. Die Währung heißt Lagarta-Dollar.
Ziel ist es, die Touristenanzahl auf dem Inselstaat zu erhöhen. Dies soll geschehen mit einer klassischen Preis-Mengen-Strategie. Das Destinationsmanagement hat sich entschieden, einen Professor für Touristik zu engagieren, da von diesem mehr Kompetenz, Effektivität und Effizienz als von einem klassischen Touristikfachmann mit Schwerpunkt Destinationsmanagement erwartet wird. Der Professor möchte zunächst ein Strategiepapier sehen, das zeigt, dass das geplante Vorhaben durchführbar ist. Ein solches Papier existiert allerdings nicht, da diese Strategie einmalig ist und zuvor noch nie verwendet wurde. Es kommt zu keinem Endergebnis. Das Destinationsmanagement der Lagarta Tourism Association ist enttäuscht, dass keine Lösung gefunden werden konnte.

Daraufhin wird Start-Up-Unternehmen mit dem Vorhaben beauftragt. Die Tabelle zeigt den jährlichen Devisenkurs in den letzten zehn Jahren. Die Vergleichswährung ist der US-Dollar.

Jahr	Devisenkurs	Veränderung in Prozent
1	0,771	-
2	0,781	1,30
3	0,791	1,28
4	0,801	1,26
5	0,811	1,25
6	0,821	1,23
7	0,721	-12,18
8	0,621	-13,87
9	0,521	-16,10
10	0,421	-19,19

Es ist zu sehen, dass das achte Jahr dem Inselstaat einen Wirtschaftsboom beschert hat. Die Inflationsrate lag stabil bei einem durchschnittlichen Wert von 1,28 Prozent. Das Destinationsmanagement möchte für das nächste Jahr die Touristenanzahl deutlich erhöhen. Die Preise für touristische Leistungen müssen gesenkt werden. Dies betrifft den Inbound-Tourismus. Der Devisenkurs muss bei der Umwechslung von Euro und US-Dollar in Lagarta-Dollar gesenkt werden.
Folgendes Beispiel soll das Vorgehen verdeutlichen. Der Gesamtpauschalpreis für eine touristische Leistung auf der Insel Lagarta beträgt 5.000 US-Dollar. Das Destinationsmanagement erlaubt eine Devisenkurssenkung um bis zu 2 Prozent pro Buchung von ausländischen Reiseveranstaltern. Der Devisenkurs im ersten Jahr beträgt 0,771 Lagarta-Dollar. Durch die Senkung wird der Kurs auf 0,7546 Lagarta-Dollar gesetzt.

Ohne Senkung ⟶ 0,771

Mit Senkung ⟶ 0,7546

Der Preis für die Gesamtpauschalreise beträgt: 5.000 US-Dollar*0,771 = 3.855 Lagarta-Dollar. Der neue Preis nach der Senkung beträgt: 5.000 US-Dollar*0,7546 = 3.773 Lagarta-Dollar. Der letzte Betrag ist der Marktpreis in Lagarta-Dollar, den der Reiseveranstalter für die geforderte touristische Leistung bezahlen muss.
Jetzt muss der Verkaufskurs festgestellt werden, den der Reiseveranstalter in US-Dollar bezahlen muss.

Jahr	Verkaufskurs	Veränderung in Prozent
1	1,203	-
2	1,221	1,50
3	1,212	-0,74
4	1,221	0,74
5	1,223	0,16
6	1,232	0,74
7	1,232	0,00
8	1,341	8,85
9	1,342	0,07
10	1,341	-0,07

Die Tabelle zeigt den Verkaufskurs der letzten zehn Jahre an. Dazu ist die prozentuale Veränderung aufgelistet. Der bereinigte Pauschalreisepreis beträgt nun 3.773 Lagarta-Dollar.
Die Umrechnung in US-Dollar wird mit dem Verkaufskurs im ersten Jahr berechnet.

3.773* 1,203= 4.538,91 US-Dollar

Der ausländische Reiseveranstalter hat eine Preisreduzierung von 10,15 Prozent erhalten. Ein Price Spread von 8,15 Prozent ist entstanden. Die maximale Betragsgrenze muss bis maximal 5.000 US-Dollar eingehalten werden, damit ein Schutz gegen Arbitrage gewährt werden kann. Die Basis dieser Strategie ist an einem Beispiel erläutert worden. Das Destinationsmanagement macht sich Gedanken, inwieweit sich die touristische Nachfrage durch die Anwendung dieser Strategie verändern wird. Eine Wahrscheinlichkeit wird im Folgenden berechnet, um festzustellen, wie hoch die Anzahl der Kunden ausfallen wird. Daraus kann eine Zukunftsprognose gestaltet werden. Eine Berücksichtigung soziologischer, meteorologischer, wirtschaftlicher, psychologischer Einflüsse wird bei dieser Untersuchung nicht vorgenommen. Die Zahlenstruktur wird analysiert.

Jahr	Veränderung in Prozent	in Zahlen
1	0,10	121
2	-0,21	-249
3	0,91	1.089
4	-0,17	-201
5	0,09	111
6	0,67	810
7	0,98	1.190
8	7,23	8.902
9	1,44	1.898

Die Tabelle zeigt die Veränderung der Anzahl des Inbound Tourismus über einen Zeitraum von neun Jahren. In den Jahren 2 und 4 ist ein Rückgang zu erkennen. Wie bereits erwähnt, ist das achte Jahr ein Boomjahr mit einem Wert von abgerundet 11 Prozent. Die Wahrscheinlichkeit, dass sich diese Zahlen in der Zukunft wiederholen, wird mit drei mathematischen Methoden bestimmt.

1. Erwartungswert
2. Satz von Bayes
3. Binominal-Koeffizient

Im ersten Schritt wird zunächst die Gesamtsumme ermittelt und ein prozentualer Erwartungswert für Inbound-Tourismuszahlen errechnet.

Summe	13.671

Der Erwartungswert wird errechnet, in dem ein Teiler gebildet wird. Dies geschieht mit folgender Formel.

$$\sum\left(\left(\frac{1}{Summe}\right) * Prozentuale\ Veränderung\ der\ einzelnen\ Jahre\right) = \text{Jährlicher Erwartungswert}$$

Das Ergebnis für den ersten Schritt (1/13.671) ergibt 0,00007314754.

Durch Multiplikation der Veränderungszahl im ersten Jahr wird folgendes Teilresultat ermittelt:

121* 0,00007314754 = 0,89%

Die Tabelle zeigt folgende Endergebnisse.

Jahre	Einzelne Erwartungswerte
1	0,89%
2	-1,82%
3	7,97%
4	-1,47%
5	0,81%
6	5,92%
7	8,70%
8	65,12%
9	13,88%

Im nächsten Schritt werden die prozentualen Veränderungen mit den Erwartungswerten multipliziert. Das erste Teilresultat wird folgendermaßen ermittelt:

0,10%*0,89%=0,00089%

Im Folgenden werden in einer die Tabelle die restlichen Werte dargestellt.

Jahre	Werte
1	0,00089%
2	0,00377%
3	0,07217%
4	0,00244%
5	0,00074%
6	0,03960%
7	0,08490%
8	4,70505%
9	0,19947%
Summe	5.10902%

Der nächste Schritt ist, die einzelnen Jahreswerte mit der Gesamtsumme in Prozent zu setzen. Erster Schritt: 0,00089% /5,10902% = 0,02%

Jahre	Wahrscheinlichkeit
1	0,02%
2	0,07%
3	1,41%
4	0,05%
5	0,01%
6	0,78%
7	1,66%
8	92,09%
9	3,90%
Summe	100,00%

Das Ergebnis zeigt die subjektiven Wahrscheinlichkeiten für jedes einzelne Jahr. Das Endresultat bedeutet, dass sich zum Beispiel im achten Jahr die Inbound-Tourismuszahl mit einer Wahrscheinlichkeit von 92,09 Prozent um 7,23 Prozent verändern wird. Es handelt sich bei diesem Verfahren um eine subjektive Wahrscheinlichkeit.
Für den mathematischen Vorgang wurde der Satz von Bayes verwendet. Zur Verdeutlichung wird die Formel dargestellt.

$$\frac{\left(\left(\frac{Yi}{Pi}\right) * Pg\right)}{\left(\sum\left(\left(\frac{Yi}{Pi}\right) * Pg\right)\right)}$$

In dieser Untersuchung wurden die Daten mit dieser Formel nur kategorisiert. Somit sind sie gegenseitig abhängig. Das weitere Vorgehen erschließt sich daraus, dass jeder einzelne Jahreswert punktuell betrachtet und eine Wahrscheinlichkeit errechnet wird, die die Historienfähigkeit der Daten im Gesamten messen kann.
Die Lösungsmethode lautet der Binominal-Koeffizient, denn dieses Verfahren benötigt eine Wahrscheinlichkeit, die zuvor berechnet wurde. Die allgemeine mathematische Schreibweise lautet:

Binominal-Koeffizient: $\left(\frac{A!}{((A! - B!) * B!)}\right) * P^{Ni} * (1 - P)^{N-Ni}$

Im nächsten Schritt erfolgt eine Erläuterung der einzelnen Ziffern.

A! = Fakultät der Endjahreszahl, hier 9
B! = Fakultät der jeweiligen Jahreszahl
P = Wahrscheinlichkeit des Eintreffens. Berechnung erfolgte mit dem Satz von Bayes.
N = Gesamte Jahreszahl
Ni = Bezeichnungen der einzelnen Jahre

Die Fakultät für das erste Jahr hat einen Wert von 362.880. Für die Fakultät B wird folgende Tabelle dargestellt.

N	Fakultät B
1	1
2	2
3	6
4	24
5	120
6	720
7	5.040
8	40.320
9	362.880

Zur besseren Orientierung wird der erste Lösungsschritt dargestellt.

(362.880/(1*(362.880-1)))*((0,02^1)*(1-0,02)) = 0,0173963557%

Die gesamten Wahrscheinlichkeiten werden in einer weiteren Tabelle dargestellt.

Jahre	Wahrscheinlichkeit
1	0,0173963557%
2	0,0000540342%
3	0,0002588007%
4	0,0000000000%
5	0,0000000000%
6	0,0000000000%
7	0,0000000000%
8	4,6023318580%
9	0,0000000000%
Summe	4,62%

Es gibt die Möglichkeit, einen Mittelwert zu errechnen, die sogenannte Durchschnittswahrscheinlichkeit. Diese beträgt 0,5133378942986 Prozent. Das bedeutet, dass über den gesamten Untersuchungszeitraum die Wahrscheinlichkeit sehr gering ist, dass sich die Daten in der Zukunft großartig ändern. Ausgenommen ist das achte Jahr. Der Wert hier ist im Vergleich zu den anderen Jahren besonders hoch. Es ist also damit zu rechnen, dass das Touristik-Geschäft auf der Insel Lagarta wirtschaftlich blühen wird. Das Destinationsmanagement kann in den anderen Jahren kein Wachstum erwarten. Die Kombination aus dem Satz von Bayes und dem Binominal-Koeffizienten hat gezeigt, dass eine unabhängige Wahrscheinlichkeit auf einen Jahreszeitpunkt berechnet werden kann.

Das Ziel des Destinationsmanagements ist es, mit der Preis-Mengen-Strategie die jährliche Touristenanzahl um fünf Prozent pro Jahr zu steigern. Im gesamten Zeitraum soll ein Anstieg von 30,48 Prozent erreicht werden. Eine Tabelle mit den Zielzahlen wird im Folgenden dargestellt.

Jahre	Wachstum
10	138.020
11	142.161
12	146.425
13	150.818
14	155.343
15	160.003
16	164.803
17	169.747
18	174.840
19	180.085

Mit einer klassischen Wahrscheinlichkeitsrechnung wird ermittelt, wie hoch die Chance ist, dass eine Steigerung von 5 Prozent eintreffen wird. Durch eine Standardisierung der Daten, die berechnet werden mit der Formel $\left(\frac{Erwartungswert - Mittelwert}{Standardabweichung}\right)$ multipliziert mit der Normalverteilung, kann die gewünschte Wahrscheinlichkeit errechnet werden.

Jahre	Wahrscheinlichkeit	Veränderung
1	38%	4.020
2	38%	4.141
3	38%	4.265
4	37%	4.393
5	37%	4.525
6	36%	4.660
7	36%	4.800
8	36%	4.944
9	35%	5.092
10	50%	5.245

Die Ergebnistabelle zeigt, dass im ersten Jahr eine Wahrscheinlichkeit von 38 Prozent besteht, dass eine Erhöhung der Touristenzahl um 5 Prozent bzw. um 4.020 Personen resultiert. Die Wahrscheinlichkeit nimmt bis in das neunte Jahr ab. Im zehnten Jahr existiert eine Wahrscheinlichkeit von 50 Prozent, dass eine Steigerung um 5.245 Touristen stattfinden wird. Die beiden mathematischen Verfahren haben gezeigt, wie eine Wahrscheinlichkeit in der Historie berechnet werden kann und wie diese für die Zukunft zu interpretieren ist. Das erste Verfahren ist ein wirtschaftliches Potenzialmaß. Das zweite ist dazu geeignet, herauszufinden, wie die Wachstumserwartung in der Zukunft aussieht. Die Kombination aus den beiden quantitativen Verfahren kann als Planungsgrundlage im Destinationsmanagement verwendet werden. Die Insel Lagarta hat folgende Rückschlüsse gezogen.

Eine Veränderung der Touristenanzahl ist in den nächsten zehn Jahren nicht zu erwarten, da die gewichtete Wahrscheinlichkeit zu gering ist. Es steht somit fest, dass eine Preis-Mengen-Strategie auf Destinationsebene generell durchführbar ist. Die Preis-Strategien im Währungswechsel müssen ohne großen Koordinationsaufwand vorgenommen werden, wobei kein Leistungsträger in der Destination vernachlässigt werden darf. Durch die Touristen werden Einnahmen erwirtschaftet. Sie müssen Geld wechseln, um mit der einheimischen Währung bezahlen zu können. Diese Strategie kann flächenweit eingesetzt werden.

In der Touristik-Industrie gibt es keinen einzigen Vergleichsmaßstab, der einen Eindruck über Gewinn/Verlust und Auslastung, also die gesamtwirtschaftliche Performance einer Destination, wiedergibt. Analysten messen die Touristik-Wirtschaft anhand von Umsätzen und Besucheranzahlen. Eine Vereinheitlichung existiert nicht. Internationale Metropolen sind mit der Gesamtheit an kulturellen Sehenswürdigkeiten und freizeitlichen Attraktionen im Konkurrenzkampf um die Städtetouristen.

Im Fachbereich des Destinationsmanagements beschreibt das abgeleitete Angebot die Summe der von den Touristik-Managern gestellten Attraktionen, wie Freizeitparks, Diskotheken oder Erlebnishotels. Das gegebene Angebot beschreibt die natürlichen Gegebenheiten in einem touristisch erschlossenen Zielgebiet. Beispiele sind Naturparks, Seen, Flüsse oder Wälder.

Jedes Zielgebiet muss aus Marketinggesichtspunkten ein Leitbild erstellen. Dabei wird vorausgesetzt, dass ein vollkommener touristischer Markt existiert. Das bedeutet, dass alle Leistungsträger konstant miteinander arbeiten müssen. Solch eine Situation ist nur in einer touristischen Insel-Destination nicht gegeben. In der Volkswirtschaftslehre spricht man von einem geschlossenen Markt.

International muss ein Vergleichsmaß existieren, um die nationale Touristikwirtschaft wirtschaftlich messen zu können. Langfristig gesehen kann die Touristik volkswirtschaftlich skaliert werden. In der allgemeinen statistischen Literatur gibt es verschiedene Kennzahlen, um die volkswirtschaftliche Performance messen zu können. Einige sind im Folgenden genannt.

- Gini-Koeffizient
- Lorenz-Verteilung
- Herfindahl-Index
- Dalton-Index
- Simpson-Index

Jeder Index hat seine Stärken und Schwächen. Bei einer empirischen Untersuchung der wirtschaftlichen Lage müssen bestimmte Parameter berücksichtigt werden. In der Touristik-Industrie sind das folgende:

- Gesamtkapazitäten
- Höchste, niedrigste und durchschnittliche Auslastung
- Gesamteinnahmen und Ausgaben der definierten Touristik-Industrie
- Durchschnittspreis der Übernachtung

Das Problem bei der Messung der touristischen Leistung ist die unterschiedliche Wertigkeit. Die Revenue Manager erstellen verschiedene Preise zu verschiedenen Zeiten für verschiedene Gästesegmente. Daher ist im Voraus zu empfehlen, eine Differenzierung der einzelnen Kundensegmente vorzunehmen und daraus später einen Mittelwert zu errechnen.

- Luxus-Klasse
- Touristik-Klasse
- Low Budget

Das Beispiel wird fortgesetzt. Das Zielgebiet Lagarta ist in der Phase des Wachstums und soll in den internationalen Reisemarkt eintreten. Investoren wollen den Tourism-Destination Index errechnen, um einen internationalen Vergleich zu haben. Die Revenue Manager, Statistiker und Datenanalysten präsentieren am Jahresanfang die touristisch relevanten Zahlen. Die Daten Preise, Einnahmen und Ausgaben sind in Lagarta-Dollar gerechnet.

N	Auslastung	Preis	Aufenthaltstage	Einnahmen	Ausgaben	Rendite
1	12.121	$122,40	10	$1.483.636,36	$1.371.856,73	7,83%
2	25.859	$142,80	11	$3.692.606,06	$2.714.694,16	30,77%
3	13.636	$153,00	12	$2.086.363,64	$1.659.946,73	22,86%
4	19.091	$163,20	14	$3.115.636,36	$3.194.661,70	-2,50%
5	39.091	$204,00	21	$7.974.545,45	$8.096.647,49	-1,52%
6	35.354	$193,80	14	$6.851.515,15	$3.877.211,25	**56,94%**
7	15.152	$153,00	14	$2.318.181,82	$1.412.205,66	**49,56%**
8	13.636	$142,80	12	$1.947.272,73	$1.939.067,53	0,42%
9	19.293	$132,60	11	$2.558.242,42	$1.223.911,95	**73,73%**
10	19.374	$122,40	13	$2.371.345,45	$1.119.435,15	**75,06%**
Summe	212.606	-	132	$34.399.345,45	$26.609.638,35	-
Mittelwert	21.261	$153,00	13	$3.439.934,55	$2.660.963,84	31,31%
Höchster Wert	39.091	$204,00	21	$7.974.545,45	$8.096.647,49	75,06%
Niedrigster Wert	12.121	$122,40	10	$1.483.636,36	$1.119.435,15	-2,50%

Die Aufstellung zeigt das touristische Urlaubskundensegment der Insel Lagarta. Der Inselstaat hat eine Gesamtkapazität von 233.867 Einheiten. Somit kann er innerhalb von zehn Monaten diese Anzahl von Touristen in allen Beherbergungshäusern aufnehmen. Eindeutig ist zu erkennen, dass die Peakzeit im fünften Monat mit einer Anzahl von abgerundet 39.000 Touristen stattfindet. In diesem Monat bleibt der Großteil der Touristen bis zu 21 Tage auf der Insel. Die Rendite beträgt aufgerundet 57 Prozent. Durchschnittlich bleiben pro Monat 21.261 Touristen auf der Insel. Gesamtwirtschaftlich betrachtet erzielt der Inselstaat im Tourismusgeschäft eine Rendite von 25,6 Prozent.

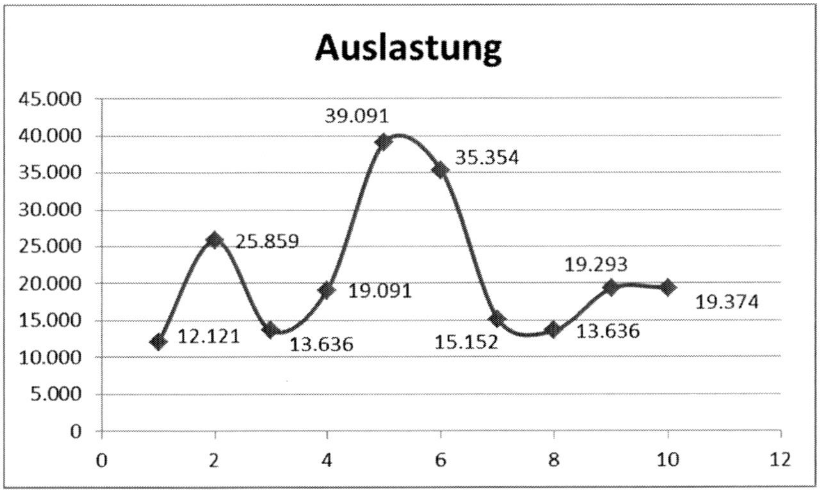

Die Darstellung zeigt, dass der Peakzeitraum zwischen 4-6 liegt. Die Nebensaison liegt bei etwa bei einer Auslastung von 19.374 Touristen.

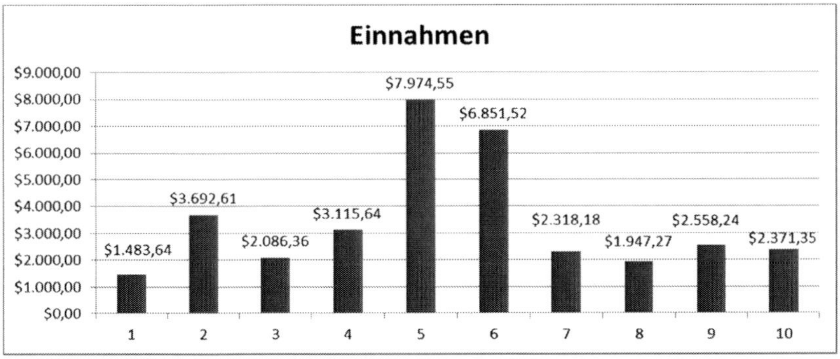

Dieser Chart zeigt, dass der maximale Revenue der Destination bei aufgerundet acht Millionen Euro liegt. In den Monaten neun und zehn wurde eine Preiserhöhung vorgenommen, die dem Touristikgeschäft die höchsten Renditen von 73,73 Prozent und 75,9 Prozent bescherte, dennoch kann durch die niedrige Auslastung kein besonders hoher Revenue erreicht werden. Der Wert bleibt im Normalbereich von abgerundet zwei Millionen Euro.

In den Darstellungen wurden mehrere Kennzahlen präsentiert, die die touristikwirtschaftliche Situation abbilden. Eine Vereinheitlichung der Daten muss vorgenommen werden.
Zur Berechnung des Tourism-Destination Index wird zunächst die Abkürzungstabelle erstellt.

Abkürzung	Bedeutung
Au	Summe der Auslastung
GesamtK	Gesamtkapazität
Hau	Höchste Auslastung
Nau	Niedrigste Auslastung
DP	Durchschnittspreis
DA	Mittelwert der Aufenthaltsdauer in Tagen
HAD	Höchste Aufenthaltsdauer in Tagen
NAD	Niedrigste Aufenthaltsdauer in Tagen
Ln	Natürlicher Logarithmus

Die Formel zu Berechnung des Tourism-Destination Index:

$$\frac{\left(\left(\frac{HAD}{NAD} * LN\left(\frac{Einnahmen}{Ausgaben}\right)\right) + 1\right)}{\left[\left(\left(\left(\frac{Au}{GesamtK}\right) * \left(\frac{Hau}{Nau}\right) * \left(\frac{DA}{DP}\right)\right) * 0{,}01\right) + 1\right]} * 100 = Tourism\ Destination\ Index$$

Das Ergebnis beträgt **152,01 Punkte.** Anhand einer Bewertungstabelle lässt sich der Wert kategorisieren.

Stufe	Anfang		Ende	Bedeutung
1	< 0	-	0	Katastrophal
2	0	-	5	Mangelhaft
3	5	-	10	Genügend
4	15	-	20	Gut
5	30	-	40	Sehr Gut
6	50	-	60	Sehr Gut
7	60	-	100	Sehr Gut
8	>100		Unendlich	Meisterhaft/Boom

Die Bewertungstabelle fängt in dem Intervall unterhalb von null an. Sobald eine negative Punktzahl errechnet ist, bedeutet dies, dass die Destination im Touristikgeschäft deutlich unterentwickelt ist. In der Theorie des Destinationsmanagements wird häufig ein Lebenszyklus eines Zielgebiets dargestellt. Ein Resultat in diesem Bereich kann auf die Anfangsphase einer Touristikwirtschaft hindeuten. Bei einer bereits entwickelten Tourismusindustrie deutet dies auf eine wirtschaftliche Krise in diesem genannten Gästesegment. Der Mindestbereich liegt in der fünften Stufe. Eindeutig zu erkennen ist, dass die Touristikwirtschaft auf Lagarta boomt und langfristig gesehen stabil ist.
Nun wird ein Szenario gezeigt, bei dem die Touristikwirtschaft deutliche Einbrüche von 60 Prozent erlebt. Denn der Inselstaat erlebt durch einen schweren Hurrikan Schäden in der Infrastruktur. Zur Berechnung wird erneut folgende Tabelle erstellt.

N	Auslastung	Preis	Aufenthaltstage	Einnahmen	Ausgaben	Rendite
11	4.848	$186,00	10	$901.818,18	$1.697.142,35	-63,23%
12	10.343	$217,00	11	$2.244.525,25	$3.358.384,52	-40,30%
13	5.455	$232,50	12	$1.268.181,82	$2.053.542,35	-48,20%
14	7.636	$248,00	14	$1.893.818,18	$3.952.158,80	-73,57%
15	15.636	$310,00	21	$4.847.272,73	$10.016.471,12	-72,58%
16	14.141	$294,50	14	$4.164.646,46	$4.796.550,00	-14,13%
17	6.061	$232,50	14	$1.409.090,91	$1.747.058,54	-21,50%
18	5.455	$217,00	12	$1.183.636,36	$2.398.846,43	-70,64%
19	7.717	$201,50	11	$1.555.010,10	$1.514.117,88	2,66%
20	7.749	$186,00	13	$1.441.406,06	$1.384.868,23	4,00%
Summe	85.042	-	132	$20.909.406,06	$32.919.140,23	-
Mittelwert	8.504	$232,50	13	$2.090.940,61	$3.291.914,02	-39,75%
Höchster Wert	15.636	$310,00	21	$4.847.272,73	$10.016.471,12	4,00%
Niedrigster Wert	4.848	$186,00	10	$901.818,18	$1.384.868,23	-73,57%
Gesamtkapazität	212.606					

Das Management hat die Preise um 55 Prozent erhöht, um den wirtschaftlichen Kollaps zu vermeiden. Die Anzahl der Touristen beträgt in den nächsten zehn Monaten gerade mal 85.042. Die Rendite beträgt -45,39 Prozent. Die internationale Touristik-Organisation möchte durch die Berechnung des Tourism-Destination Index herausfinden, wie ertragreich die Tourismuswirtschaft ist. Der Wert beträgt 4,64. Die Beurteilung ist mangelhaft, denn die Schäden müssen behoben werden. Die höchsten Einnahmen werden in der Touristik-Industrie erwirtschaftet.
Dieser innovative Index zeigt, dass der touristische Markt mit den relevanten Parametern aus Analystensicht skaliert werden kann. Bei einer internationalen Anwendung können die Länder verglichen werden. Aus Gründen der Komplexität wird in diesem Beispiel auf einen internationalen Ländervergleich des Tourism Index verzichtet.

5.8 (H + P) Hedging Model

Das (H + P) Hedging Model ist ein finanzielles Absicherungsverfahren. Viele Busunternehmer, die ihre festen Routen langfristig geplant haben, und Akteure der Reiseveranstalterindustrie, die in einem Planungszeitraum mehrere Rundreisen organisiert haben und diese jeweils operativ durchführen wollen, haben oftmals Probleme mit kurzfristigen Absagen von Fahrgästen und Touristen, die ihre Reise nicht antreten können.
Eine kleine, aber nicht unbedeutende Umsatzverdrängung entsteht. Das Transport- oder Reiseunternehmen kann in solch einem Fall die Kapazitätseinheit weiterverkaufen und somit einen doppelten Umsatz erwirtschaften. Eine Überbuchungspolitik gilt es in diesem Szenario zu vermeiden, da ein zu großer Reputationsschaden entstehen kann. Das Verfahren errechnet einen prozentualen Anteil auf Jahres-Umsatz-Basis, mit dem die Umsatzverdrängung versichert werden kann.

a. Problemstellung/Szenario

In der deutschen Busfahrtindustrie ist ein neues Linientransportunternehmen mit Hauptsitz in Frankfurt/Main gegründet worden. Der Name lautet Reussir Transport

Corporation. Der Fuhrpark des Transportunternehmens ist folgendermaßen aufgestellt.

Busse	15
Kapazitäten pro Bus	50
Gesamtkapazität	750
Geschäftstage	360

Das Unternehmen bedient folgende Strecke:

Nummer	Strecke
1	Frankfurt/Main–Düsseldorf
2	Frankfurt/Main–Dortmund
3	Frankfurt/Main–Aachen
4	Frankfurt/Main–Köln
5	Frankfurt/Main–Berlin
6	Frankfurt/Main–Hamburg
7	Frankfurt/Main–Hannover
8	Frankfurt/Main–Magdeburg
9	Frankfurt/Main–Nürnberg
10	Frankfurt/Main–Leipzig
11	Frankfurt/Main–München
12	Frankfurt/Main–Stuttgart
13	Frankfurt/Main–Basel
14	Frankfurt/Main–Trier
15	Frankfurt/Main–Amsterdam

Die Aufstellung der operativen Umsätze ist untergliedert in Tages- und Jahressichtweise.

Nummer	Tagesumsätze hin und zurück	in Prozent
1	2.000 €	4,91
2	2.200 €	5,40
3	2.480 €	6,09
4	2.200 €	5,40
5	**4.000 €**	**9,82**
6	3.600 €	8,84
7	3.800 €	9,33
8	2.918 €	7,16
9	3.200 €	7,86
10	2.400 €	5,89
11	2.478 €	6,08
12	2.400 €	5,89
13	2.000 €	4,91
14	2.400 €	5,89
15	2.660 €	6,53
Gesamtumsatz	40.736 €	100,00

Die Strecke Frankfurt/Main–Berlin erwirtschaftet täglich den höchsten Umsatz gegenüber anderen Strecken.

Nummer	Jahresumsatz	in Prozent
1	720.000 €	4,91
2	792.000 €	5,40
3	892.800 €	6,09
4	792.000 €	5,40
5	**1.440.000 €**	**9,82**
6	1.296.000 €	8,84
7	1.368.000 €	9,33
8	1.050.480 €	7,16
9	1.152.000 €	7,86
10	864.000 €	5,89
11	892.080 €	6,08
12	864.000 €	5,89
13	720.000 €	4,91
14	864.000 €	5,89
15	957.600 €	6,53
Gesamtumsatz	14.664.960 €	100,00

Der Umsatz, der an einem Tag auf allen Strecken erwirtschaftet wird, beträgt 40.736 Euro.
Die Abteilung für Pricing und Revenue Management erstellt in einer langfristigen und aufwendigen Analyse eine Preistabelle, um der Marktnachfrage gerecht werden zu können. Der gesamte operative Umsatz, der im Geschäftsjahr erwirtschaftet wird, beträgt 14.664.960 Euro.

Nummer	Durchschnittlicher Preis pro Person
1	20 €
2	22 €
3	25 €
4	22 €
5	**40 €**
6	36 €
7	38 €
8	29 €
9	32 €
10	34 €
11	25 €
12	24 €
13	20 €
14	24 €
15	27 €

Die Darstellung zeigt die geforderten Preise für die einzelnen Strecken. Die Feststellung der Routenumsätze hat bewiesen, dass die Strecke Frankfurt–Berlin den höchsten Umsatz erwirtschaftet, woraus sich der höchste geforderte Preis erklären lässt. Die letzten Tabellen sind auf die Punktanalyse ausgerichtet. Dennoch sind einige Kunden zum Leistungsantritt nicht erschienen. Die Daten beruhen auf durchschnittlichen Zahlen. Die nächste Tabelle gibt eine Übersicht der Auslastung und der No-Shows in Zahlen und Prozent.

Nummer	Auslastung	No-Show	No-Show in Zahlen
1	98%	2%	1
2	97%	3%	2
3	99%	1%	1
4	98%	2%	1
5	92%	8%	5
6	97%	3%	2
7	99%	1%	1
8	99%	1%	1
9	96%	4%	2
10	95%	5%	3
11	94%	6%	3
12	94%	6%	3
13	92%	8%	6
14	96%	4%	2
15	94%	6%	3
Gesamt			33

Die Strecke Frankfurt/Main–Basel (Nummer 13) hat nach Angaben der Tabelle die höchste No-Show-Rate mit einem Anteil von 8 Prozent.

Nummer	Tatsächlicher Tagesumsatz (Ohne No-Show)	Umsatzverlust	in Prozent
1	1.960,00 €	40,00 €	2,18
2	2.134,00 €	66,00 €	3,59
3	2.455,20 €	24,80 €	1,35
4	2.156,00 €	44,00 €	2,40
5	3.600,00 €	400,00 €	21,78
6	3.492,00 €	108,00 €	5,88
7	3.762,00 €	38,00 €	2,07
8	2.888,82 €	29,18 €	1,59
9	3.072,00 €	128,00 €	6,97
10	2.230,00 €	170,00 €	9,26
11	2.329,32 €	148,68 €	8,10
12	2.256,00 €	144,00 €	7,84
13	1.760,00 €	240,00 €	13,07
14	2.304,00 €	96,00 €	5,23
15	2.500,40 €	159,60 €	8,69
Gesamt	38.899,74 €	1.836,26 €	

Die Tabelle zeigt die täglichen operativen Umsätze. Wichtigstes Ergebnis dieser Aufstellung ist, dass 1.836,26 Euro am Tag in die Kategorie der Umsatzverdrängungen eingeordnet werden können.

Nummer	Tatsächlicher Jahresumsatz (Ohne No-Show)	Umsatzverdrängung	in Prozent
1	705.600,00 €	14.400,00 €	2,04
2	768.240,00 €	23.760,00 €	3,09
3	883.872,00 €	8.928,00 €	1,01
4	776.160,00 €	15.840,00 €	2,04
5	1.296.000,00 €	144.000,00 €	11,11
6	1.257.120,00 €	38.880,00 €	3,09
7	1.354.320,00 €	13.680,00 €	1,01
8	1.039.975,20 €	10.504,80 €	1,01
9	1.105.920,00 €	46.080,00 €	4,17
10	802.800,00 €	61.200,00 €	7,62
11	838.555,20 €	53.524,80 €	6,38
12	812.160,00 €	51.840,00 €	6,38
13	633.600,00 €	86.400,00 €	13,64
14	829.440,00 €	34.560,00 €	4,17
15	900.144,00 €	57.456,00 €	6,38
Gesamt	14.003.906,40 €	**661.053,60 €**	

Die vorherige Aussage lässt sich transferieren auf oben genannte Tabelle. Im gesamten Jahr beträgt die Umsatzverdrängung bis zu 661.053,60 Euro.

b. Erstellung eines Lösungskonzeptes

Die (H + P) Tourism Investment AG bietet eine Schadenversicherung an, mit der der Reussir Transport Corporation der entstandene Umsatzverlust ersetzt werden kann. Die Financiers des Investment-Unternehmens präsentieren ein innovatives Finanzprodukt mit dem Namen (H + P) Hedging Model.

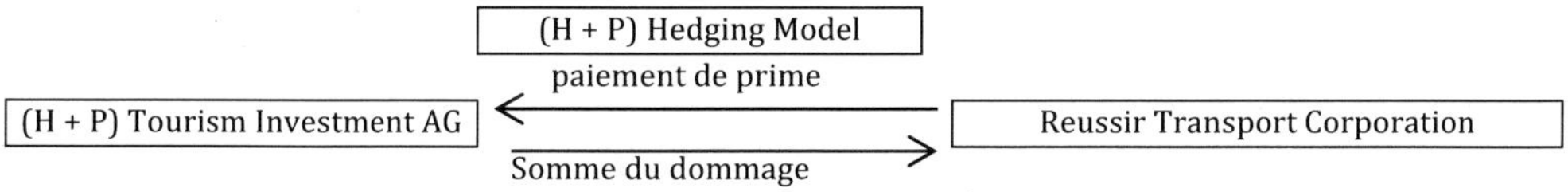

Die Funktion dieses Finanzprodukts ist folgendermaßen aufgebaut. Die Reussir Transport Corporation setzt das operative Geschäft in Gang. Am Ende des Jahres wird die No-Show-Anzahl ermittelt. Eine Überbuchungspolitik ist nicht geplant. Der potenzielle Reputationsschaden ist zu groß, da die Operation auf den Linientransport begrenzt ist. Damit der Schaden reguliert wird, muss die Reussir Transport Corporation nachweisen, dass die Buchung von einer dritten Person getätigt wurde, was die (H + P) Tourism Investment AG stichprobenartig überprüft. Des Weiteren zahlt der Versicherungsnehmer (Reussir Transport Corporation) einen Jahresbeitrag, den sogenannten „paiement de prime", an die Versicherungsgeber ((H + P) Tourism Investment AG). Dieser Betrag wird auf Grundlage der historischen No-Show-Daten ermittelt. Die Investmentgesellschaft ermittelt einen Schätzwert, der abgesichert wird. Entsteht eine Umsatzverdrängung durch die No-Shows, dann ersetzt die (H + P) Tourism Investment AG den Schaden maximal bis zum „somme du dommage" (Schadensumme).

Versicherung gegen Umsatzverdrängung	Regel
Umsatzverdrängung > Hedginganteil	Die Differenz bekommt der Versicherungsnehmer
Umsatzverdrängung < Hedginganteil	Die Differenz gehört dem Versicherungsgeber

Die Regeln sind folgende: Ist die Umsatzverdrängung größer als die abzusichernde Summe (Hedginganteil), dann bekommt der Versicherungsnehmer die Differenz von Umsatzverdrängung und Hedginganteil. Ist der Hedginganteil größer als die Summe der Umsatzverdrängung, gehört die Differenz dem Versicherungsgeber. Selbst wenn der Versicherungsnehmer einen höheren Preis vom Kunden verlangt, muss der Preis vom Reise oder Logistikmarkt anerkannt werden, da der Versicherungsgeber sich ansonsten nur selbst schadet. Zur Ermittlung des Hedginganteils müssen einige Informationen und deren Abkürzungen erläutert werden.

Bezeichnung	Abkürzung	Ergebnis
Gesamt No-Show in Prozent	HMS	4,60%
Höchste No-Show-Rate	Maximum HMS	8,00%
Pi	π	3,141592654
Kapazität pro Bus	K	-
Normalverteilung	Norm	-

Die oberste Regel des (H + P) Hedging Models ist, dass die Berechnung auf Grundlage der Tagesumsatzzahlen vorgenommen werden muss. Die Kalkulation des Versicherungsanteils basiert dennoch auf der Jahreshochrechnung. Die Formel zur Berechnung des (H + P) Hedginganteils wird zur Übersicht in Buchstaben eingeteilt und ist im Folgenden gegeben.

$$\left(LOG\left(\frac{1}{HMS}\right)\right) = A$$

= 1,33700522

$$B = A - 1$$

= 0,33700522

$$C = Norm(B)$$

= -0,42065034

$$D = C^2$$

= 0,17694671

$$E = \sqrt{D}$$

= 0,42065034

$$F = \left[\left(Norm(Maximum\ HMS) * \sqrt{\frac{K}{360}}\right) + 1\right] + E$$

= 0,47636075

$$G = (1-\pi)^2 * \left[\left[(Norm(HMS) * Norm(HMS))\right]/(Ln(HMS))\right]$$

= -5,21683162

$$H = \sqrt{G * LOG\left[\frac{(Tagesumsatzverdrängung)^2}{Tagesumsatz^4}\right]}$$

= 7,88309165

$$I = (F/G)$$

=16,5485752

c. Interpretation der Ergebnisse

Das Ergebnis der Rechnung zeigt, dass unter Berücksichtigung der No-Show-Gäste-Historienfähigkeit ein abzusichernder Anteil von 16,55 Prozent gehedgt werden muss. Dieser prozentuale Anteil muss auf Grundlage des Jahresumsatzes (siehe Tabelle) berechnet werden.

Indikator	in Zahlen	in Prozent (auf den Jahresumsatz bezogen)
Hedginganteil	2.426.841,94 €	16,55
Umsatzverdrängung	661.053,60 €	4,51
Récupération	1.765.788,34 €	72,76
Jahresumsatz	14.664.960,00 €	-
Jahresumsatz (ohne Hedging)	14.003.906,40 €	4,72

$$Hedginganteil = \left(\frac{Hedgingprozensatz}{100}\right) * Jahresumsatz)$$

$$= 14.664.960{,}00\ € * \left(\frac{16{,}55}{100}\right) = 2.426.841{,}94\ €$$

Der Busunternehmer hat eine tatsächliche Umsatzverdrängung von 661.053,60 Euro. Somit muss die (H + P) Tourism Investment AG die Differenz zwischen dem Hedginganteil und der Umsatzverdrängung, die sogenannte Récupération, von 1.765.788,34 Euro erhalten. Insgesamt hat die Investmentgesellschaft mit diesem Finanzprodukt großzügig kalkuliert. Der Überwert beträgt aufgerundet 73 Prozent. Bis jetzt wurde folgendes Szenario gezeigt. Die fehlende Auslastung ist aufgeteilt in No-Show und Stornierungen. Dennoch kommt es häufig vor, dass die Kapazitäten nicht belegt sind, bedingt durch die mangelnde Nachfrage. Dies ist nicht berücksichtigt worden. Der Grundsatz sagt, dass eine nicht verkaufte Kapazitätseinheit nicht ersetzt werden kann von Seiten des Versicherungsgebers. Dafür gibt es folgende Regelungen.

Abkürzung	**Bezeichnung**
NVK	Nicht verkaufte Kapazitäten
SNS	Summe der No-Shows und Stornierungen
OVERB	Theoretischer Überbuchungsanteil

$$NVK - SNS - OVERB = Summe\ der\ versicherten\ Sollauslastung$$

In der Praxis muss zusätzlich das theoretische Überbuchungsmaß berechnet werden. Sobald die ausgelasteten Kapazitäten nachweisbar verkauft wurden, kann eventuell die Overbookinganzahl virtuell abgezogen werden. Dies ist als Sicherheit für die Versicherung gedacht, da im Falle einer Überbuchung ein zusätzlicher Erlös hätte erwirtschaftet werden können.

Ohne die Einhaltung dieses Kriteriums kann der Versicherungsanteil verfälscht werden. Daher muss ein Break-Even-Point errechnet werden, um herauszufinden, ob es sich lohnt, solch eine Ausfallversicherung abzuschließen. Dabei müssen quantitative und temporäre Dimensionen eingehalten werden.

Dimension	
Zeitliche	Jahres- oder Tagesbasis
Quantitative	Einzelstrecke/Verbundstrecke

Welcher optimale Schnittpunkt zwischen Stornierung und No-Show-Anzahl lässt sich ermitteln, damit von Seiten des Managements eine Orientierung vorgeben und dieses Vorhaben als zusätzliches Planungsinstrument verwendet werden kann. Das folgende Verfahren ist nur eine Zusatzmethode. Der Vorteil dieses Verfahren ist, dass die Schnittpunkte auf dem historischen Verlauf basieren.

Strecke	Frankfurt/Main–Berlin	
Monate	Stornoanzahl	No-Shows
1	12	3
2	11	6
3	3	7
4	5	2
5	7	4
6	2	6
7	8	5
8	4	6
9	3	2
10	2	1
11	8	6
12	6	4

Die Tabelle zeigt die Durchschnittswerte der Storno- und No-Show-Anzahl über einen Zeitraum von zwölf Monaten.

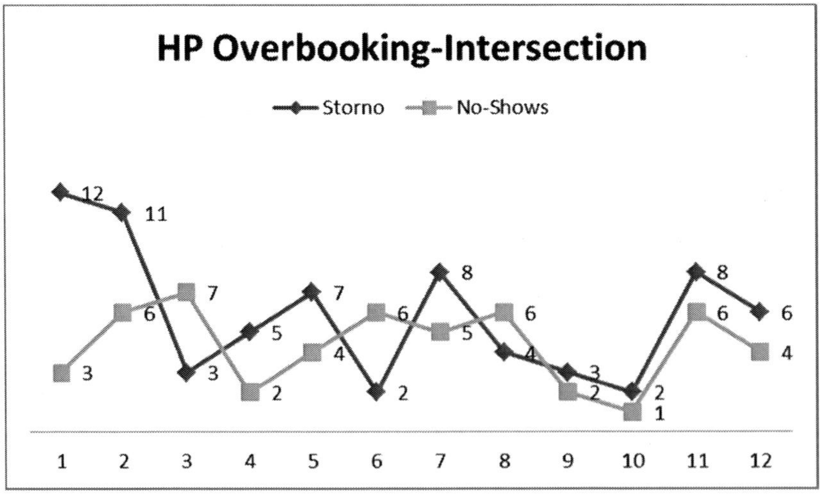

Die Darstellung zeigt die zeitlichen Storno- und No-Show-Verläufe. Durch die Präsentation der beiden Kennzahlen ist keine Optimalität zu erkennen.

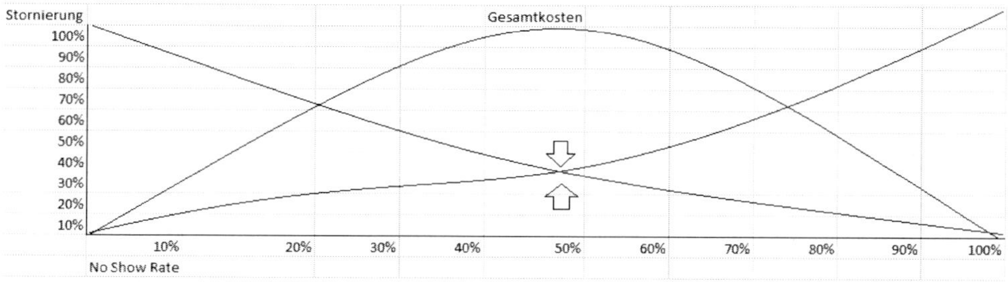

Die Darstellung zeigt den optimalen Punkt, bei dem sich die Stornierungs- und No-Show-Verläufe treffen. Die Gesamtkosten liegen parallel zum optimalen Punkt. Die Berechnung des Schnittpunktes zwischen der No-Show-Rate und der Stornierung erfolgt mit dem Verfahren (H + P) Overbooking Intersection.
Zuvor müssen einige Parameter definiert und bestimmt werden.

Parameter	Bezeichnung
Xi	Storno
Yi	No-Show

Die Formel zur Parameter-Bestimmung von Xi.

$$Xi = \left[\left(\frac{X0 + X2}{X1 + Mittelwert\ X}\right) - 1\right]^2$$

Somit wird der zweite Parameter mit folgender Formel berechnet.

$$Yi = \left[\left(\frac{Y0 + Y2}{Y1 + Mittelwert\ Y}\right) - 1\right]^2$$

Ein Beispiel je Formel wird zur Orientierung dargestellt. Die Abkürzung Yo bzw. Xo ist für den vorvergangenen Zeitpunkt. In diesem Beispiel werden diese folgendermaßen definiert:

Abkürzung für vorvergangenen Zeitpunkt	Wert
Xo	7
Yo	5

Die Tabelle zeigt, dass die Anzahl der Stornos genau 7 beträgt.

$$Xi = \left[\left(\frac{7+11}{12+6}\right) - 1\right]^2 = 0{,}000021633$$

N	Xi
1	**0,000021633**
2	0,676767534
3	0,132025529
4	0,120190270
5	0,698655649
6	0,009757006
7	0,506764233
8	0,417802859
9	0,531214362
10	0,006025963
11	0,323111837
12	0,946506624

Das Gleiche wird nun gezeigt am Beispiel des zweiten Parameters.

$$Yi = \left[\left(\frac{5+6}{3+4{,}36}\right) - 1\right]^2 = 0{,}24386526$$

N	Yi
1	**0,24386526**
2	0,09061939
3	0,66589761
4	0,07117558
5	0,07513003
6	0,26040045
7	0,10983494
8	0,63428392
9	0,55232239
10	0,04911517
11	0,3712415
12	0,91319512

Die Grundformel sieht folgendermaßen aus.

$$\sqrt{\frac{\left[\left(LOG\sqrt{\sum(Yi + Mittelwert\ Yi)}\right) - 1\right]}{[LN(\sum(Normalverteilung(xi)/Normalverteilung(yi))]^4}}$$

Das Ergebnis ist der prozentuale No-Show-Anteil. Durch die Berechnung von (1- Prozentuale No-Show-Anteil) erhält man den Storno-Prozent-Anteil.

$$\left[\left(LOG\sqrt{\sum(Yi + Mittelwert\ Yi)}\right) - 1\right]$$

N	
1	0,135765811
2	0,132568806
3	0,144091201
4	0,132155987
5	0,132240079
6	0,136104919
7	0,132975159
8	0,143490192
9	0,141915635
10	0,131685599
11	0,13834979
12	0,148676586
Gesamt	1,650019764

= 0,217489146

$$\left[LN \sum \left(\frac{Normalverteilung(xi)}{Normalverteilung(yi)}\right)\right]^4$$

N	Normalverteilung xi	Normalverteilung yi
1	-4,089305709	-0,693922952
2	0,458678671	-1,336950553
3	-1,116867324	0,428613132
4	-1,174036164	-1,46709152
5	0,520537925	-1,438613518
6	-2,335563342	-0,642111339
7	0,016956231	-1,227406419
8	-0,207517512	0,343221057
9	0,078322808	0,131531062
10	-2,510620263	-1,653494116
11	-0,45901461	-0,328566995
12	1,611885988	1,360696031
Gesamt	-9,2065433	-6,524096129

= **0,014070622**

a=0,064695744 b=0,935304256

Das Ergebnis ist wie folgt zu interpretieren. 6,469 Prozent beträgt die prozentuale No-Show-Rate und durch die Berechnung (1-a)*100 ergibt sich ein Wert von 93,53 Prozent. Die No-Show-Rate werden zu 6,469 Prozent und der Stornierungsanteil zu 93,53 Prozent in der Gesamtkapazität verteilt.

Dieses Verfahren dient als eine Art Vorüberlegung, wie im Laufe der Operationsprozesse die Stornierung und No-Show-Rate geschätzt werden soll und wie sich der Unternehmer theoretisch dagegen absichern kann.

5.9 (H + P) Price Index

Das (H + P) Price Index Model ist ein innovatives Verfahren zur Ermittlung eines Preisindex bezogen auf eine Industrie oder ein Produkt. Verschiedene Ökonomen haben im Zeitverlauf verschiedene Preis-Indizes entwickelt. Der Konsumverbrauch ist bei diesem neuen Index mitberücksichtigt. Ohne diese Angabe ist die Berechnung nicht möglich. Der (H + P) Price Index basiert nur auf den Zahlen. Eine Charakteristik wird ermittelt und daraus entwickelt sich der gewichtete Index. Der Vorteil ist, dass keine Informationen über den jeweiligen Konsumverbrauch vorliegen müssen.

a. Problemstellung/Szenario

Das Finanzmanagement der Vultur Airlines hat mit den steigenden Kerosinpreisen zu kämpfen und möchte daher einen modifizierten Preisindex entwickeln, um eine bessere Einschätzung über die Preise zu bekommen.

Preisentwicklung	
Jahre	**Preis**
(aktuell) 0	120,00 €
1	121,50 €
2	121,00 €
3	129,00 €
4	124,00 €
5	125,00 €
6	126,00 €
7	127,00 €
8	126,40 €
9	125,12 €
10	124,20 €

Die Auswertungen der Tabelle zeigen folgende Ergebnisse.

Standardabweichung	2,60
Variationskoeffizient	2,10%
Höchster Preis	129,00 €
Niedrigster Preis	120,00 €

Der Variationskoeffizient gibt an, wie stark die Daten schwanken. Mit einem prozentualen Wert von 2,10 Prozent lässt sich keine großartige Veränderung identifizieren.

Jahre	Veränderung in Prozent
0	-
1	1,25
2	-0,41
3	6,61
4	-3,88
5	0,81
6	0,80
7	0,79
8	-0,47
9	-1,01
10	-0,74

Eine prozentuale Aufstellung der Daten zeigt, dass im dritten Jahr der höchste Preisanstieg auf dem Markt zu verzeichnen war.

b. Erstellung eines Lösungskonzeptes

Die Formel zur Ermittlung des Preis-Index sieht folgendermaßen aus.

$$\frac{\left[\Sigma\left(\frac{Preis\ 1 + Preis\ 2}{\left(\sqrt{\frac{Preis\ 1}{2}}\right)}\right)^2\right]}{\left[\Sigma\left(\frac{(Preis\ 2 + Preis\ 1)}{\sqrt{\left(\frac{Preis\ 2}{2}\right)}}\right)^2\right]} - Harmonischer\ Mittelwert\left[\frac{Gesamtjahre}{\left(\frac{1}{Preis\ 1}\right) + \left(\frac{1}{Preise\ N}\right)}\right]$$

Zur Vereinfachung und Verdeutlichung kann man für die Bezeichnungen Preis 1 und Preis 2 folgende Bedeutung verwenden.

	Bezeichnung
Preis 1	Anfangspreis
Preis 2	Endpreis

Dies gilt für den Fall, dass nur zwei Preise analysiert werden. Die Formel wird nun schrittweise auseinandergenommen.

$$\left[\Sigma\left(\frac{(Preis\ 1 + Preis\ 2)}{\sqrt{\left(\frac{Preis\ 1}{2}\right)}}\right)^2\right]$$

Ergebnisse	Jahre
	0
4,025	1
3,99176955	2
4,1322314	3
3,92248062	4
4,01612903	5
4,016	6
4,01587302	7
3,99055118	8
3,97974684	9
3,98529412	10
40,0750758	

$$\left[\sum\left(\frac{Preis\ 2 + Preis\ 1}{\left(\sqrt{\frac{Preis\ 2}{2}}\right)}\right)^2\right]$$

Ergebnisse	Jahre
-	0
960	1
972	2
969	3
1.032	4
992	5
1.000	6
1.008	7
1.016	8
1.011	9
1.001	10
9.962	

$$Harmonischer\ Mittelwert = \left[\frac{Gesamtjahre\ N}{\left(\frac{1}{Preis\ 1}\right)\ldots\ldots\left(\frac{1}{Preise\ N}\right)}\right]$$

= 124,42 €

$$\frac{9962}{40{,}08} = 248{,}57$$

$$248{,}57 - 124{,}42 = \mathbf{124{,}16}\ €$$

Das Ergebnis von 124,16 Euro ist der Bezugspunkt und daran orientiert sich der Preisverlauf. Insgesamt muss eine Erweiterung vorgenommen werden, die den prozentualen Durchschnittswert zeigt, damit der Preisverlauf modifizierter bewertet werden kann. Dies geschieht mit folgender Formel:

$$\left(\frac{Aktueller\ Preis}{HP\ Price\ Index}\right) * 100 = Prozentualer\ HP\ Price\ Index$$

Jahr	Prozentualer Index
0	3,35
1	2,14
2	2,54
3	-3,90
4	0,13
5	-0,68
6	-1,49
7	-2,29
8	-1,81
9	-0,78
10	-0,04
Summe	-2,82

Der Mittelwert ergibt sich aus der Gesamtsumme, hier -2,82 Prozent, dividiert durch die Gesamtanzahl der Jahre.

$$\left[\frac{\left[\Sigma\left(\frac{Aktueller\ Preis}{HP\ Price\ Index}\right) * 100\right]}{Gesamtanzahl\ der\ Jahre}\right] = Mittelwert$$

Mittelwert
-0,26%

c. Interpretation der Ergebnisse

Die Rechnung ergibt 124,16 Euro. Der Anstieg beträgt 3,50 Prozent. Somit lässt sich sagen, dass der Kerosinpreis leicht steigen wird. Das Management muss also entscheiden, ob es weiterhin Kerosin zukaufen will, oder ob es auf eine nachhaltige Strategie umlenken will. Das Modell hat gezeigt, dass sich nur anhand von Preisverläufen ein gewichteter Index errechnen lässt. Das Ergebnis sagt aus, dass diese Anlage keinem großen Risiko ausgesetzt ist, denn der durchschnittliche prozentuale (H + P) Price Index ist null Prozent. Der Preis wird sich also nicht großartig ändern.

5.10 (H + P) Revenue Performance

(H + P) Revenue Performance ist ein empirisches Leistungsmessungsverfahren, das das Verhältnis misst zwischen den Einnahmen und Ausgaben eines gesamten Geschäftsberichtes. Der Messprozess richtet sich auf die zeitliche Dimensionierung. In der Einführung wurde erläutert, dass es bereits verschiedene Verfahren in der betriebswirtschaftlichen Finanz- und Investment-Literatur gibt, die dennoch keine Rücksicht auf den Gesamtuntersuchungszeitraum nehmen, da sie nicht stabil gegen Ausreißer oder Sonderfälle sind. In diesem Teilkapitel werden zunächst die klassischen betriebswirtschaftlichen Renditeverfahren grundlegend erläutert, um ihre Schwächen aufzuzeigen.

a. Problemstellung/Szenario

Eine Controlling-Abteilung eines mittelständischen, international tätigen Reiseveranstalters analysiert die Einnahmen und Ausgaben des gesamten Produktportfolios.

Zeitraum	Ausgaben	Einnahmen
1	12.000 €	14.000 €
2	102.009 €	125.000 €
3	12.400 €	21.900 €
4	11.020 €	15.400 €
5	50.023 €	120.100 €
6	60.165 €	113.020 €
7	120.003 €	140.200 €
Summe	367.620 €	549.620 €

Ein Überschuss ist auf der operativen Unternehmensebene erreicht. Eine Unsicherheit bleibt bestehen, denn die einzelnen Analysten errechnen jeweils unterschiedliche Rendite-Ergebnisse.

Rendite	Ergebnis
Allgemeine	5,91%
Logarithmische	40,22%
Geometrische	74,38%
Gesamtveränderung	49,51%

Die relative Spanne der verschiedenen erfassten Renditen reicht von minimal 6 Prozent bis maximal 75 Prozent. Die Werte sind aufgerundet. Die Formeln zur Berechnung der einzelnen Renditen sind im Folgenden gegeben.

Allgemeine Rendite

$$\sqrt[\frac{1}{n}]{\left(\frac{Gesamteinnahmen}{Gesamtkosten}\right)} - 1$$

Logarithmische Rendite

$$Ln\left(\frac{Gesamteinnahmen}{Gesamtkosten}\right)$$

Geometrische Rendite

q = Relative Veränderung der einzelnen Ausgaben und Einnahmen

$$\sqrt[\frac{1}{n}]{\sum(q1 * q2 * q3 \ldots\ldots..qn)}$$

Das Ziel ist es, ein realistisches Leistungsergebnis zu erhalten, um die Wirtschaftlichkeit optimal messen zu können. Die Tabelle zeigt verschiedene Ergebnisse. Sobald sich die Finanzmanager und Controller die unterschiedlichen Renditewerte ansehen, herrscht eine generelle Unsicherheit, wie die Finanzlage dieses einzelnen Unternehmensprodukts zu analysieren ist. Im schlimmsten Falle wird die Rendite herausgesucht, mit der beste finanzielle Aussichten begründet werden können. Die nächste Tabelle beweist, dass bei einer schlechten Ertragslage generell positive Renditen erzielt werden.

Zeitraum	Ausgaben	Einnahmen
1	12.000 €	1 €
2	12.009 €	125.000 €
3	12.400 €	1 €
4	11.020 €	15.400 €
5	1.023 €	1 €
6	11.165 €	113.020 €
7	12.003 €	12.200 €
Summe	71.620 €	265.623 €

Der Zahlungsstrahl zeigt einen positiven Überschuss. Die logarithmische Rendite der Ertragszahlen von zwei bis drei beträgt bis -1.173,61 Prozent, was im Endergebnis weder berücksichtigt noch bewertet wird. Ein Ausgleich verläuft, was im finalen Stadium das Endergebnis positiv bewertet. Die Auswirkungen sind im Punktanalyse-Verfahren verdrängt.

Rendite	Ergebnis
Allgemeine	20,59%
Logarithmische	131,07%
Geometrische	5,17%
Gesamtveränderung	270,88%

b. Erstellung eines Lösungskonzeptes

Ein innovatives Verfahren wird benötigt, um eine Gesamtperformance errechnen zu können. Die Grunddaten werden erneut dargestellt.

Zeitraum	Ausgaben (Xi)	Einnahmen (Yi)
1	12.000 €	14.000 €
2	102.009 €	125.000 €
3	12.400 €	21.900 €
4	11.020 €	15.400 €
5	50.023 €	120.100 €
6	60.165 €	113.020 €
7	120.003 €	140.200 €
Summe	367.620 €	549.620 €

Die Formel wird wie folgt definiert:

(H + P) Revenue Performance

$$\sum\left[\left[\left[1 - \cos\left(Log\left(\frac{Xi}{Yi}\right) - Log\left(\frac{Yi}{Xi}\right)\right)\right] * \left(Log\left(\frac{Xi}{Yi}\right) - Log\left(\frac{Yi}{Xi}\right)\right)\right] * -1\right] = A$$

$$Kumulieren\left[\left[\left[1 - \cos\left(Log\left(\frac{Xi}{Yi}\right) - Log\left(\frac{Yi}{Xi}\right)\right)\right] * \left(Log\left(\frac{Xi}{Yi}\right) - Log\left(\frac{Yi}{Xi}\right)\right)\right] * -1\right] = B$$

$$B - A = HP\ Revenue\ Perfomance\ Maß$$

Zur Vereinfachung werden die Formelbestandteile zerlegt und der Lösungsschritt erläutert.

$$\left[1 - \cos\left(Log\left(\frac{Xi}{Yi}\right) - Log\left(\frac{Yi}{Xi}\right)\right)\right]$$

-1,660881282	-1,419271095	0,02904603
-0,731424038	-0,468489118	0,034368694
-1,646640843	-1,224955016	0,08759977
-1,697880933	-1,37787841	0,050765376
-1,040892794	-0,485856123	0,150118884
-0,960718607	-0,512243828	0,098890527
-0,660870425	-0,418651117	0,029191952

Die Ergebnisse der letzten Tabelle werden multipliziert mit -1. Durch das anschließende Kumulieren und Subtrahieren der letzten genannten Werte erhält man das Endergebnis.

1	0,70%	0,70%
2	0,90%	1,61%
3	3,69%	5,30%
4	1,62%	6,92%
5	8,33%	15,26%
6	4,43%	19,69%
7	0,71%	20,40%
Ergebnis	**20,40%**	**69,17%**

69,17% -20,40% = 48,78%

c. Interpretation der Ergebnisse

Die empirische Untersuchung der einzelnen Ausgaben und Einnahmen des Unternehmens zeigt eine Performance mit einem relativen Wert von 48,78 Prozent. Dieses einzelne Produkt des Unternehmensproduktportfolios lässt sich damit als finanziell gesund bewerten. Das Verfahren berücksichtigt die Veränderung der relativen Werte von Anfangspunkt bis Endpunkt. Zuvor wurde ein Worst-Case-Szenario vorgenommen.

Zeitraum	Ausgaben	Einnahmen
1	12.000 €	1 €
2	12.009 €	125.000 €
3	12.400 €	1 €
4	11.020 €	15.400 €
5	1.023 €	1 €
6	11.165 €	113.020 €
7	12.003 €	12.200 €
Summe	71.620 €	265.623 €

Das Endergebnis beträgt -5.954,47 Prozent. Prinzipiell entsteht bei diesem Zahlungsstrahl ein Überschuss. Das Resultat dieses Verfahrens warnt davor, dass im Zahlungsstrahl eins, zwei und fünf ein relativer Wert entsteht, der nicht im Verhältnis gegenüber der konstanten relativen Spanne steht. Das Ergebnis ist somit ein negativer prozentualer Wert. Durch das Analysieren der Historienfähigkeit dieses Zahlungsstrahls können rechtzeitig finanzielle Gefahren erkannt werden. Empfohlen wird daher, ein Vergleich dieser Methode mit den klassischen Renditeanalyseverfahren zu unternehmen.

Rendite	Ergebnis
Allgemeine	20,59%
Logarithmische	131,07%
Geometrische	5,17%
Gesamtveränderung	270,88%
(H + P) Performancemaß	**-5954,47%**

d. Anwendungsempfehlungen

Dieses mathematisch-statistische Verfahren ist als ein Controlling-Instrument zu verstehen und daher in Wirtschaftsprüfungs-, Investment-, Banken, Finanzberatungs-, Fondsgesellschaften und im touristischen Bereich in jeder Abteilung zu verwenden.

5.11 (H + P) Cash-Burn-Rate

Dieses Verfahren besitzt nicht den Charakter der allgemeinen Umsatzmaximierung, sondern der Verlustvermeidung und damit auch einer Schuldenkontrolle für die operative Ebene des Unternehmens. Die (H + P) Cash-Burn-Rate ist ein statistisches Modell, mit dem ein Controller oder Investor ausrechnen kann, wie groß die Spanne des minimalen und maximalen Verlustes eines Zahlungsstrahls ausfällt. In der Unternehmenspraxis kommt es häufig vor, dass ein zu hoher Verlust sich in die operativen Geschäftsprozesse niederschlägt und negative wirtschaftliche Auswirkungen auf die Unternehmung haben kann.

Von vielen Ökonomen und Statistikern wurden bereits Verfahren zur Signalwirkung erstellt. Dennoch sind viele dieser Methoden auf einen monopolistischen Markt ausgerichtet. Dabei wird die Darstellung eines monetären Zahlungsstrahles komplett weggelassen. Hinzu kommt, dass viele steuerliche und behördliche Regeln, die die Ermittlung des Wertes, in diesem Fall die Verlustkontrolle, erschweren, hinzukommen. Das vorgestellte Verfahren ist somit ein Vorschlag zur Schuldenentstehungskontrolle.

Die (H + P) Cash-Burn-Rate soll ein Signal aussenden. Durch das rechtzeitige Erkennen einer möglichen Verlustlücke können Maßnahmen eingeleitet werden. Bei diesem Verfahren wird mit Wahrscheinlichkeiten gerechnet. In der finanzmathematischen und auf Investitionsmanagement bezogenen Literatur werden ausschließlich die klassischen Verfahren wie Kapitalwertmethode oder Endwertmethode genutzt, bei denen die Zahlungen abgezinst bzw. aufgezinst werden. Dabei wird eine problemlose Wiederanlageprämisse bei jeder Zahlung vorausgesetzt, eine Voraussetzung, die in einem dynamischen Markt nicht immer gegeben ist.

Die klassischen finanzmathematischen Methoden missachten den Zusammenhang der einzelnen Zahlungen und somit kann nur eine Punktanalyse der einzelnen Zahlung stattfinden, was das Endergebnis unnötig beeinflussen kann. In der Praxis sind die Zahlungen bei einem Projekt abhängig voneinander und somit bedingen sie sich gegenseitig. Daher muss ein Maß gefunden werden, das alle Komponenten beachtet.

a. Problemstellung/Szenario

Ein internationaler Reiseveranstalter hat mehrere Destinationen im Produktportfolio. Das Unternehmen hat Partnerschaften mit verschiedenen Outgoing-Unternehmen in den jeweiligen Ländern. Die Finanzmanager und Controller analysieren die Umsätze der verschiedenen Partneragenturen. Die Partneragentur auf der Insel Reunion wird besonders analysiert.

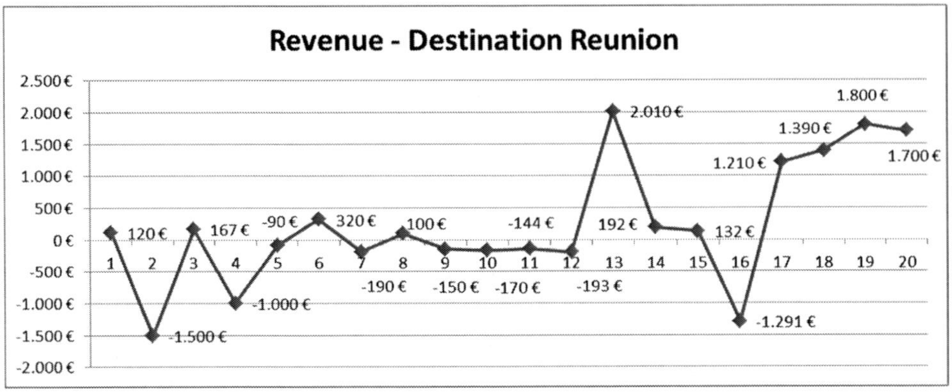

Die Werte sind in Tausend angegeben. Die Tabelle zeigt die erwirtschafteten Umsätze und erbrachten Verluste der einzelnen Outcoming-Agenturen der letzten zwanzig Monate. Die höchsten Umsatzwerte sind in Monat 13 erreicht.

Kennzahl	Ergebnis
Revenue	9.141 €
Verlust	4.728 €
Gewinn	4.413 €
Rendite	65,93%

Insgesamt wurde ein Umsatz von 9.141 Euro erwirtschaftet. Die Unkosten, bedingt durch staatliche Steuern und touristische Abgabenzahlungen, betragen 4.728 Euro. Durch die Berechnung $LN\left(\frac{Endzahlung}{Anfangszahlung}\right)$ erhält man eine Rendite von 65,93%. Die positive Wirtschaftlichkeit der Zieldestination Reunion ist somit bewiesen. Grundlegend muss bei jeder getätigten Investitionsrate festgelegt werden, wie viel Umsatz erzielt werden soll.
Durch die Berechnung der Rentabilität $(Gewinn/Umsatz)$ erhält man das gewünschte Ergebnis.

Monat	Revenue	Rentabilität
1	120,00 €	57,93 €
2	-1.500,00 €	0,00 €
3	167,00 €	80,62 €
4	-1.000,00 €	0,00 €
5	-90,00 €	0,00 €
6	320,00 €	154,49 €
7	-190,00 €	0,00 €
8	100,00 €	48,28 €
9	-150,00 €	0,00 €
10	-170,00 €	0,00 €
11	-144,00 €	0,00 €
12	-193,00 €	0,00 €
13	2.010,00 €	970,37 €
14	192,00 €	92,69 €
15	132,00 €	63,73 €
16	-1.291,00 €	0,00 €
17	1.210,00 €	584,15 €
18	1.390,00 €	671,05 €
19	1.800,00 €	868,99 €
20	1.700,00 €	820,71 €
Gesamt		4.413,00 €

Die Tabelle zeigt eine Gegenüberstellung zwischen Umsatz und Rentabilität des Zielgebietsgeschäfts. Der höchste Anteil, der für das Reiseunternehmen einbehalten werden darf, beträgt 869 Euro in den 19 Wochen des Erfassungszeitraums. Die Finanzmanager wollen nun herausfinden, mit welcher Wahrscheinlichkeit sich der Verlust minimal und maximal negativ oder positiv ausprägen wird, damit sofortige Förderungs- oder Verhinderungsmaßnahmen aus Unternehmersicht eingeleitet werden können.

b. Erstellung eines Lösungskonzeptes

Die empirische Forschung wird mit folgender Formel vorgenommen. Der Wert Yi steht für die einzelnen Zahlungen, die getätigt worden sind.

$$\left(\frac{Yi}{\sum(Yi)}\right) = a$$

1	0,0272
2	-0,3399
3	0,0378
4	-0,2266
5	-0,0204
6	0,0725
7	-0,0431
8	0,0227
9	-0,0340
10	-0,0385
11	-0,0326
12	-0,0437
13	0,4555
14	0,0435
15	0,0299
16	-0,2925
17	0,2742
18	0,3150
19	0,4079
20	0,3852

Die Hauptformeln sind wie folgt definiert:

$$Minimum = \sum \left(\frac{1}{\left(\left(\frac{Cos(a)}{exp(a)} - 1 \right)^2 + Ln(a)^2 \right)} * 0{,}1 \right)^2$$

$$Maximum = \sqrt[1/N]{\frac{\sum \left(\frac{1}{\left(\left(\frac{Cos(a)}{exp(a)} - 1 \right)^2 + Ln(a)^2 \right)} * 0{,}1 \right)^2}{N}}$$

Wie gewohnt, werden die einzelnen Ergebnisschritte erläutert.

$$\left(\left(\frac{Cos(a)}{exp(a)} - 1 \right)^2 + Ln(a)^2 \right)$$

1	0,000739	-7,209637	-7,208897
2	0,105261	-2,158179	-2,052918
3	0,001431	-6,548632	-6,547202
4	0,049402	-2,969109	-2,919708
5	0,000416	-7,785001	-7,784585
6	0,005240	-5,247978	-5,242738
7	0,001851	-6,290572	-6,288721
8	0,000513	-7,574280	-7,573766
9	0,001154	-6,763349	-6,762195
10	0,001482	-6,513023	-6,511541
11	0,001064	-6,844993	-6,843929
12	0,001910	-6,259240	-6,257329
13	0,185331	-1,572840	-1,387509
14	0,001891	-6,269629	-6,267739
15	0,000894	-7,019016	-7,018122
16	0,080037	-2,458275	-2,378239
17	0,071936	-2,587869	-2,515933
18	0,093697	-2,310502	-2,216805
19	0,151714	-1,793536	-1,641822
20	0,136574	-1,907853	-1,771279

$$\left(\frac{1}{\left(\left(\frac{Cos(a)}{exp(a)}-1\right)^{2}+Ln(a)^{2}\right)}*0{,}1\right)^{2}$$

1	0,00073907	-7,20963653	-7,208897	0,000192
2	0,10526094	-2,15817924	-2,052918	0,002373
3	0,00143073	-6,54863239	-6,547202	0,000233
4	0,04940186	-2,96910946	-2,919708	0,001173
5	0,00041581	-7,78500068	-7,784585	0,000165
6	0,00524038	-5,24797803	-5,242738	0,000364
7	0,00185136	-6,29057187	-6,288721	0,000253
8	0,00051332	-7,57427965	-7,573766	0,000174
9	0,00115445	-6,76334943	-6,762195	0,000219
10	0,00148249	-6,51302314	-6,511541	0,000236
11	0,00106401	-6,84499342	-6,843929	0,000213
12	0,00191021	-6,25923964	-6,257329	0,000255
13	0,18533115	-1,57284002	-1,387509	0,005194
14	0,00189059	-6,26962927	-6,267739	0,000255
15	0,00089418	-7,01901617	-7,018122	0,000203
16	0,08003657	-2,45827524	-2,378239	0,001768
17	0,07193618	-2,58786874	-2,515933	0,001580
18	0,09369695	-2,31050197	-2,216805	0,002035
19	0,15171435	-1,79353613	-1,641822	0,003710
20	0,13657401	-1,90785296	-1,771279	0,003187
Summe	0	0	0,000000	**0,023783**

Kennzahl	Ergebnis
Minimum	2,38%
Maximum	71,41%

c. Interpretation der Ergebnisse

Die Berechnung hat eindeutig gezeigt, dass im laufenden Gewinnerfassungsprozess der Verlustanteil eine Spanne hat von mindestens 2,38 Prozent bis maximal 71,41 Prozent. Das Verlustminimum und -maximum wird sich somit in der Zukunft in diesem Schwankungsbereich entwickeln. In Zahlen bedeutet das:

Prognose	Ergebnis
Minimum	105 €
Maximum	3.151 €

Das mathematisch-statistische Verfahren hat nun eindeutig gezeigt, dass aus der Untersuchung des Verlusts eine Prognose des Schwankungsintervalls gestaltet werden kann. Die Wahrscheinlichkeit beträgt 2,38 Prozent. Der Wert, der erfasst wurde, ist im Normalbereich und nicht weiter kritisch. Diese Aussage liefert folgenden Beweis:

	Absolut	Relativ
Revenue	9.141 €	100%
Verlust	4.728 €	51,72%

Der aktuelle Verlust beträgt mehr als die Hälfte des Gesamtumsatzes.

Prognose	Ergebnis
Verlust (maximal)	3.151 €
Differenz	1.577 €
in Prozent	50,03
Differenz in Prozent	1,69

Laut Aussage der Prognose wird der Verlust mit einem absoluten Wert von 1.577 Euro gemindert werden. Die prozentuale Differenz beträgt 1,69 Prozent. Der Reiseveranstalter empfiehlt den Partnern auf Reunion aufgrund der erfassten Daten, in den nächsten Jahren ein Revenue-Anstiegsziel zu erbringen, damit der geschätzte Verlustwert in dem Bereich des errechneten Minimums und Maximums beibehalten wird und damit die Verlustrate kontrolliert werden kann. Im Falle einer maximalen Verlustanstiegswahrscheinlichkeit von über 100 Prozent ist eine Einstellung der Unternehmensbereichstätigkeit zu empfehlen.

d. Anwendungsempfehlungen

Dieses Modell wird empfohlen für die Bereiche Controlling, Finanz- und Kostenmanagement. Ebenso ist es relevant für den Investmentbereich zur Abschätzung der Verlustrate der laufenden Marktinvestitionen.

5.12 (H + P) Minimum and Maximum Principle

Ein Revenue Manager steht oftmals vor der Frage nach einer effizienten Preisanalyse: Welcher marktorientierter Preis kann oder darf von den verschiedenen Kunden ver-

langt werden? Als Planungsgrundlage braucht der Preismanager Gewissheit, inwieweit der Preis minimal oder maximal verändert werden darf. Dieses Teilkapitel errechnet zwei Prozentwerte. Aus der Differenz ergibt sich ein positiver oder negativer Wert, der die Preisgestaltungsrichtung angibt.
Ziel ist es, zu erkennen, inwieweit das allgemeine Preispotenzial der Kunden prozentual ausgeschöpft oder vermindert werden darf. Daher eignet sich dieses Verfahren auch zur optimierten Errechnung der allgemeinen Konsumenten- und Produzentenrente. Die Konsumentenrente beschreibt die maximale Preisbereitschaft der Abnehmer. Die Produzentenrente beschreibt die maximale Zahlungsbereitschaft der Käufer (Unternehmer) für ein wirtschaftliches Gut. In der allgemeinen ökonomischen Literatur werden diese beiden Modelle anhand eines monopolistischen Marktes dargestellt. Solch eine Situation ist nicht immer gegeben. Ein Revenue Manager hat das Problem, mit mehreren Märkten mit unterschiedlichen Kundencharakteren gleichzeitig konfrontiert zu sein und bei Nachfrageschwankungen Maßnahmen einleiten zu müssen.

a. Problemstellung/Szenario

Ein Revenue Manager eines Reiseunternehmens sieht in der Sommersaison in einer Destination Schwierigkeiten bei einer optimalen Preisgestaltung. Aufgabe ist es, eine bestmögliche Ausnutzung des Kundenpreispotenzials zu finden. Daher unternimmt der Revenue Manager eine neue empirische Untersuchung. Die Aufstellungen der Preise werden in einer Tabelle zusammengetragen.

Monate	Preisverlauf
1	100 €
2	101 €
3	102 €
4	103 €
5	104 €
6	130 €
7	131 €
8	114 €
9	140 €
10	141 €
11	124 €
12	150 €
13	151 €
14	104 €
15	130 €
16	131 €
17	114 €
18	140 €
19	100 €
20	111 €

Der Preisverlauf wird in einer Darstellung gezeigt, um einen besseren Überblick zu bekommen.

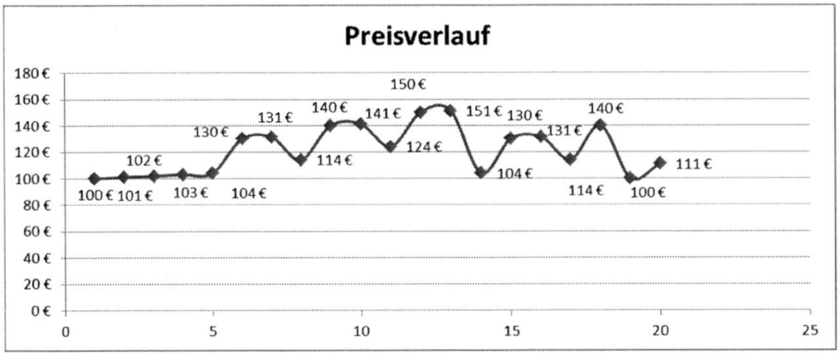

Der richtige Preis ist Grundvoraussetzung für ein positives Revenue.

Monate	Verteilung	Gäste	Revenue
1	0,48%	38	3.810 €
2	0,95%	76	7.695 €
3	1,43%	114	11.658 €
4	1,90%	152	15.700 €
5	2,38%	190	19.821 €
6	2,86%	229	29.714 €
7	3,33%	267	35.013 €
8	3,81%	305	34.761 €
9	4,29%	343	48.000 €
10	4,76%	381	53.829 €
11	5,24%	419	51.987 €
12	5,71%	457	68.571 €
13	6,19%	495	74.930 €
14	6,67%	533	55.499 €
15	7,14%	571	74.286 €
16	7,62%	610	80.030 €
17	8,10%	648	73.868 €
18	8,57%	686	96.000 €
19	9,05%	724	72.381 €
20	9,52%	762	84.571 €
-	100,00%	8000	992.125 €

Insgesamt gab es in der Destination etwa 8.000 Gäste. Insgesamt hat das Produktmanagement des Reiseveranstalters einen Umsatz von 992.125 Euro erzielt.

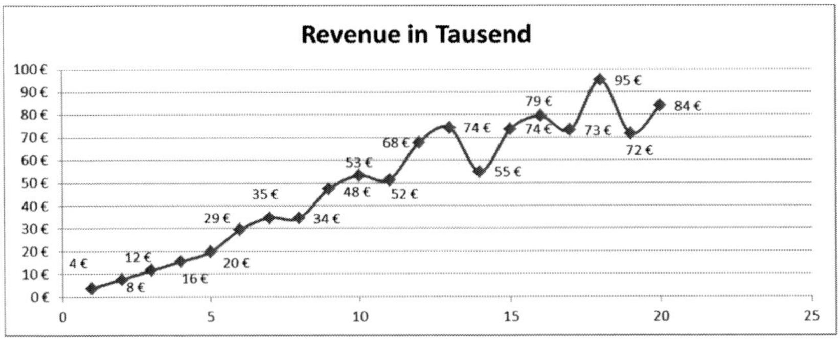

Der Trend ist in den Anfangsphasen gering. Der Revenue Manager muss nun wissen, mit welchem prozentualen Wert die Preise erhöht oder in nachfragegeringen Zeiten verringert werden können.

b. Erstellung eines Lösungskonzeptes

Um die Komplexität zu bewältigen, wird eine Tabelle mit Abkürzungen gestellt.

Abkürzung	Bedeutung
HP	Höchster Preis
NP	Niedrigster Preis
Tang	Tangens
Ln	Natürlicher Logarithmus
Yi	Preis der einzelnen Periode
$\overline{Y}$	Mittelwert der Summe der einzelnen Preise
St(Yi)	Standardabweichung
Yi0	Preis der ersten Periode

Die zeitliche Dimensionierung muss nicht gegeben sein, denn es kann sich auch um eine Aufzählung handeln. In diesem Beispiel wird eine zeitliche Aufstellung der Preisgestaltung angenommen und im statistischen Sinne sind die Variablen Zeit und Preis unabhängig voneinander. Die Berechnung des Verfahrens benötigt Kenntnisse des natürlichen Logarithmus und Tangens. Die Formel zur Berechnung sieht folgendermaßen aus und wird in Schritten wiedergegeben.

$$\left(\frac{1}{\left(\frac{\left(LN\left(\frac{1}{Yi}\right)+Tan\left(\frac{1}{Yi}\right)\right)}{\left(Ln(Yi)+Tan(Yi)\right)}\right)}-1\right)^2 * 0{,}1 = Schritt\ 1$$

$$\sqrt[1/4]{\left(\frac{1}{\frac{\overline{Y}}{St(Yi)}} * \frac{ln(NP)}{ln(HP)}\right)} = Schritt\ 2$$

$$(Schritt\ 2 + Schritt\ 1)^2 = Schritt\ 3$$

$$\left(\frac{Schritt\ 2 + Schritt\ 3}{2}\right) = Schritt\ 4$$

Die Ergebnisse von Schritt 1 und 3 sind zunächst dargestellt.

Schritt 1	Schritt 3
0,15	0,08
0,15	0,08
0,15	0,08
0,15	0,08
0,15	0,08
0,15	0,08
0,14	0,08
0,15	0,08

0,14	0,08
0,14	0,08
0,15	0,08
0,14	0,08
0,14	0,08
0,15	0,08
0,15	0,08
0,14	0,08
0,15	0,08
0,14	0,08
0,15	0,08
0,15	0,08

Schritt 2 ist nur eine einzige Berechnung und hat daher nur ein Ergebnis.

Kennzahl	Ergebnis
HP	151,30 €
NP	100,00 €
Ergebnis	0,14

Schritt 4 ist in folgender Tabelle dargestellt.

14,61%	8,19%
Maximum	Minimum

Ergebnis Schritt 4 = $\frac{14{,}61\% + 8{,}19\%}{2} = 11{,}40\%$

Die letzten Werte sind die Endergebnisse. Der Revenue Manager hat nun eine eindeutige Vorstellung, wie insgesamt das Preispotenzial ausgeschöpft bzw. verringert werden kann. Die einzelnen Preise sollen nicht um mehr als 14,61 Prozent erhöht und nicht um mehr als 8,19 Prozent vom Ursprungspreis gesenkt werden.
Der Wert 11,40 Prozent ist der Zuschlag, der auf die alten Preise pro Periode multipliziert wird und man erhält den optimierten Preis der Prognoseperiode.

Monate	Gäste	Optimierter Preis	Preisveränderung	Optimierter Revenue
1	38	111 €	11 €	4.244 €
2	76	113 €	12 €	8.573 €
3	114	114 €	12 €	12.988 €
4	152	115 €	12 €	17.490 €
5	190	116 €	12 €	22.081 €
6	229	145 €	15 €	33.102 €
7	267	146 €	15 €	39.006 €
8	305	127 €	13 €	38.725 €
9	343	156 €	16 €	53.473 €
10	381	157 €	16 €	59.966 €
11	419	138 €	14 €	57.915 €
12	457	167 €	17 €	76.390 €
13	495	169 €	17 €	83.473 €
14	533	116 €	12 €	61.827 €
15	571	145 €	15 €	82.756 €
16	610	146 €	15 €	89.156 €
17	648	127 €	13 €	82.290 €

18	686	156 €	16 €	106.946 €
19	724	111 €	11 €	80.634 €
20	762	124 €	13 €	94.214 €
Gesamt	8.000	-	-	1.105.247 €

Die gleiche Besucherzahl wird vorausgesetzt. Die Preisdifferenzen der vergangenen Preise haben eine absolute Spannweite von 11–17 Euro.

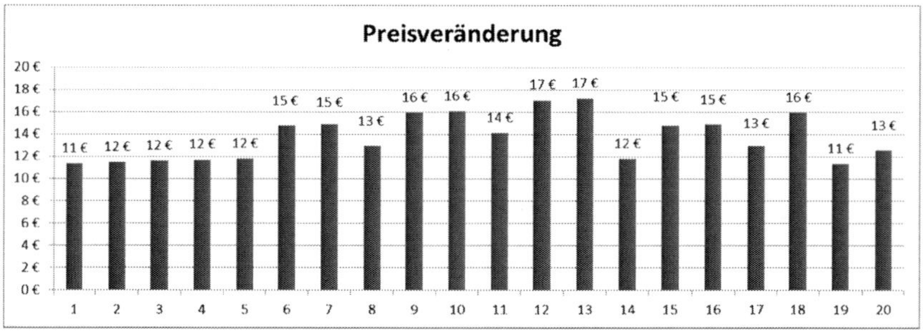

Die optimierten Preise werden in einem Preisverlauf gezeigt, um einen grafischen Überblick zu haben.

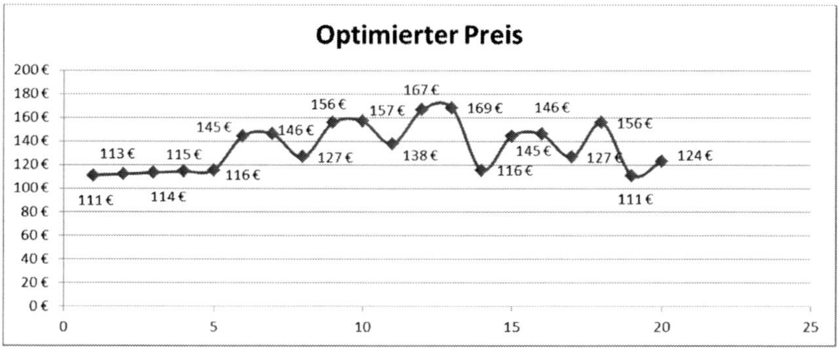

c. Interpretation der Ergebnisse

Der Gesamtertrag der Prognose beträgt 1.105.247 Euro. Als Vergleich wird wieder die Rendite verwendet.

Kennzahl	Ergebnis
Rendite	10,80%
Absoluter Wert	113.122 €

Insgesamt hat der Revenue Management die Chance, das Preispotenzial der bereits erfassten Preise zu optimieren. Er kann nach zwanzig Monaten eine zusätzliche Rendite von 10,80 Prozent erwirtschaften. Das Verfahren hat eindeutig gezeigt, dass durch eine empirische Untersuchung ein Ausschöpfungspotenzial gefunden werden kann, was deutliche Verbesserungen des Umsatzergebnisses nach sich ziehen kann. Das Verfahren eignet sich zu einer reinen Sensibilitätsmessung.

d. Anwendungsempfehlungen

Dieses Verfahren ist geeignet für die operative Unternehmensebene zur Prognose-Erstellung von Geschäftsprozessen. Des Weiteren für

- Analysten
- Produktmanager
- Vertriebsmanager
- Revenue Manager
- Investoren
- Börse
- Finanzberatungsunternehmen
- Banken
- Versicherungen

6. (H + P) Deviation Analysis

Die (H + P) Deviation Analysis ist ein spezielles Verfahren, das für alle in diesem Fachbuch vorgestellten statistisch-mathematischen Methoden zur Überprüfung der Prognose-Qualität angewendet werden kann.
Im Revenue Management ist es von großer Bedeutung, ab wann ein positives oder negatives Trendverhalten eintritt, um Gegenmaßnahmen rechtzeitig einleiten zu können.
In der Literatur gibt es eine Vielzahl von statistischen Methoden, wie die klassische Varianzanalyse, die Abweichungen von Variablen in einer Gesamtuntersuchung messen. Die (H + P) Deviation Analysis beschreibt einen weiteren Ideenansatz zur allgemeinen Abweichungsanalyse. Die Vorgehensweise dieses Modells ist in folgender Darstellung aufgezeigt.

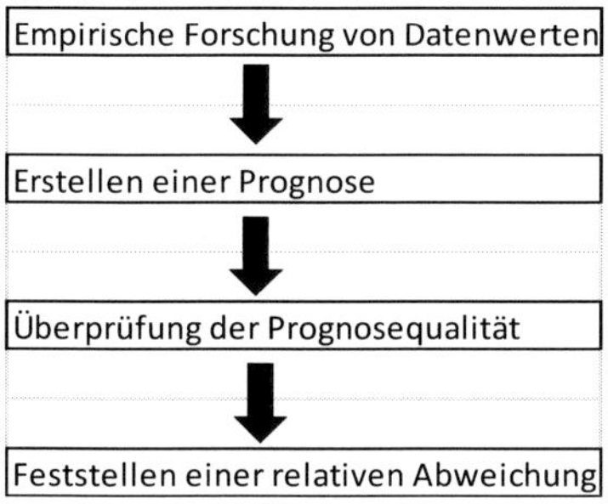

Das Verfahren besteht somit aus mehreren Teiloperationen.
Dieses Verfahren dient als Unterstützungsfunktion, damit aus gesamtökonomischer Sichtweise profitable Maßnahmen eingeleitet werden können. Um die Effizienz und Effektivität der Methode zu beweisen, werden mehrere Szenarien aus der Touristik, eine Krisensituation und ein Investitionsfall dargestellt.

a. Problemstellung/Szenario

Ein Mitarbeiter für Marktforschung bei einer internationalen Fluggesellschaft wird beauftragt, die Qualität einer Prognose für eine bestimmte Strecke (Frankfurt/Main–New York) zu ermitteln. Mehrere statistische Tests werden durchgeführt, um eine ungefähre relative Abweichung zu erhalten.
Das Revenue Management, die Abteilung für Marketing und die Geschäftsleitung der Fluggesellschaft benötigen Daten über das zukünftige Entstehen von unkontrollierter Überbuchung und den Aufbau von Überkapazitäten.
Eine solche Situation muss aus Disponenten-Sicht verhindert werden. Die Ursprünge der Nachfrager-Ermittlung im Revenue Management werden in einer Darstellung gezeigt.

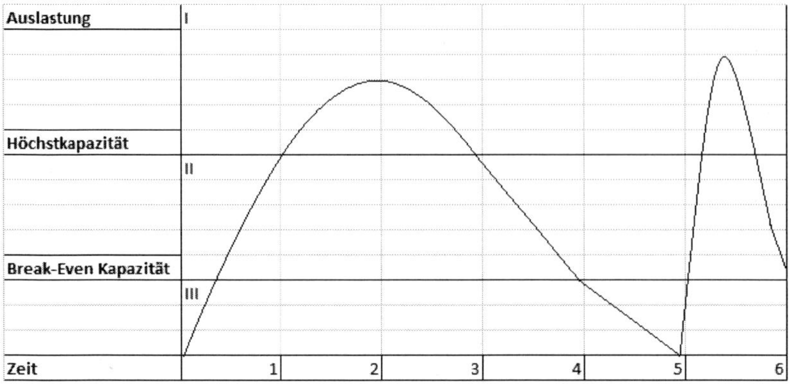

Die Abbildung zeigt einen Auslastungsverlauf einer Aufstellung von Kapazitäten. Bei der dritten Stufe der Analyse, der sogenannten Break-Even-Kapazität, entspricht der Revenue des Nachfrageverlaufs genau dem Mindestumsatz. In dieser Phase arbeitet das Unternehmen für die Deckung der Unkosten. Das Personal fühlt sich unterfordert, da die Leistungsprozesse nicht erfüllt werden können. Ein operativer Gewinn wird nicht erzielt. In der zweiten Stufe sind die Kosten gedeckt und die Kapazität ist optimal ausgelastet. Ein hohes Service-Level kann somit aus Sicht der Prozessmanager garantiert werden. Langfristig müssen aus Marketing-Gesichtspunkten nachhaltige Maßnahmen eingeleitet werden, um die Wettbewerbsfähigkeit des Unternehmens zu gewährleisten. In diesem Falle hilft das innovative mathematische Verfahren. Es müssen Prognosen erstellt und deren Qualität überprüft werden.
In der ersten Stufe ist die Höchstkapazität erreicht, und ein weiterer Anstieg des Nachfrageverlaufs bedeutet aus Revenue-Management-Sicht, dass die No-Show-Maßnahmen nicht optimal bestimmt worden sind und die fehlende unternehmerische Tätigkeit zu einem Imageverlust führen kann. Des Weiteren ist das Personal überfordert, das Service-Niveau langfristig zu erbringen. Das Management muss die einzelnen Kapazitäten neu festlegen und eine optimierte Auslastungskontrolle vornehmen. Eine qualitative Nachfrage-Prognose muss erstellt werden.
In einer weiteren Tabelle werden die Daten der Hauptuntersuchungen präsentiert. Dies sind:

- Faktum-Wert (Anzahl der tatsächlichen von der Fluggesellschaft beförderten Passagiere)
- Prognosedaten (Anzahl der einzelnen periodischen Nachfrageschätzungen)
- Die Abweichung beschreibt die relative Differenz der zu untersuchenden Daten.
- Die periodische Erhöhung berechnet erneut die relative Differenz der einzelnen periodischen Faktum-Werte. Aus diesem Schritt kann final die prozentuale Differenz an der Gesamtsumme des Faktums-Wertes mathematisch errechnet werden.

Periode	Prognose	Faktum-Wert	Abweichung	Periodische Erhöhung	Relativer Gesamtanteil
1	1.200	1.901	**58%**	-	1,57%
2	2.000	2.100	5%	10,47%	1,74%
3	3.500	3.299	-6%	57,10%	2,73%
4	3.000	2.901	-3%	-12,06%	2,40%
5	2.500	2.000	**-20%**	-31,06%	1,65%
6	2.150	2.100	-2%	5,00%	1,74%
7	3.150	3.212	2%	52,95%	2,66%
8	2.100	1.091	**-48%**	-66,03%	0,90%
9	9.000	12.199	36%	**1.018,15%**	10,09%
10	4.000	2.919	**-27%**	-76,07%	2,41%
11	2.111	2.101	0%	-28,02%	1,74%
12	1.500	1.219	**-19%**	-41,98%	1,01%
13	21.500	20.000	-7%	**1.540,69%**	**16,54%**
14	18.000	19.900	11%	-0,50%	**16,45%**
15	20.000	20.500	2%	3,02%	**16,95%**
16	21.000	20.000	-5%	-2,44%	**16,54%**
17	2.000	1.100	**-45%**	**-94,50%**	0,91%
18	900	800	-11%	-27,27%	0,66%
19	600	700	17%	-12,50%	0,58%
20	840	900	7%	28,57%	0,74%
Gesamt	121.051	120.942	-	-	-

Die Gesamtanzahl der beförderten Passagiere auf der untersuchten Strecke beträgt in den zwanzig Perioden genau 120.942. Die größten Fehlerprognosen zeigen sich in den Perioden fünf, acht, zwölf, siebzehn, siebenundzwanzig. In diesem Beobachtungszeitraum entspricht dies einem prozentualen Durchschnittswert von 31,8 Prozent. Positiv ist anzumerken, dass ein relativer periodischer Anstieg über tausend Prozent zu verzeichnen ist. Der Gesamtanstieg der beiden Variablen beträgt 0,09 Prozent. Die Marktforschungsanalyse hat somit optimale Prognosen ergeben.
Weitere Ergebnisse werden gestellt.

Kennzahl	Prognose	Faktum-Wert	Differenz
Mittelwert	6.053	6.047	-5
Variationskoeffizient	120,06%	122,56%	3%
Standardabweichung	7.267	7.411	145
Varianz	55.582.089	57.817.799	2.235.710

Die gesamte Prognosequalität hat sich minimal verändert. Die durchschnittliche Passagier-Anzahl liegt abgerundet bei 6.000. Die gleiche Aussage trifft auf die Auswertung der Standardabweichung zu. Die Veränderung liegt aufgerundet bei 2 Prozent. Die Passagier-Entwicklung wird folgend in einem Chart dargestellt.

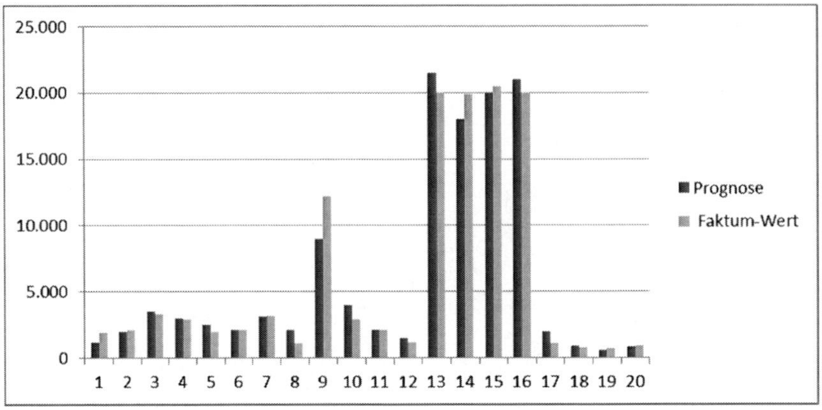

Eindeutig ist zu erkennen, dass die Peak-Saison in den Perioden neun, dreizehn bis sechzehn verläuft. Hier sind die höchsten Umsätze zu ermitteln. Die Werte in den Spalten dreizehn bis sechzehn haben den gemeinsamen Wert von 16 Prozent. Die gesamte Untersuchung wird in vier Teile eingeteilt und eine Zusammenhangsanalyse zwischen den beobachteten und Prognose-Werten erstellt.

Periode	Prognose	Faktum-Wert
1	1.200	1.901
2	2.000	2.100
3	3.500	3.299
4	3.000	2.901
5	2.500	2.000
Korrelation	88,40%	
Periode	Prognose	Faktum Wert
6	2.150	2.100
7	3.150	3.212
8	2.100	1.091
9	9.000	12.199
10	4.000	2.919
Korrelation	98,48%	
Periode	Prognose	Faktum-Wert
11	2.111	2.101
12	1.500	1.219
13	21.500	20.000
14	18.000	19.900
15	20.000	20.500
Korrelation	99,26%	
Periode	Prognose	Faktum-Wert
16	21.000	20.000
17	2.000	1.100
18	900	800
19	600	700
20	840	900
Korrelation	99,899%	

Es zeigt sich ein prozentualer Mindestwert von 88 Prozent, was wiederum für eine große Datenähnlichkeit steht. Der Mittelwert liegt bei aufgerundet 97 Prozent.

Die letzten Untersuchungen wurden mit den klassischen statistischen Verfahren vorgenommen. Nachteil ist, dass die Historienfähigkeit nur unzureichend begutachtet worden ist, denn es wurden die reinen Zahlen betrachtet.

b. Erstellung eines Lösungskonzeptes

Die Berechnung einer einheitlichen prozentualen Abweichung zwischen den Vergangenheitsdaten und der Prognose ist gekennzeichnet durch mehrere mathematisch-statistische Schritte. Die Abkürzungstabelle soll zum Verständnis der Formel-Aufstellungen helfen.

Abkürzung	Bedeutung
YA	Faktum-Wert
YB	Prognose-Wert
$\overline{YA}$	Mittelwert des Faktum-Wertes
$\overline{YB}$	Mittelwert des Prognose-Wertes
Yai	Metrische Ausprägung des Faktum-Wertes
Ybi	Metrische Ausprägung des Prognose-Wertes
Cos	Cosinus
Log	Logarithmus
Ln	Natürlicher Logarithmus
Standardab. A	Standardabweichung des Faktum-Wertes
Standardab. B	Standardabweichung des Prognose-Wertes
N	Anzahl der Gesamtbeobachtungen
STC	Standardisierung

Die erste Formel beschreibt den Standardisierungsschritt.

$$\frac{\left(\left(\left(\frac{\sum Yai}{\sum Ybi}\right)-1\right)+\left(\frac{\overline{YA}}{\overline{YB}}\right)^2\right)}{\left(\frac{Standardab.A}{Standardab.B}+1\right)} = STC$$

Die primäre Formel lautet:

$$\frac{Cos\left(\frac{Yai}{Ybi}\right)^2}{STC} = Schritt\ 1$$

Nun erfolgt der sekundäre Schritt:

$$\left(\frac{1}{\left(\frac{Yai}{Ybi}\right)} * (1 - STC)\right)^2 = Schritt\ 2$$

$$\left[LN\left(\frac{1}{(Schritt\ 2)^2}\right) + Log\left(\frac{Yai}{Ybi}\right)\right]^2 = Schritt\ 3$$

$$\frac{\sum\left[Log\left(\frac{Schritt\ 3}{Schritt\ 2}\right)^2 * \left(\frac{Cos\left(\frac{Yai}{Ybi}\right)^2}{\left(\frac{Cos\left(\frac{Yai}{Ybi}\right)^2}{STC}\right)}\right)\right]}{n} - 1 = Ergebnis\ (HP\ Deviation\ Analyse)$$

Auf den nächsten Seiten werden alle Teillösungen dargestellt.

Schritte		1	2	3	4
1	0,00017876	0,000100	1,57614336	0,50432869	0,43899699
2	0,24757695	0,138118562	0,69242473	0,57199085	0,01234359
3	0,34540246	0,192693589	0,55798499	1,30224774	0,24284076
4	0,32236464	0,179841219	0,58728231	1,10234404	0,13405354
5	0,48540024	0,270795742	0,40195177	2,97885617	1,35635208
6	0,31329044	0,174778892	0,5991777	1,02855083	0,09871286
7	0,27419512	0,152968342	0,65301618	0,74092798	0,00539317
8	0,75352068	0,420375138	0,16951373	10,6618454	5,79883311
9	0,04566393	0,025475053	1,15387143	0,02376647	5,09650677
10	0,55553335	0,309921697	0,33445846	4,21751654	2,17173894
11	0,29624328	0,165268602	0,62211348	0,89719415	0,04532568
12	0,47274501	0,263735627	0,41478101	2,78863816	1,22764018
13	0,35718259	0,199265504	0,54347184	1,41169165	0,30806248
14	0,20127605	0,112288155	0,76763562	0,32771137	0,24494668
15	0,26946365	0,150328748	0,65984466	0,70934386	0,00176903
16	0,33610396	0,187506133	0,56965954	1,21935367	0,19581173
17	0,72679806	0,405467085	0,18998502	9,37573877	5,13947626
18	0,39724664	0,221616493	0,49623676	1,82317977	0,57249423
19	0,15462093	0,086260134	0,85484535	0,14486869	1,06529264
20	0,22931705	0,127931705	0,72097536	0,46821703	0,06299943
Summe	-	-	-	-	**24,2195901**

$$\left(\frac{24{,}219}{20}\right) - 1 = 0{,}2110 * 100 = 21{,}10\%$$

c. Interpretation der Ergebnisse

Das Ergebnis der (H + P) Deviation Analysis beträgt 21,10 Prozent. Laut der unten entwickelten Tabelle ist das Endresultat als gering einzuordnen.

Stufe	Intervall	Maß
1	0%-25%	Gering
2	26%-50%	Mittel
3	51%-75%	Durchschnittlich
4	76%-100%	Stark
5	>100%	Dimensionslos

Eine großartige Veränderung der aktuellen Daten im Vergleich zu den gestellten Prognosen ist nicht zu erwarten. Somit lässt sich folgende Aussage machen: Durchschnittlich ist die Grundabweichung mit 21,10 Prozent in der Gesamtperiode zu kategorisieren. Weitere Vergleiche können zur Ermittlung der Trendveränderung vorgenommen werden. Das Verfahren richtet sich an die Charakteristik und Eigenschaften des gesamten Datenverlaufs. Die klassischen Untersuchungsmethoden zeigen oft nur ein positives Szenario. Sobald kleinste Ausreißer entstehen, sind viele dieser mathematisch-statistischen Verfahren nicht gewappnet. Daher wird ein weiteres Beispiel gezeigt, bei dem ein deutlicher Trendabschwung zu erkennen ist. Jeder Analyst braucht bei der Untersuchung ein stabiles Ergebnis.

Die Fluggesellschaft erlebt in einer einzelnen Periode einen heftigen Abschwung. Die Analysten haben diesen allerdings nicht prognostiziert. Und dennoch sind die Buchungen eingebrochen, wie in der folgenden Tabelle gezeigt.

Periode	Prognose	Faktum-Wert	in Prozent
1	1.200	1.100	9
2	2.000	1.500	33
3	3.500	3.299	6
4	3.000	1.100	173
5	2.500	1.250	100
6	2.150	1.000	115
7	3.150	1.300	142
8	2.100	3.291	-36
9	**9.000**	**1**	**899.900**
10	4.000	2.191	83
11	2.111	3.291	-36
12	1.500	4.320	-65
13	1.200	1.050	14
14	3.200	3.452	-7
15	2.000	1.023	96
16	2.100	2.900	-28
17	2.000	1.100	82
18	900	1.291	-30
19	600	1.021	-41
20	840	2.469	-66
Gesamt	49.051	37.949	-

Die Analysten haben für die nächsten zwanzig Perioden eine Prognose ermittelt, nach der mit hoher Wahrscheinlichkeit 49.051 Passagiere zu erwarten sind. Die Realität ist eine andere. Tatsächlich ist ein relativer Gesamtrückgang von 22,6 Prozent zu verzeichnen. Die höchsten Einbrüche sind in der neunten Periode mit einem aufgerundeten relativen Rückgangswert von 900.000 Prozent zu verzeichnen.

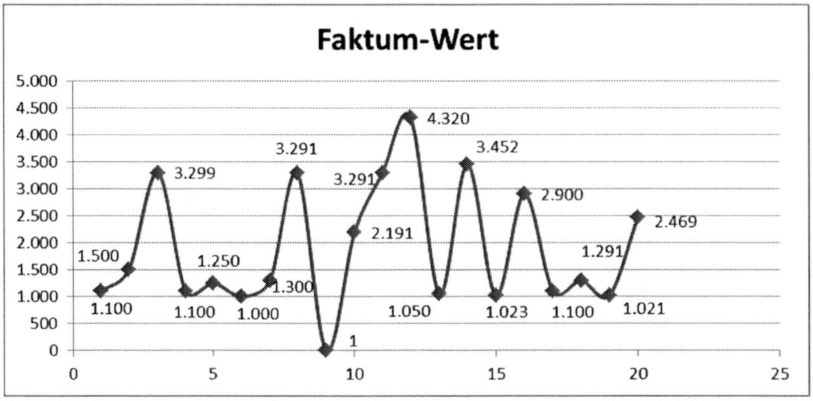

Die Tabelle zeigt den deutlichen Abschwung, aber dennoch eine positive weitere Entwicklung. Dieser Rückgang ist jedoch nicht zu unterschätzen.

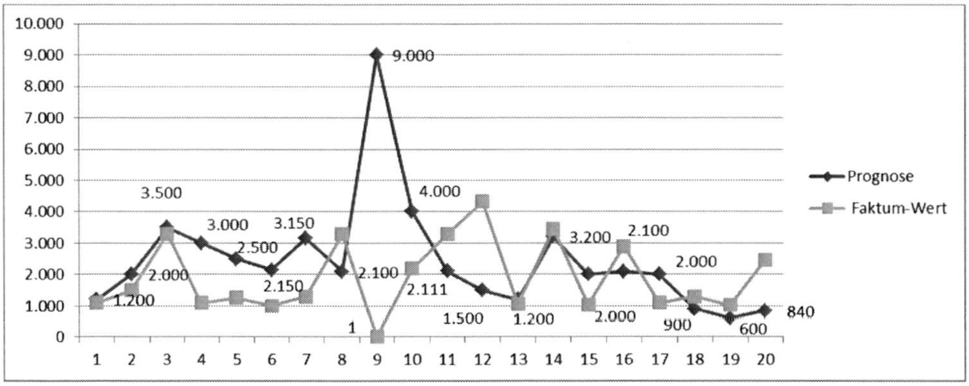

Für die Betrachtung dieses Charts braucht man kein langfristiges Studium der Analyse, um feststellen zu können, dass die vorgenommene Prognose der Marktforschungsmitarbeiter nicht stimmt. Der deutliche Abschwung wurde durch mehrere Untersuchungen nicht vorausgesehen. Eine Berücksichtigung von heftigen Ausreißern soll durch das vorgestellte Verfahren auf den nächsten Seiten vorgenommen werden.

Schritte		1	2	3	4
1	0,3702	0,3129	0,0282	50,3866	12,5125
2	0,5354	0,4525	0,0189	61,0568	14,5744
3	0,3454	0,2919	0,0298	48,9858	12,2336
4	0,8715	0,7365	0,0045	107,4451	22,6649
5	0,7702	0,6509	0,0084	85,7412	19,0195
6	0,7988	0,6751	0,0073	90,5833	19,8507
7	0,8391	0,7092	0,0057	98,8807	21,2502
8	0,0000	0,0000	0,0825	26,8965	7,4752
9	1,0000	0,8451	0,0000	**1540,8585**	**186,9637**
10	0,7288	0,6159	0,0101	79,8239	17,9875
11	0,0001	0,0001	0,0816	27,0901	7,5208
12	0,9331	0,7886	0,2785	9,0982	2,7129
13	0,4109	0,3473	0,0257	52,7690	12,9822
14	0,2232	0,1886	0,0391	42,4818	10,9089
15	0,7604	0,6427	0,0088	84,2462	18,7605
16	0,0356	0,0301	0,0640	31,7778	8,5988
17	0,7268	0,6143	0,0102	79,5629	17,9416
18	0,0185	0,0156	0,0691	30,2683	8,2569
19	0,0170	0,0144	0,0972	23,9369	6,7663
20	0,9596	0,8110	0,2900	8,6652	2,5753
Summe	-	-	-	-	431,5562

Besonders das neunte Ergebnis ist deutlich erhöht. Hiermit liegt der Beweis vor, dass dieses innovative Verfahren sensibel auf einen heftigen relativen Abschwung reagiert. Das Ergebnis beträgt **2.057,78 Prozent.**

Dieses Resultat ist als dimensionslos einzustufen. Aus Sicht der Analysten ist dieser Wert ein Warnsignal, dass die Geschäftsleitung dringende Maßnahmen einleiten muss, um die Nachfrage in dieser Periode kurzfristig anzuheben.

Des Weiteren müssen die Preisanalysen gewinnorientierend angepasst werden, damit der Revenue-Verlust in den folgenden Perioden ausgeglichen werden kann. Die Handlungsempfehlungen sind in diesem Beispiel übertrieben dargestellt. Eine empirische Korrelationsanalyse bestätigt in der zweiten Hälfte des Untersuchungszeitraums einen negativen Zusammenhang.

Periode	Prognose	Faktum-Wert
1	1.200	1.100
2	2.000	1.500
3	3.500	3.299
4	3.000	1.100
5	2.500	1.250
Korrelation	64,88%	
Periode	Prognose	Faktum-Wert
6	2.150	1.000
7	3.150	1.300
8	2.100	3.291
9	9.000	1
10	4.000	2.191
Korrelation	-68,95%	

Periode	Prognose	Faktum-Wert
11	2.111	3.291
12	1.500	4.320
13	1.200	1.050
14	3.200	3.452
15	2.000	1.023
Korrelation	32,12%	
Periode	Prognose	Faktum-Wert
16	2.100	2.900
17	2.000	1.100
18	900	1.291
19	600	1.021
20	840	2.469
Korrelation	33,880%	

In den nächsten Analysen lässt sich erkennen, dass das Gleichheitsmaß relativ gesehen immer kleinere Werte annimmt. Dies ist ein Zeichen dafür, dass die Prognose langfristig optimiert werden muss. An einem weiteren Beispiel aus dem Finanz- und Investmentbereich wird das allgemeine Anwendungspotenzial des Verfahrens aufgezeigt.

Die (H + P) Touristik Investment AG investiert Kapital in ein Aktienkontingent der bereits vorgestellten Fluggesellschaft.

Aktienkontingent	10.000
Preis pro Aktie	100 €
Kurs des Kontingent	1.000.000 €

Die Fondsmanager dieser Kapitalgesellschaft kaufen 10.000 Aktien zu einem Kurs von 100 Euro. Dieser Investitionsbetrag wird pro Periode in die Anlage investiert. Durch eine umfassende empirische Marktanalyse erstellen die Anlagenexperten folgende Prognose.

Periode	Prognose
1	120 €
2	200 €
3	350 €
4	300 €
5	250 €
6	215 €
7	315 €
8	210 €
9	455 €
10	400 €
11	211 €
12	150 €
13	120 €
14	320 €
15	200 €
16	210 €
17	200 €
18	90 €
19	150 €
20	240 €

Die Untersuchungen zeigen folgende Ergebnisse:

Kennzahl	Ergebnis
Mittelwert	235 €
Standardabweichung	93,47 €
Variationskoeffizient	39,73%
Durchschnittsrendite	4,38%

Der durchschnittliche Kurs der Aktie beträgt 235 Euro. Das klassische Datenschwankungsmaß (Variationskoeffizient) ist mit aufgerundet 40 Prozent einer mittleren Kategorie zuzuordnen. Es ist mit einer mittleren Rendite von 4,38 Prozent pro Periode zu rechnen, was als angemessen gilt.

Periode	Prognose des Revenue	Periodische Rendite	Relativer Revenue-Anteil an der Gesamtrevenue-Summe
1	1.200.000 €	18,23%	2,55%
2	2.000.000 €	51,08%	4,25%
3	3.500.000 €	55,96%	7,44%
4	3.000.000 €	-15,42%	6,37%
5	2.500.000 €	-18,23%	5,31%
6	2.150.000 €	-15,08%	4,57%
7	3.150.000 €	38,19%	6,69%
8	2.100.000 €	-40,55%	4,46%
9	4.549.000 €	77,30%	9,67%
10	4.000.000 €	-12,86%	8,50%
11	2.111.000 €	-63,91%	4,49%
12	1.500.000 €	-34,17%	3,19%
13	1.200.000 €	-22,31%	2,55%
14	3.200.000 €	98,08%	6,80%
15	2.000.000 €	-47,00%	4,25%
16	2.100.000 €	4,88%	4,46%
17	2.000.000 €	-4,88%	4,25%
18	900.000 €	-79,85%	1,91%
19	1.499.000 €	51,02%	3,19%
20	2.400.000 €	47,07%	5,10%
Gesamt	47.059.000 €	-	-

Nach der Prognose der Fondsgesellschaft ist ein Gesamtertrag von 47.059.000 Euro zu erwarten. Nachdem die Investition in diese Fluggesellschaft vorgenommen worden ist, zeigt sich der tatsächliche Verlauf:

Periode	Faktum-Wert	Absolute	Relativ
1	110 €	10 €	9,09%
2	250 €	-50 €	-20,00%
3	330 €	20 €	6,06%
4	110 €	190 €	**172,73%**
5	260 €	-10 €	-3,85%
6	190 €	25 €	13,16%
7	325 €	-10 €	-3,08%
8	200 €	10 €	5,00%
9	400 €	55 €	13,73%
10	450 €	-50 €	-11,11%
11	200 €	11 €	5,55%
12	160 €	-10 €	-6,25%
13	130 €	-10 €	-7,69%
14	310 €	10 €	3,23%
15	190 €	10 €	5,26%
16	240 €	-30 €	-12,50%
17	180 €	20 €	11,11%
18	120 €	-30 €	**-24,94%**
19	160 €	-10 €	-6,31%
20	320 €	-80 €	**-25,00%**
Summe	-	71 €	124,19%

Der Aktienkurs entwickelt sich insgesamt positiv. Auffallend ist, dass in der vierten Periode die stärkste Rendite zu verzeichnen ist, was das Endresultat positiv verändert.

Kennzahl	Ergebnis
Mittelwert	232 €
Standardabweichung	94,97 €
Variationskoeffizient	40,98%

Im Vergleich mit der erstellten Prognose lässt sich auf den ersten Blick kaum ein Unterschied entdecken. Die Prognose ist aus Analysten-Sicht dennoch übertrieben. Im Weiteren wird eine zugehörige Ertragsanalyse vorgenommen.

Periode	Faktum-Wert	Periodische Rendite	Ertragserhöhung an der Summe
1	1.100.000 €	9,53%	2,37%
2	2.500.000 €	82,10%	5,39%
3	3.300.000 €	27,76%	7,12%
4	1.100.000 €	-109,86%	2,37%
5	2.600.000 €	86,02%	5,61%
6	1.900.000 €	-31,37%	4,10%
7	3.250.000 €	53,68%	7,01%
8	2.000.000 €	-48,55%	4,32%
9	4.000.000 €	69,31%	8,63%
10	4.500.000 €	11,78%	9,71%
11	2.000.000 €	-81,09%	4,32%
12	1.600.000 €	-22,31%	3,45%
13	1.300.000 €	-20,76%	2,80%
14	3.100.000 €	86,90%	6,69%
15	1.900.000 €	-48,95%	4,10%
16	2.400.000 €	23,36%	5,18%
17	1.800.000 €	-28,77%	3,88%
18	1.199.000 €	-40,63%	2,59%
19	1.600.000 €	28,85%	3,45%
20	3.200.000 €	69,31%	6,90%
Gesamt	46.349.000 €	-	-

Kennzahl	Ergebnis
Mittelwert	2.317.450 €
Standardabweichung	949.700,24 €
Variationskoeffizient	40,98%
Durchschnittsrendite	2,47%

Die Untersuchung hat gezeigt, dass eine geringe Rendite erzielt worden ist. Vergleicht man die natürliche logarithmische Rendite des gesamten Revenue, so ergibt sich folgendes Ergebnis.

$$Ln\left(\frac{46.349.000}{47.059.000}\right) = -0{,}0152 * 100 = -1{,}52\%$$

Die Prognose ist mit einem relativen Satz von -1,52 Prozent unterschätzt worden. Die absolute Differenz beträgt 710.000 Euro. Langfristig gesehen müssen die Prognose-Ermittlungs-Methoden sensibilisiert werden, um diesen Differenzbetrag unter einer Million Euro halten zu können. Insgesamt wurden 20 Millionen Euro investiert. Die tatsächlichen Einnahmen (der absolute Return on Investment) beträgt 26.349.000 Euro. Die natürliche logarithmische Rendite errechnet sich wie folgt:

$$Ln\left(\frac{47.059.000}{20.000.000}\right) = 0{,}85 * 100 = 85\%$$

Die aufwendige Analyse des Aktienkurses ist geprägt von vielen komplexen Berechnungen. Die Fondsmanager dieser Investmentgesellschaft wollen eine Vereinheitlichung der gesamten Daten vornehmen. Zur Berechnung entscheiden sich die Experten für die (H + P) Deviation Analysis. Die Lösungsschritte werden wie gewohnt ausführlich beschrieben.

Schritte		1	2	3	4
1	0,3702	0,2130	0,4580	2,3228	0,8643
2	0,0994	0,0572	0,8516	0,1748	0,8218
3	0,3451	0,1985	0,4845	2,0267	0,6714
4	0,8715	0,5013	0,0733	22,9564	10,8289
5	0,2563	0,1474	0,5895	1,1534	0,1477
6	0,4023	0,2314	0,4257	2,7376	1,1357
7	0,2635	0,1516	0,5802	1,2152	0,1792
8	0,3361	0,1934	0,4944	1,9259	0,6063
9	0,4066	0,2339	0,4214	2,7969	1,1744
10	0,1859	0,1070	0,6898	0,6302	0,0027
11	0,3408	0,1961	0,4892	1,9780	0,6399
12	0,2333	0,1342	0,6201	0,9676	0,0649
13	0,2194	0,1262	0,6397	0,8619	0,0292
14	0,3207	0,1845	0,5115	1,7610	0,5011
15	0,3384	0,1947	0,4919	1,9508	0,6223
16	0,1722	0,0991	0,7119	0,5442	0,0237
17	0,3864	0,2223	0,4415	2,5265	0,9977
18	0,0558	0,0321	0,9673	0,0365	3,5226
19	0,2327	0,1339	0,6210	0,9630	0,0631
20	0,0553	0,0318	0,9690	0,0354	3,5940
Summe	-	-	-	-	26,4909

Das Endergebnis beträgt 32,45 Prozent. Vergleich man die absolute Differenz und deren relative Abweichungen, so lässt sich das Ergebnis der (H + P) Deviation Analysis als eine mittlere Schwankung einordnen, da der geringe Rückgang des Kurses durch dieses Modell besonders sensibel berücksichtigt wird und ein realistisches Finalergebnis errechnet wird. Die Fondsmanager haben somit ein Richtwert, der zu weiteren Vergleichen vorgenommen werden kann.

d. Anwendungsempfehlungen

Das Verfahren ist als ein empirisches Analyseinstrument für alle Wirtschaftsunternehmen zu verwenden. Beispiele sind:

- Analysten
- Produktmanager
- Vertriebsmanager
- Revenue Manager
- Investoren
- Börse
- Finanzberatungsunternehmen
- Banken
- Versicherungen

6.1 (H + P) Connection Measurement

Das (H + P) Connection Measurement ist ein statistisches Instrument, das als zusätzliches Mittel in langfristigen empirischen Untersuchungen verwendet werden kann. Das Verfahren misst die Beziehung zwischen der abhängigen und unabhängigen Variable innerhalb einer zeitlichen Dimensionierung. Dieses Verfahren wird nicht zur Erstellung von Prognosen verwendet. Ziel ist es, einen optimierten Informationsgehalt durch die historischen Daten zu bekommen. Somit ist dieses Modell zur Merkmalsbeziehungskontrolle gedacht. In der statistischen Literatur wird das Korrelationskoeffizient-Modell unter der Annahme der linearen Bedingung und der Normalverteilung verwendet. Die Autoren unterlassen es in den meisten Fällen, auf andere Korrelationsmessungsmethoden hinzuweisen.

a. Problemstellung/Szenario

Eine internationale Hotelgesellschaft plant in einer Metropole mehrere Kontingente für die Belegung der Kapazitäten. Dabei soll der Zusammenhang der Besucherzahlen zwischen zwei Kundengruppen ermittelt werden, um die Beziehung für weitere relevante Maßnahmen im Revenue Management vorzubereiten.

Monate	Tourist	Business
1	250	200
2	320	220
3	1.111	242
4	10.190	1050
5	12.000	1.155
6	1.960	1.271
7	1.800	700
8	900	770
9	120	847
10	1.403	932
Gesamt	30.054	7.387

Die Tabelle zeigt die Anzahl von zwei Kundengruppen (Tourist und Business). Dabei ist deutlich zu sehen, dass die Kundengruppe Tourist den größeren Anteil an Kunden besitzt. Die absolute Differenz beträgt 22.667, das entspricht einem relativen Mehranteil von 24,67 Prozent. Zum Vergleich werden die Daten mit Bezug auf die Reihensumme relativiert.

Monate	Tourist	Business
1	0,83%	2,71%
2	1,06%	2,98%
3	3,70%	3,28%
4	33,91%	14,21%
5	39,93%	15,64%
6	6,52%	17,21%
7	5,99%	9,48%
8	2,99%	10,42%
9	0,40%	11,47%
10	4,67%	12,62%
Gesamt	100,00%	100,00%

Die Peak-Zeiten liegen in den Monaten vier und fünf. Der Vorgang wird nun auf die Zeilensumme übertragen.

Monate	Tourist	Business	Gesamt	in Prozent
1	250	200	450	1,20
2	320	220	540	1,44
3	1.111	242	1.353	3,61
4	10.190	1.050	11.240	**30,02**
5	12.000	1.155	13.155	**35,14**
6	1.960	1.271	3.231	8,63
7	1.800	700	2.500	6,68
8	900	770	1.670	4,46
9	120	847	967	2,58
10	1.403	932	2.335	6,24
Gesamt	30.054	7.387	37.441	

Die Ergebnisse der Zeilensumme bestätigen die Aussagen der letzten Tabelle.
Das Problem ist, dass die Berechnung der relativen Reihen und Zeilensummen keine Aussage über ein einheitliches Beziehungsmaß zulässt.

b. Erstellung eines Lösungskonzeptes

Zur besseren Übersichtlichkeit wird eine Abkürzungstabelle gegeben.

Abkürzung	Bedeutung
Yi	Ausprägung Variable 1
Xi	Ausprägung Variable 2
$\bar{Y}$	Durchschnittswert der Variable 1
$\bar{X}$	Durchschnittswert der Variable 2
Cos	Cosinus
Tan	Tangens
N	Gesamtbeobachtungszeit

Die Formel zur Berechnung des Beziehungsmaßes ist wie folgt definiert:

$$\frac{\Sigma\left(Cos\left(\frac{\bar{X}}{Xi-\bar{X}}\right)\right)^2}{\Sigma\left(Cos\left(\frac{\bar{Y}}{Yi-\bar{Y}}\right)\right)^2}-1=A$$

$$\left[\left(\sqrt[(1/n)]{\left(\sum\sqrt{\frac{Tan\left(Cos\left(\frac{\bar{X}}{Xi-\bar{X}}\right)^{2}\right)}{n}}\right)}-\left(\sqrt[(1/n)]{\sum\sqrt{\frac{Tan\left(Cos\left(\frac{\bar{Y}}{Yi-\bar{Y}}\right)^{2}\right)}{n}}}\right)\right)^{2}+A\right]$$

Die Ergebnisse von Schritt A werden im Folgenden angegeben.

1	-1,09	-1,37	0,21	0,04
2	-1,12	-1,42	0,19	0,02
3	-1,59	-1,49	0,00	0,01
4	0,42	2,37	0,83	0,52
5	0,33	1,77	0,89	0,04
6	-2,87	1,39	0,93	0,03
7	-2,49	-19,09	0,64	0,94
8	-1,43	23,60	0,02	0,00
9	-1,04	6,82	0,25	0,74
10	-1,88	3,82	0,09	0,60
Gesamt			4,06	2,95

Das Endergebnis lautet 0,37. Schritt B ist gegeben wie folgt:

1	0,47	0,20
2	0,44	0,15
3	0,02	0,08
4	1,05	0,75
5	1,11	0,20
6	1,16	0,18
7	0,86	1,18
8	0,14	0,04
9	0,51	0,95
10	0,30	0,83

Durch die Berechnung mit dem Mittelwert erreicht man das nächste Zwischenergebnis.

Zwischenergebnis	0,61	0,46

Endergebnis 0,40

Durch Multiplikation erhält man das Endergebnis des (H + P) Connection Measurement, einen relativen Wert von **40 Prozent**. Aus Sicht des Revenue Managements ist so ein einheitlicher prozentualer Wert einer un- und einer abhängigen Variable errechnet worden. Das ist ein Anfangswert. Das Ergebnis muss im Wertungsbereich-Intervall zwischen 0-1 liegen, um positiv beurteilt werden zu können. Liegt das Ergebnis im negativen Bereich, so ist empirisch bewiesen, dass ein Zusammenhang zwischen den Variablen besteht. Die historischen Daten müssen analytisch beobachtet werden, damit ein Vergleich erstellt werden kann. Die Abteilung für Marktforschung prognostiziert, dass die Nachfrage nach Zimmern um 1 Prozent sinken wird.

Monate	Tourist	Business
11	248	198
12	317	218
13	1.100	240
14	10.088	1.040
15	11.880	1.143
16	1.940	1.258
17	1.782	693
18	891	762
19	119	839
20	1.389	923
Gesamt	29.754	7.314

Die Berechnung nach (H + P) Connection Measurement liefert ein relatives Ergebnis von 33,20 Prozent. Dies entspricht einer mathematischen Differenz von 6,80 Prozent. In der Literatur wird in der Regel der klassische Korrelationskoeffizient vorgestellt. Zum Vergleich wird eine Berechnung des klassischen Verfahrens durchgeführt.

$$rxy = \frac{\left(\left(\frac{1}{n}\right) * \Sigma((Xi - \bar{X}) * (Yi - \bar{Y}))\right)}{\sqrt{\left(\left(\frac{1}{n}\right) * \Sigma(Xi - \bar{X})^{\wedge}2\right)} * \sqrt{\left(\left(\frac{1}{n}\right) * \Sigma(Yi - \bar{Y})^{\wedge}2\right)}}$$

= 0,557391514

= 0,557391514*100

= 55,74%

Der Nachteil des klassischen Modells ist, dass die Beziehung zwischen einer abhängigen und unabhängigen Variablen nicht gegen Ausreißer geschützt ist, da die Kausalität als zu hoch bewertet wird. Bei einem Nachfragerückgang von einem Prozent verändert sich das Ergebnis des Korrelationskoeffizienten um 0,1. Das Ergebnis zeigt, dass zwischen den Segmenten Tourist und Business kein bedeutender Zusammenhang besteht.

Tatsächlich, so lässt sich aus der Tabelle erkennen, heben sich die einzelnen Werte gegenseitig auf. Für den Revenue Manager kann das bedeuten, dass dieser keine Maßnahmen einleiten soll.

c. Interpretation der Ergebnisse

Das statistisch-mathematische (H + P)-Connection-Measurement-Verfahren hat die gleiche Funktionsweise wie der Pearson-Korrelationskoeffizient. Der Unterschied liegt in der Erfassung und Berücksichtigung der Historienfähigkeit. Das vorgestellte Verfahren reagiert deutlich sensibler auf Veränderungen der Datenausprägungen als der klassische Korrelationskoeffizient. Der Vorteil liegt in der extremen Schwankungssensibilität, die das Verfahren auszeichnet und aufgrund derer deutlich bessere Erkenntnisse geliefert werden können.

d. Anwendungsempfehlungen

Empfohlen wird dieses Verfahren Marktforschungsunternehmen, Touristik, Banken, Versicherungen. Besonders interessant ist diese Methode für die Analyse der einzelnen Aktienkurse für Investoren, die besonders risikoscheu sind.

6.2 (H + P) Probability

Die Fachtheorie über Wahrscheinlichkeitsrechnung ist umfangreich. Dutzende Ansätze und Darstellungen von verschiedenen amerikanischen und europäischen Autoren sind zu finden.

(H + P) Probability ist ein zusätzliches Verfahren zur empirischen Analyse spezieller Revenue-Management- und Investment-Fragestellungen. Im Kapitel Preis-Mengen-Strategie aus Sicht einer Destinationsorganisation wurde ein praktisches Beispiel im Destinationsmanagement gezeigt.

Das innovative Modell errechnet aus den erhobenen Daten, wie wahrscheinlich es ist, dass ein bestimmter Datenwert eintreffen wird. Aus den Erkenntnissen können unternehmerische Maßnahmen abgeleitet werden. Die Methodik beruht auf der Untersuchung der historischen Daten. Verhaltensweisen und Datenverläufe werden analysiert, die dann das Endergebnis beeinflussen. Ziel dieses Verfahren ist es, einen neuen Denkanreiz zu geben, um neue Sichtweisen für das Revenue und Investmentmanagement zu erhalten.

a. Problemstellung/Szenario

Eine Revenue-Managementabteilung eines großen, international tätigen Reiseveranstalters untersucht durch eine empirische Analyse die Kundenverkaufspreise, um den Marktwert verschiedener touristischer Produkte messen zu können. Es soll herausgefunden werden, welcher optimale Preis verlangt werden kann, damit langfristig Kundenzufriedenheit herrscht und der Revenue bestmöglich maximiert werden kann. In diesem Fall handelt sich um eine Flugleistung als Zusatzkomponente einer Pauschalreise.

Periode	Preis
1	290 €
2	149 €
3	123 €
4	329 €
5	291 €
6	350 €
7	260 €
8	123 €
9	329 €
10	500 €

Die Untersuchung ergibt folgendes Ergebnis. Der höchste Preis, der bei dieser Untersuchung ermittelt wurde, beträgt 500 Euro, der geringste 123 Euro. Im Sinne des Revenue Managements ist das oberste Ziel, den möglichst höchsten Preis zu verlangen, um das Gewinnmaximum zu erreichen. Es wird empfohlen, mit diesem Verfahren zu errechnen, wie hoch die Wahrscheinlichkeit ist, dass die Kunden statt dem niedrigsten Preis einen erhöhten Preis akzeptieren. Die Grundmethodik dieses Verfahrens ist, dass die einzelnen Berechnungen die Datenschwankungen messen und je nach stärkerem oder schwächeren Verhalten den Endwert entsprechend beeinflussen.

b. Erstellung eines Lösungskonzeptes

Die Formel zur Berechnung der Wahrscheinlichkeit ist komplex. Die Verfahrensschritte werden bis zum finalen Schritt erläutert. Abkürzungen werden zur Vereinfachung gegeben.

Abkürzung	Ergebnis
Yi	Unabhängige Variable einer Periode
$\overline{Y}$	Mittelwert
GP	Größter Preis
KP	Kleinster Preis
Ni	Einzelne Periode

$$\left[\left(\left(1-\left(\frac{Yi}{\sum Yi}\right)\right)*\left(\frac{1}{\pi*\bar{Y}}\right)\right)*\left(1-ln\left(\frac{GP}{KP}\right)\right)^2\right]+\left(\frac{1}{Log\left(\frac{1}{GP}\right)}\right)^2=A$$

$$A+\sqrt[\left(\frac{1}{Ni*(1{,}01^2)}\right)]{\left[\left[\left(\left(1-\left(\frac{Yi}{\sum Yi}\right)\right)*\left(\frac{1}{\pi*\bar{Y}}\right)\right)*\left(1-ln\left(\frac{GP}{KP}\right)\right)^2\right]+1\right]}=B$$

$$1-\left(\sum B-1\right)=Ergebnis\ des\ HP\ Probability$$

Die Ergebnistabellen werden im Folgenden angegeben.

Schritt A

0,001037424	0,161944869	0,00016801	0,13727893	0,13744694
0,001097032	0,161944869	0,00017766	0,13727893	0,13745659
0,001108023	0,161944869	0,00017944	0,13727893	0,13745837
0,001020937	0,161944869	0,00016534	0,13727893	0,13744427
0,001037002	0,161944869	0,00016794	0,13727893	0,13744687
0,00101206	0,161944869	0,0001639	0,13727893	0,13744283
0,001050107	0,161944869	0,00017006	0,13727893	0,13744899
0,001108023	0,161944869	0,00017944	0,13727893	0,13745837
0,001020937	0,161944869	0,00016534	0,13727893	0,13744427
0,001418493	0,161944869	0,00022972	0,13727893	0,13750865

Schritt B

1	1,13472849
2	1,065245215
3	1,043038099
4	1,032101692
5	1,025600872
6	1,021287808
7	1,018220715
8	1,015927145
9	1,014142269
10	1,012730325

Der finale Schritt ergibt Folgendes:

1	13,47%
2	6,52%
3	4,30%
4	3,21%
5	2,56%
6	2,13%
7	1,82%
8	1,59%
9	1,41%
10	1,27%
Summe	**38,30%**

(1-0,3830)*100 = 61,70%

c. Interpretation der Ergebnisse

Mit einer empirischen Wahrscheinlichkeit von 61,70 Prozent ist davon auszugehen, dass eine Erhöhung des Preisniveaus vom niedrigsten mit 290 Euro bis zum höchsten Preis mit 500 Euro positiv gelingen wird. Die Gegenwahrscheinlichkeit liegt bei 38,30 Prozent. Die Revenue Manager brauchen eine Benchmark, um die Wahrscheinlichkeit einordnen zu können.

Stufe	Bereich	Aussage
1	0%-10%	Sehr schlecht
2	10%-30%	Schlecht
3	30%-50%	Mittel
4	50%-70%	Gut
5	70%-100%	Sehr gut

Die Tabelle zeigt eine spezifische Clusterbewertung, die für das vorgestellte mathematisch-statistische Modell entwickelt wurde. Fallen die Ergebnisse in die erste Stufe, braucht der Revenue Manager sich keine weiteren Gedanken zu machen, da die berechnete Wahrscheinlichkeit mit hoher Sicherheit nicht eintreffen wird. Das gleiche gilt für die zweite Stufe. Die dritte Stufe sagt aus, dass mit durchschnittlich hoher Wahrscheinlichkeit zu rechnen, dass der Preis angenommen werden kann, dennoch besitzt dieses Ergebnis ein gewisses Maß an Unsicherheit. In diesem Falle sollten weitere Preisanalysen zum Zweck der Absicherung vorgenommen werden. Bei den höchsten Stufen vier und fünf ist mit ziemlicher Sicherheit damit zu rechnen, dass der Preis von den Kunden akzeptiert werden kann. Der Vertrauenswert dieses Beispiels ist somit im guten Bereich. Dringend muss darauf hingewiesen werden, dass die Werte in der Tabelle nur eine Empfehlung sind. Praktische Situationen sind in der Regel zu spezifisch, um professional geclustert werden zu können. Der Vergleich wird in den nächsten Tabellen gezeigt.

Periode	Auslastung	Preise	Revenue
1	100	290 €	29.000 €
2	200	149 €	29.800 €
3	160	123 €	19.680 €
4	180	329 €	59.220 €
5	190	291 €	55.290 €
6	200	350 €	70.000 €
7	120	260 €	31.200 €
8	130	123 €	15.990 €
9	150	329 €	49.350 €
10	140	500 €	70.000 €
Gesamt	1.570	-	429.530 €

In diesem Beispiel vertraut der Revenue Manager der Wahrscheinlichkeitsrechnung und setzt den höchsten Preis an. Es wird mit einer Gesamtauslastung von 1.570 gerechnet, die verteilt ist auf die einzelnen Perioden. Der Gesamtrevenue beträgt 429.530 Euro.

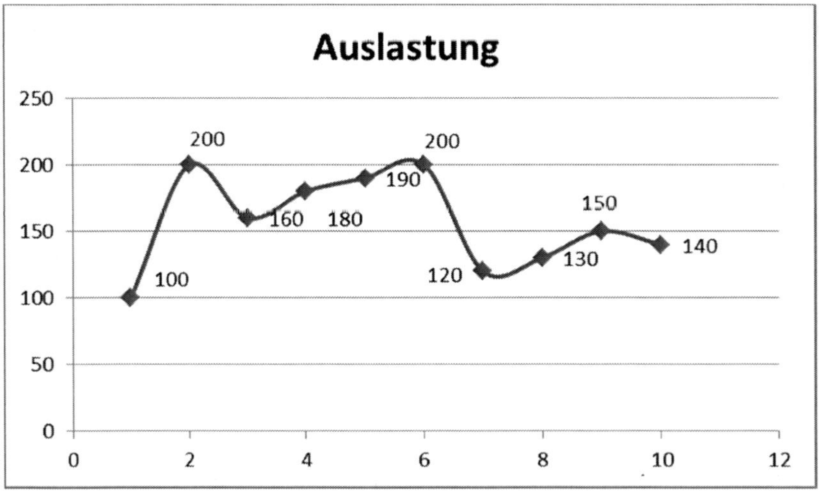

In dieser Abbildung ist zu erkennen, dass ein Höchstwert von 200 ausgelasteten Kapazitätseinheiten erreicht worden ist. Nun kann der maximale Preis für diese Art von Leistung verlangt werden.

Periode	Höchster Preis	Auslastung	Revenue	in Prozent
1	500 €	100	50.000 €	6,37
2	500 €	200	100.000 €	12,74
3	500 €	160	80.000 €	10,19
4	500 €	180	90.000 €	11,46
5	500 €	190	95.000 €	12,10
6	500 €	200	100.000 €	12,74
7	500 €	120	60.000 €	7,64
8	500 €	130	65.000 €	8,28
9	500 €	150	75.000 €	9,55
10	500 €	140	70.000 €	8,92
Gesamt	-	1570	785.000 €	100,00

Vergleich	Ergebnis
Absolute Differenz	355.470 €
Rendite	60,30%

Es lässt sich erkennen, dass ein Revenue-Mehrwert von 355.470 Euro erreicht wird. Somit ist dieses Verfahren in der Revenue-Managementsprache als ein Maximierungsschritt zu verstehen. Die Kernaussage ist, dass mit einer Wahrscheinlichkeit von 61,70 Prozent eine zusätzliche Rendite von 60,30 Prozent erzielt wird. Nicht nur im Revenue-Managementbereich ist dieses mathematisch-statistische Modell von Nutzen. Ein weiteres Beispiel im Investmentbereich wird gezeigt.
Die Fonds- und Investmentgesellschaft Füssler/von Plewhe und Partner investiert einen Kapitalbetrag in Aktien einer Ölförderungsgesellschaft.

Periode	Aktienkurs	Rendite
1	120 €	-
2	145 €	18,92%
3	156 €	7,31%
4	122 €	-24,58%
5	131 €	7,12%
6	125 €	-4,69%
7	143 €	13,45%
8	123 €	-15,07%
9	125 €	1,61%
10	121 €	-3,25%

Der Tabelle ist der Aktienkurs mit der jeweiligen periodischen Rendite zu entnehmen.

Rendite	Ergebnis
Höchste	18,92%
Niedrigste	-24,58%
Mittelwert	0,09%

Die ersten Analysen zeigen, dass die höchste Rendite mit 18,92 Prozent in der zweiten Periode erreicht wurde. Somit kann dieser Wert als Zielrendite für die Gesamtperioden verstanden werden, damit das Kapital bestmöglich investiert ist. Die Finanzanalysten verwenden die Charttechnik, um den Aktienkursverlauf einschätzen zu können.

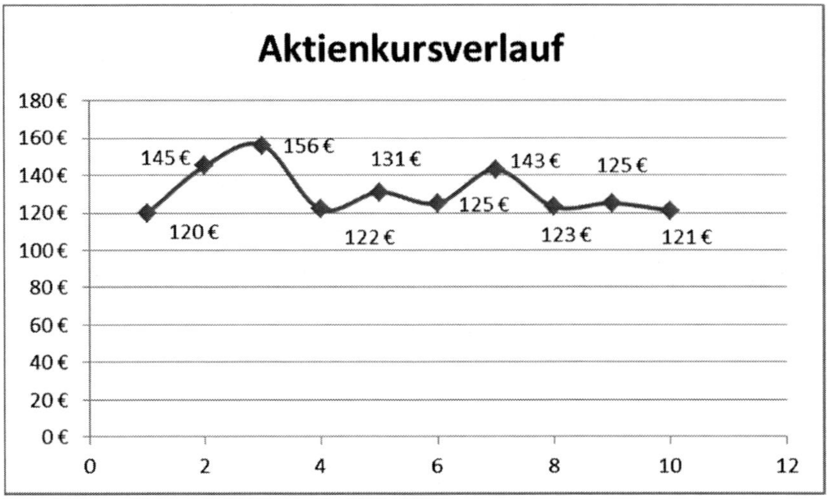

Nach den Berechnungen mit (H + P) Probability ist das Ergebnis wie folgt.

Zielrendite	18,92%
Wahrscheinlichkeit	**42,35%**

Die Wahrscheinlichkeit, dass die Zielrendite erreicht wird, liegt bei 42,35 Prozent und befindet sich somit im mittleren Bereich. Die Gegenwert-Tabelle zeigt das Worst-Case-Szenario.

Gegenwahrscheinlichkeit	57,65%
Wert	-24,58%

Die Fondsmanager dürfen das Risiko bei dieser Anlage nicht unterschätzen. Die niedrigste Rendite von -24,58 Prozent kann zu einem Totalverlust führen. Das Verfahren (H + P) Probability hat nun seine Effizienz und Effektivität in zwei Bereichen (Touristik, Investment) unter Beweis gestellt. Dennoch ist es ratsam, mehrere analytische Verfahren anzuwenden, um ein Gesamtbild zu erhalten. (H + P) Probability hat den Charakter einer extremen Sensibilität.

d. Anwendungsempfehlungen

Dieses Modell ist geeignet für Analysten, Revenue, Fondsmanager und Statistiker in Wirtschaftsunternehmen wie:

- Banken
- Versicherungen
- Anlageberatungsunternehmen
- Marktforschungsinstitute
- Dienstleistungsunternehmen (Touristik, Fluggesellschaften)

6.3 (H + P) Revenue Distribution

(H + P) Revenue Distribution ist ein spezielles mathematisches Modell, das gezielt für das Revenue oder Yield-Management entwickelt wurde. Die Methodik besteht darin, aus der vorher bestimmten Datenhistorie eine prozentuale Verteilung zu errechnen, um Optimierungspotenzial und Ertragseffizienz feststellen zu können. Im Revenue Management bei touristischen Unternehmen geht es um eine kontrollierte Marktpreiserhöhung für eine Leistungskomponente eines klassischen Reiseprodukts wie eine Pauschal-Reise. Ziel ist eine nachhaltige langfristige Steigerung des operativen Revenues durchzusetzen. In mehreren Untersuchungen werden die Daten in verschiedene relative mathematische Teil-Prozesse analytisch vorgenommen und ausgewertet bis sich ein charakteristisches Datenmuster erkennen lässt. Diese Auswirkungen werden je nach der Stärke berücksichtigt. Der gesamte Beobachtungszeitraum wird in diesem Beispiel halbiert, damit das Potenzial gegengemessen werden kann. Das Ergebnis sind zwei relative Verteilungswerte und aus diesen lässt sich ersehen, in welchem Beobachtungszeitraum eine Optimierung (relative Preiserhöhung) vorgenommen werden kann. Dieses quantitative Verfahren ist nicht als ein Punktanalyse zu verstehen, sondern das Verteilungsergebnis gibt Informationen über die zukünftige Trend-Entwicklung. Bei diesem Verfahren handelt es sich um einen Richtwert und es dient als Unterstützungsfunktion in der Planung des Revenues von touristischen Unternehmen.

a. Problemstellung/Szenario

Eine internationale Hotelfondsgesellschaft besitzt in einer Städtedestination, in der viele Events, Messen und Veranstaltungen stattfinden, mehrere Hotels. Die Fondsmanager fordern mehr operativen Revenue von den jeweiligen Hotelbesitzern und beauftragen Dr. Felix von Plehwe, einen Ökonomen mit Spezialgebiet Revenue Management in der Touristikwirtschaft, die Effizienz und das Potenzial der Erlösstrukturen der jeweiligen Hotelgesellschaft zu verbessern. Die ersten Daten zur absoluten, relativen Auslastung und zum Revenue werden präsentiert.

Periode	Hotelgäste	in Prozent	Zimmerpreis	Revenue	in Prozent
1	1.219	0,45	99 €	120.681 €	0,45
2	11.111	4,12	99 €	1.099.989 €	4,12
3	12.900	4,78	99 €	1.277.100 €	4,78
4	16.900	6,27	99 €	1.673.100 €	6,27
5	13.400	4,97	99 €	1.326.600 €	4,97
6	17.400	6,45	99 €	1.722.600 €	6,45
7	17.800	6,60	99 €	1.762.200 €	6,60
8	14.600	5,41	99 €	1.445.400 €	5,41
9	5.320	1,97	99 €	526.680 €	1,97
10	16.200	6,01	99 €	1.603.800 €	6,01
11	18.700	6,93	99 €	1.851.300 €	6,93
12	17.900	6,64	99 €	1.772.100 €	6,64
13	17.800	6,60	99 €	1.762.200 €	6,60
14	12.700	4,71	99 €	1.257.300 €	4,71
15	13.500	5,01	99 €	1.336.500 €	5,01
16	21.000	7,79	99 €	2.079.000 €	7,79
17	1.140	0,42	99 €	112.860 €	0,42
18	19.900	7,38	99 €	1.970.100 €	7,38
19	10.000	3,71	99 €	990.000 €	3,71
20	10.200	3,78	99 €	1.009.800 €	3,78
Gesamt	269.690			26.699.310 €	

Die Tabelle zeigt in der zweiten Spalte die Anzahl der Gäste, die ein Hotelzimmer pro Periode gebucht haben. In Periode 16 wird die höchste relative Auslastung von 7,79 Prozent verzeichnet. Die Gesamtkapazität der Hotelfondsgesellschaft beträgt 300.000 einzelne Zimmer. Die relative Gesamtauslastung beträgt 90,60 Prozent. Zum Vergleich sind somit 28.200 Leerzimmer in der Gesamtperiode zu beobachten. Dieser Wert entspricht nach den gestellten Preisen einer Revenue-Einbuße von 2.791.800 Euro. In allen Hotels wird ein Zimmerpreis von 99 Euro pro Person angeboten. Eine Festpreis-Strategie wird eingehalten, ohne Berücksichtigung der Kundenkategorie. Im modernen hotelspezifischen Revenue Management gibt es den Begriff Revpar. Die Abkürzung stehen für *Revenue-per-available-Room*. Das ist nicht gleichzusetzen mit dem errechneten Zimmerpreis pro Person. Der maximale erzielte Umsatz pro verkauften oder abgesetzten Hotelzimmer wird Revpar genannt. Die Kennzahl gibt Aufschluss über die Profitabilität der einzelnen Hotelbetriebe. Ein Chartverlauf soll die absolute Auslastungsentwicklung darstellen.

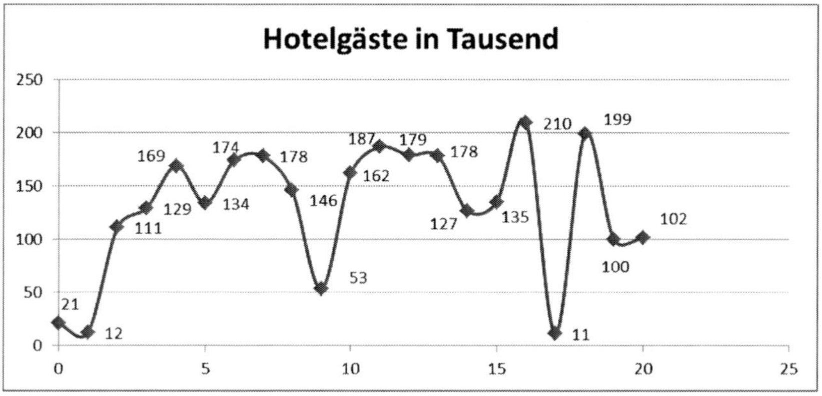

In der Periode 17 ist ein starker Abwärtstrend zu erkennen. Hingegen liegt die Peak-Season bei 210 Gästen. Dies entspricht dem höchsten relativen Anteil von 7,29 Prozent der Gesamtbeobachtung. Der Nachfrageverlauf ist beeinflusst von der Anzahl der Messen in der Destination. Der Revenue-Spezialist von Plehwe entwickelt einen Preiserhöhungsstufenplan, mit dem die Preise für den Verkauf von Hotelzimmern gesteigert werden sollen. Es wurde bereits erwähnt, dass eine Preiserhöhung nur für die starke Nachfrage-Saison vorgenommen wird.

Stufe	Erhöhung in Prozent
1	20,00
2	20,50
3	21,00
4	21,50
5	22,00
6	22,50
7	23,00
8	23,50
9	24,00
10	24,50

Der Grundpreiserhöhungssatz beträgt 20 Prozent, der auf jeden Grundpreis hinzugerechnet wird. In jeder Periode werden die Preise um 0,5 Prozent gesteigert, bis zu einem Erhöhungssatz von 24,50 Prozent. Eine empirische Verteilung wird im Folgenden vorgenommen, um herauszufinden, welche Periode nach dem Modell (H + P) Distribution zukünftig das stärkste Potenzial bietet.

b. Erstellung eines Lösungskonzeptes

Bevor die Formel vorgestellt wird, wird erneut zur Vereinfachung eine Abkürzungsliste aufgestellt.

Abkürzung	Bedeutung
Yi	Unabhängige Variable
Xi	Abhängige Variable
Tan	Tangens
π	Pi
σ	Standardabweichung
σ^2	Varianz
Y1	Unabhängige Variable der ersten Periode
Y2	Unabhängige Variable der zweiten Periode
N	Gesamtzeitraum
Ni	Einzelne Periode

In unserem Beispiel wird nur eine überschaubare Datenlage erläutert. Das Lösungskonzept besteht aus mehreren Lösungsschritten. Für jeden einzelnen Lösungsprozess werden Buchstaben verwendet.

$$\frac{Yi}{\sum Yi} + \left[\left(\frac{Y1}{Y2}\right) - 1\right] = A$$

$$\frac{\left((\pi * \sigma) * (\pi * n)\right)}{\sqrt[\frac{1}{n}]{(\sigma * \sigma^2)}} = B$$

$$Tan\left(\frac{B}{A}\right) + 1 = C$$

$$\left[\left[\frac{Yi}{\sum Yi} + \left(\left(\frac{Y1}{Y2}\right) - 1\right)\right] * \left[1 - \left[\frac{Yi}{\sum Yi} + \left(\left(\frac{Y1}{Y2}\right) - 1\right)\right]\right]\right]^2 = D$$

$$\sum \left(\frac{1 - ln(D + 1)}{C}\right)^2 = E$$

$$\sum_{N}^{\left(\frac{N}{2}\right)} \left(\frac{1 - ln(D + 1)}{C}\right)^2 = F$$

Bei Schritt F werden die Anzahl der Gesamtperioden halbiert und aufsummiert mit den Ergebnissen des Schrittes E. Die beiden Teilsummen werden addiert und die Hälften werden prozentual ins Verhältnis gesetzt. Die größere relative Verteilung ist die stärkere und deutet auf eine positive Entwicklung der festgelegten Variablen hin.

N	Schritt A		
1	0,00448508	-0,41952381	-0,41503873
2	0,040880827	8,11484824	8,15572906
3	0,047463115	0,16101161	0,20847473
4	0,06218036	0,31007752	0,37225788
5	0,049302771	-0,20710059	-0,15779782
6	0,064020015	0,29850746	0,36252748
7	0,06549174	0,02298851	0,08848025
8	0,053717944	-0,17977528	-0,12605734
9	0,019573936	-0,63561644	-0,6160425
10	0,059604842	2,04511278	2,10471762
11	0,06880312	0,15432099	0,22312411
12	0,065859671	-0,04278075	0,02307892
13	0,06549174	-0,00558659	0,05990515
14	0,046727253	-0,28651685	-0,2397896
15	0,049670702	0,06299213	0,11266283
16	0,077265536	0,55555556	0,63282109
17	0,004194415	-0,94571429	-0,94151987
18	0,073218294	16,4561404	16,5293586
19	0,036793112	-0,49748744	-0,46069432
20	0,037528975	0,02	0,05752897

Die nächsten Schritte werden in weiteren Tabellen dargestellt.

N/Schritt	B	C	D	E
1	53,619049	1,04401448	1,34491645	0,02002826
2	107,2381	1,00965183	3406,91148	49,9235289
3	160,85715	1,01247019	1,02722929	0,08393605
4	214,4762	1,01269158	1,05460725	0,07640096
5	268,09524	1,02000978	1,03337855	0,08100079
6	321,71429	1,01849143	1,05340781	0,07584878
7	375,33334	1,02108927	1,00650466	0,08840821
8	428,95239	1,02938876	1,02014917	0,08314818
9	482,57144	1,09095853	1,99112153	0,00768668
10	536,19049	1,03311027	6,40617675	0,94127069
11	589,80954	1,03155108	1,03004667	0,08009573
12	643,42859	1,03596122	1,00050834	0,08758981
13	697,04763	1,03918001	1,00317155	0,08629425
14	750,66668	1,05917654	1,08838054	0,06194277
15	804,28573	1,05964731	1,00999398	0,08115443
16	857,90478	1,04087535	1,0539905	0,07247478
17	911,52383	2,02877841	4,34150919	0,11086439
18	965,14288	1,04853771	65890,9299	92,7066524
19	1018,7619	1,10223011	1,45283961	0,0086906
20	1072,381	1,10552448	1,00293974	0,07630551
Gesamt	-	-	-	144,753322

Das Intervall ist definiert zwischen den Perioden 10 und 20.

Intervall	Teilsumme
0 und 10	51,38125747
10 und 20	93,37206472
Gesamt	144,7533222

Mit einem einfachen Dreisatz werden die Verteilungen und damit das Endergebnis errechnet.

Verteilung	Ergebnis
Teilperiode	**35,50%**
Teilperiode	**64,50%**

c. Interpretation der Ergebnisse

Nach dem (H + P)-Distribution-Modell beträgt das Ergebnis der Teilperioden 35,59 Prozent und 64,50 Prozent. Somit liegt laut den Regeln in der Periode 2 das größte Optimierungspotenzial.

Verteilung	Anteile
1. Teilperiode	126.850
2. Teilperiode	142.840

Aus Sicht des Revenue Managements müssen die Optimierungsmaßnahmen (hier Preiserhöhung) in der zweiten Periode durchgeführt werden, damit das Erlösmaximum annähernd erreicht werden kann. Die zweite Hälfte der Untersuchung ist das Intervall zwischen der Periode elf bis zwanzig. Zuvor wurde eine Preiserhöhungsstaffel von Dr. von Plehwe entworfen. Diese Preiserhöhung wird auf den Grundpreis von 99 Euro addiert.

Periode	Preiserhöhung	Differenz zum Grundpreis
11	118,80 €	19,80 €
12	119,30 €	20,30 €
13	119,79 €	20,79 €
14	120,29 €	21,29 €
15	120,78 €	21,78 €
16	121,28 €	22,28 €
17	121,77 €	22,77 €
18	122,27 €	23,27 €
19	122,76 €	23,76 €
20	123,26 €	24,26 €

Die Tabelle zeigt die erhöhten Preise. In der zweiten Spalte werden die Preisdifferenzen zum Grundpreis berechnet. Dabei handelt es sich um eine Preiserhöhungsspanne von minimal 19,80 Euro bis maximal 24,26 Euro, die jeweils auf den Grundpreis von 99 Euro aufgeschlagen sind.

In der Revenue-Management-Praxis werden Preise auf ganze Zahlen aufgerundet.

Periode	Aufgerundet	Differenz	in Prozent
11	119,00 €	0,20 €	0,17
12	120,00 €	0,70 €	0,59
13	120,00 €	0,21 €	0,18
14	121,00 €	0,71 €	0,59
15	121,00 €	0,22 €	0,18
16	122,00 €	0,72 €	0,59
17	122,00 €	0,23 €	0,19
18	123,00 €	0,73 €	0,60
19	123,00 €	0,24 €	0,20
20	124,00 €	0,74 €	0,60

Die Tabelle zeigt die aufgerundeten Verkaufspreise mit einer Zusatzberechnung der absoluten und relativen Differenz. Beobachtet der Revenue Manager die einzelnen Werte, fällt auf, dass pro verkauftem Zimmer ein Mehrumsatz von durchschnittlich 0,47 Euro erzielt worden ist.

Mittelwert	Ergebnis
Absolut	0,47 €
Relativ	0,39%

Ein durchschnittlicher prozentualer Preisanstieg von 0,39 Prozent hat im Massenverkauf positive Auswirkungen. Die nächste Tabelle zeigt die erhöhten Preise mit dem jeweiligen erzielten Revenue.

Periode	Preis	Revenue
1	0 €	0 €
2	0 €	0 €
3	0 €	0 €
4	0 €	0 €
5	0 €	0 €
6	0 €	0 €
7	0 €	0 €
8	0 €	0 €
9	0 €	0 €
10	0 €	0 €
11	119 €	2.225.300 €
12	119 €	2.147.911 €
13	120 €	2.136.000 €
14	120 €	1.536.637 €
15	121 €	1.633.500 €
16	121 €	2.561.895 €
17	122 €	139.080 €
18	122 €	2.447.601 €
19	123 €	1.230.000 €
20	123 €	1.264.749 €
Gesamt	-	17.322.672 €

Insgesamt ist ein Gesamtrevenue von 17.322.672 Euro erzielt worden. In der nächsten Tabelle wird der Revenue der ersten Teilperiode errechnet.

Periode	Preis	Revenue
1	99 €	120.681 €
2	99 €	1.099.989 €
3	99 €	1.277.100 €
4	99 €	1.673.100 €
5	99 €	1.326.600 €
6	99 €	1.722.600 €
7	99 €	1.762.200 €
8	99 €	1.445.400 €
9	99 €	526.680 €
10	99 €	1.603.800 €
11	0 €	0 €
12	0 €	0 €
13	0 €	0 €
14	0 €	0 €
15	0 €	0 €
16	0 €	0 €
17	0 €	0 €
18	0 €	0 €
19	0 €	0 €
20	0 €	0 €
Gesamt	-	12.558.150 €

Das Ergebnis beträgt 12.558.150 Euro. Werden die Ergebnisse nun zusammengefasst, erhält man den optimierten Revenue.

Periode	Preis	Revenue	Gesamtrenditeanteil in Prozent
1	99 €	120.681 €	0,40
2	99 €	1.099.989 €	3,68
3	99 €	1.277.100 €	4,27
4	99 €	1.673.100 €	5,60
5	99 €	1.326.600 €	4,44
6	99 €	1.722.600 €	5,76
7	99 €	1.762.200 €	5,90
8	99 €	1.445.400 €	4,84
9	99 €	526.680 €	1,76
10	99 €	1.603.800 €	5,37
11	119 €	2.225.300 €	7,45
12	119 €	2.147.911 €	7,19
13	120 €	2.136.000 €	7,15
14	120 €	1.536.637 €	5,14
15	121 €	1.633.500 €	5,47
16	121 €	2.561.895 €	8,57
17	122 €	139.080 €	0,47
18	122 €	2.447.601 €	8,19
19	123 €	1.230.000 €	4,12
20	123 €	1.264.749 €	4,23
Gesamt	-	29.880.822 €	100

Die Summe beträgt 29.880.822 Euro. Ein Blick auf die prozentualen Verteilungen des erzielten Revenue zeigt, dass der höchste Wert in der Periode 16 den größten Revenue-Anteil annimmt. Die erste Periode hat den geringsten erzielten Anteil.

Revenue after Expand	17.322.671,50 €
Revenue Origin	12.558.150,00 €
Summe	29.880.821,50 €
Rendite	11,92%

Zum Verständnis dieser Tabelle müssen einige Definitionen erläutert werden. Der Begriff Revenue after Expand steht für den erzielten Teilumsatz nach den allgemeinen Erhöhungen. Revenue Origin steht für den ursprünglich ermittelten Umsatz, ohne eine zuvor vorgenommene Optimierungsmaßname. Der gesamte Revenue beträgt 29.880.821,50 Euro. Durch die folgende Berechnung erhält man die gewünschte Rendite.

$$Ln\left(\frac{29.880.821,50}{26.699.310,00}\right) * 100 = 11,92\%$$

Das Endergebnis hat gezeigt, dass durch die Berechnung des Marktpotenzials mithilfe des quantitativen (H + P)-Distribution-Verfahren eine zusätzliche Revenue-Rendite von aufgerundet sieben Prozent möglich ist.

d. Anwendungsempfehlungen

Dieses empirische Trendverfahren ist für das professionelle Touristik- und Luftverkehrsmanagement entwickelt worden. Somit ist es geeignet für:

- Reiseveranstalter
- Tour Operator
- Fluggesellschaften
- Hotels

6.4 (H + P) Turning Point

In der Literatur gibt es verschiedene Ansätze der Trendermittlung und Prognoserechnung. Diese Verfahren sind zum größten Teil beeinflusst von den klassischen Regressionsverfahrensmethoden. Es gibt verschiedene weitere Methoden zur Messung des Vertrauensbereichs der empirischen Daten. Um Trends zu ermitteln, werden häufig Teilverfahren aus anderen Fachrichtungen wie der Elektrik, Physik, Chemie verwendet. Anfänger haben in den meisten Fällen keinen Überblick, da sie die Fachsprache nicht eindeutig verstehen, die die anderen Disziplinen voraussetzen.
Das Verfahren (H + P) Turning Point hat das Ziel, durch empirische Forschung von Datenverläufen den Wendepunkt zu finden und darauf in der Zukunft einen Erwartungswert zu ermitteln. Der Wendepunkt ist definiert als der Anfang eines Pivot-Bereichs, bei dem die Datenwerte in eine entgegengesetzte Richtung verlaufen. Ein deutliches Zeichen dafür, dass sich die Variablen ändern. Der Vorteil bei diesem Ver-

fahren ist, dass ein Zukunftswert erzeugt wird, aus dem sich die absolute und relative Abweichung ermitteln lassen. Es ist dringend zu beachten, dass es sich bei den Resultaten um Durchschnittswerte handelt.
Langfristig können aus den Ergebnissen Maßnahmen entwickelt werden. In den folgenden Ausführungen wird jeweils ein Beispiel aus dem Fachbereich Investment und des touristischen Revenue Managements gezeigt.

a. Problemstellung/Szenario

Das Unternehmen (H + P) Tourism Investment AG plant, ein Aktienkontingent einer angeschlagenen Low-Cost Airline zu kaufen. Der Kursverlauf der Aktie über die letzten zehn Jahre ist ermittelt worden:

Periode	Kurs
1	120 €
2	200 €
3	123 €
4	210 €
5	143 €
6	221 €
7	267 €
8	265 €
9	235 €
10	320 €

Der Renditeverlauf wird mit der Formel $\ln\left(\frac{Endkurs}{Anfangskurs}\right)$ ermittelt.

Periode	Rendite
1	-
2	51,08%
3	-48,61%
4	53,49%
5	-38,43%
6	43,53%
7	18,91%
8	-0,75%
9	-12,01%
10	30,87%

Die Tabelle zeigt, dass in den Perioden drei, acht, neun deutliche Einbrüche aufgetreten sind, die nicht zu unterschätzen sind.

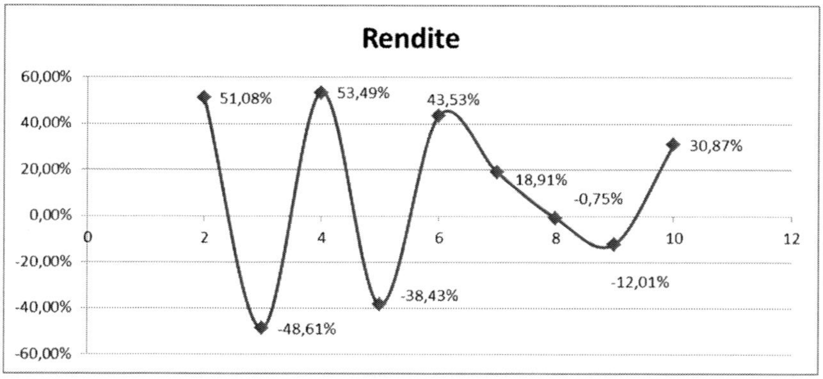

Mittelwert	10,90%
Höchste Rendite	53,49%
Kleinste Rendite	-48,61%

Das Endergebnis der Rendite-Ermittlung hat ergeben, dass sich die Renditen trotz der heftigsten Einbrüche ausgleichen und ein positiver Mittelwert von aufgerundet 11 Prozent besteht. Die Finanzanalysten der Investmentgesellschaft wollen nun herausfinden, bei welchem Marktkurs ein Wendepunkt und welcher Prognosewert zu erwarten sind.

b. Erstellung eines Lösungskonzeptes

Die Eigenschaften des Datenuntersuchungsverfahrens bestehen aus einer abhängigen (Rendite) und unabhängigen Variable (Periodische Zeiteinteilung). Somit ist der Einflussbereich zwischen den einzelnen Spalten gering. Die Abkürzungen der Formel sind wie folgt:

Abkürzungen	Bedeutung
Ln	Natürlicher Logarithmus
Yi	Unabhängige Variable einer Periode
Xi	Abhängige Variable einer Periode
Log	Logarithmus
Standnorm.	Standardnormalverfahren

Der Wendepunkt ist definiert wie folgt:

$$\frac{\left(Ln\left(\frac{1}{Yi+1}\right)\right)^2}{\sqrt{\frac{\left(Yi*\left(1-\left(\frac{\pi}{\overline{X}}\right)\right)\right)}{ln\left(\frac{1}{Xi+1}\right)}}}=A$$

$$Standardnorm(A)+1=B$$

$$A-B=C$$

$$\frac{\sum(Yi*(1-C))}{N}=D$$

Der Erwartungswert berechnet sich ebenfalls in mehreren Schritten.

$$ln(A + B + 1) = E$$

$$\frac{\Sigma\left(\frac{Yi}{(1-E)}\right)}{N} = F$$

Die Ergebnisse A, B und C sind in der ersten Lösungstabelle dargestellt.

1	23	145	0,3980	0,7415	-0,3435
2	28	417	0,2596	0,3554	-0,0958
3	23	362	0,2535	0,3364	-0,0829
4	29	798	0,1894	0,1200	0,0694
5	25	665	0,1927	0,1321	0,0607
6	29	1217	0,1549	-0,0158	0,1707
7	31	1699	0,1357	-0,1000	0,2357
8	31	1912	0,1277	-0,1373	0,2650
9	30	1895	0,1255	-0,1479	0,2734
10	33	2854	0,1080	-0,2370	0,3451

Die Endresultattabelle sieht so aus:

1	161,2
2	219,2
3	133,2
4	195,4
5	134,3
6	183,3
7	204,1
8	194,8
9	170,8
10	209,6
Summe	1.805,8

Der Wendepunkt hat einen Wert von 180,58 Euro. Durch die Berechnung des Erwartungswerts entstehen folgende Tabellen.

1	0,76	501,18
2	0,48	384,15
3	0,46	229,34
4	0,27	287,50
5	0,28	198,95
6	0,13	254,07
7	0,04	276,69
8	-0,01	262,47
9	-0,02	229,81
10	-0,14	281,17
Summe		2.905,32

Der Erwartungswert beträgt somit 290,53 Euro.

c. Interpretation der Ergebnisse

Der Beweis einer praktischen Verwendung des Modells ist erbracht worden. Eine genauere Analyse der Ergebnisse ist von Nutzen.

Erwartungswert	290,53 €
Wendepunkt	180,58 €

Die Analysten haben nun einen Richtwert. Der Pivot-Punkt, bei dem eine langfristige Trendveränderung zu erkennen ist, liegt bei einem Kurs von 180,58 Euro. Der Trenderwartungswert liegt bei 290,53 Euro. Dies entspricht einem relativen Anstieg von aufgerundet 60 Prozent. Dennoch ist es wichtig zu erkennen, wie die einzelnen absoluten und prozentualen Abweichungen im Kursverlauf ausfallen werden.

Periode	Abweichung	in Prozent
1	171 €	142,11
2	91 €	45,27
3	168 €	136,21
4	81 €	38,35
5	148 €	103,17
6	70 €	31,46
7	24 €	8,81
8	26 €	9,63
9	56 €	23,63
10	-29 €	-9,21

Eindeutig ist zu erkennen, dass der zukünftige Kurs auf nicht mehr als 168 Euro steigen wird. Weitere Analysen werden in einer Tabelle dargestellt.

Wert	Abweichung	in Prozent
Mittelwert	80,13 €	52,94
Größte	170,53 €	142,11
Kleinste	-29,47 €	-9,21

Das Ergebnis dieses statistisch-mathematischen Verfahrens zeigt erstens, dass die durchschnittliche positive Kursabweichung in der Prognose bei 80,13 Euro liegt, was einen Anteil von 52,94 Prozent ausmacht. Ein weiteres Beispiel wird gezeigt, um die Vielfältigkeit dieses mathematischen Modells zu zeigen.

Die Marktforschung eines Reiseveranstalters hat für eine Zieldestination eine Nachfrageanalyse aufgestellt. Die Unternehmensleitung muss wissen, ab welcher theoretischen Anzahl an Touristen die Attraktivität der Destination als Reiseziel verliert.

Periode	Nachfrager	Veränderung
1	121	-
2	442	264,36%
3	170	-61,45%
4	246	44,29%
5	233	-5,19%
6	313	34,59%
7	429	36,76%
8	572	33,44%
9	510	-10,79%
10	201	-60,62%
Gesamt	3.237	

Nach den Berechnungen des (H + P) Turning Point sind die Endergebnisse:

Wendepunkt	248

Die Aussage kann nun wie folgt aufgefasst werden. Der Wendepunkt der Nachfragestruktur liegt bei einer Anzahl von 248. Mit dieser errechneten Anzahl kann der Reiseveranstalter annehmen, dass die Destination überlastet ist.

Periode	Abweichung	in Prozent
1	127	51,15
2	-193	-77,99
3	78	31,38
4	2	0,98
5	15	6,12
6	-65	-26,35
7	-181	-72,80
8	-324	-130,59
9	-262	-105,71
10	47	18,99

Bei der Abweichungsanalyse der aktuellen Daten ist eine Überlastung in den Perioden 2, 6, 7, 8 und 9 zu erkennen. Mit diesem Verfahren können Analyseergebnisse sicher ermittelt werden. Es kann bei verschiedenen Problemstellungen angewendet werden.

d. Anwendungsempfehlungen

Das Verfahren ist ein zusätzliches statistisches Mittel für:

- Analysten
- Produktmanager
- Revenue Manager
- Investoren
- Börse
- Finanzberatungsunternehmen
- Banken
- Versicherungen

6.5 (H + P) Variationsinstrument

Dieses Teilkapitel beschreibt ein Datenanalyse-Verfahren, das die kurzfristige und langfristige relative Bewegung und Veränderung in einem beobachteten Zeitraum empirisch bewertet. Ein Revenue Manager braucht Gewissheit bei der Untersuchung des Marktpotenzials, im welchen Schwankungsbereich Preisbereitschaft oder Nachfrager-Entwicklung liegen, um langfristig Erkenntnisse zu gewinnen, die die Zukunftsmaßnahmen des Unternehmens bestimmen. Ebenso muss ein Fondsmanager wissen, wie die Anlagewerte sich in einem Anlagezeitraum verändern, da dies die Grundlage zur Bewertung der Risikoanalyse ausmacht. Eine analytische kurzfristige oder langfristige Datenbewegung ist wichtig für eine Teiluntersuchung in einem empirische Clustermanagement, wobei diese je nach Stärke der Datenveränderung einzeln gemessen werden und am Ende für eine Gesamtuntersuchung verglichen werden können. Des Weiteren ist das Verfahren für ein Kreditrating bei internationalen Kreditinstituten geeignet. Bei einer Untersuchung der Performance der operativen Unternehmensebene kann dieses Modell bei Anwendung von mehrjährigen finanziellen Werten die positive oder negative Veränderung des Informationsinhalts messen. In diesem Fall ist die Methode als ein zusätzliches Bewertungsmittel gedacht.
Um die Effizienz und Effektivität dieses Modell zu beweisen, wird ein Vergleich zum klassischen statistischen Variationskoeffizienten gezogen. Das Hauptuntersuchungsmodell besteht erneut aus einer un- und einer abhängigen Variable. Bei diesem Verfahren werden die aufgestellten Daten aus mathematisch-statistischer Sicht in einem relativen Gesamtverhältnis verglichen und durch mehrere Stufenoperationen untersucht, bis eine optimale Struktur erkannt wird. Dieses Verfahren reagiert sensibel auf Datenausreißer, die entweder positive oder negative Auswirkungen auf das Endergebnis haben. Zum besseren Verständnis der einzelnen Daten werden eine absolute und eine relative Abweichung im gesamten Beobachtungszeitraum vorgenommen, damit ein Vergleich mit den klassischen statistischen Verfahren möglich ist. Final lässt sich dieses Modell als ein innovatives Marktbewegungsinstrument zur effektiven und effizienten Beurteilung des Marktpotenzials einordnen.

a. Problemstellung/Szenario

Die Von Plehwe Investment Gesellschaft erstellt einen neuen Aktien-Fonds für eine zehn Jahre alte, international tätige Fluggesellschaft, die auf Business-Reisen und Incentives spezialisiert ist. Die folgende Tabelle zeigt die ersten Analysen des Aktienfonds. Die Werte sind in Tausend berechnet.

Periode	Kurs	Differenz	Rendite
1	1.850 €	-	-
2	1.500 €	-350 €	-20,97%
3	1.300 €	-200 €	-14,31%
4	1.250 €	-50 €	-3,92%
5	1.100 €	-150 €	-12,78%
6	900 €	-200 €	-20,07%
7	800 €	-100 €	-11,78%
8	1.900 €	1.100 €	86,50%
9	2.199 €	299 €	14,61%
10	3.200 €	1.001 €	37,51%

Es ist deutlich zu sehen, dass der größte Kurswert in Periode zehn mit einem Anstieg von aufgerundet 38 Prozent gegenüber der Vorperiode erreicht wurde. Die größte Rendite ist in der achten Periode zu verzeichnen.

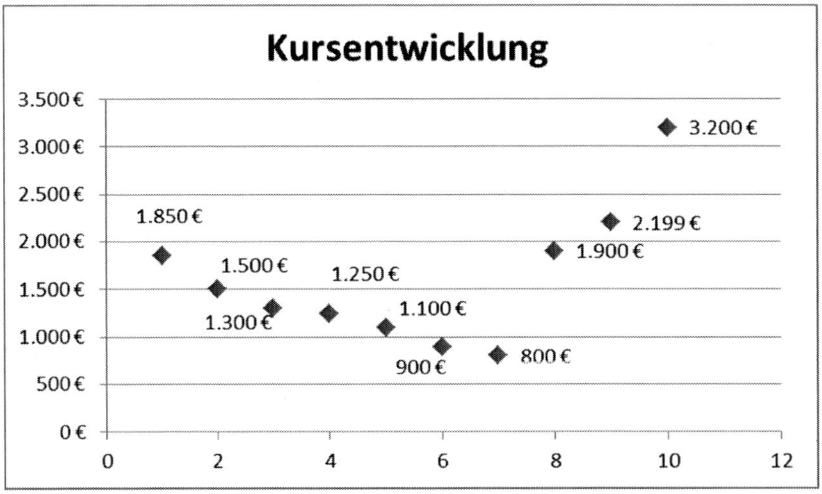

Anhand des graphischen Kursverlaufs lässt sich erkennen, dass ein absoluter Einbruch in den Perioden sechs bis acht zu verzeichnen ist. In den darauffolgenden Perioden steigen die Werte bis zum Höchstpunkt von 3.200 Euro. Die Fondsmanager der Investmentgesellschaft wollen nun herausfinden, welchen Geschwindigkeiten und Schwankungen die empirischen Daten in dem beobachteten Zeitraum unterliegen. In der klassischen Literatur behilft man sich mit dem Variationskoeffizienten.
Die Formel dafür lautet:

$$\left(\frac{Standardabweichung}{Mittelwert}\right) * 100 = Variationskoeffizient$$

Wendet man die Formel auf die oben genannten Daten an, dann beträgt das Ergebnis:

Variationskoeffizient	Ergebnis
Mittelwert	1.600 €
Standardabweichung	684 €
Ergebnis	**42,73%**

Der Variationskoeffizient sagt aus, dass die gesamten Daten einer Schwankung von aufgerundet 43 Prozent unterliegen. Somit verändern sich die einzelnen Daten in einem Schwankungsmaß von 0-43 Prozent. Für eine weitere Analyse werden die relativen und absoluten Abweichungen der einzelnen Datenwerte zu den größten und kleinsten Daten gemessen.

Datenwert	Ergebnis
Größte	3.200 €
Kleinste	800 €

Im Folgenden werden die jeweiligen relativen und absoluten Abweichungen analysiert.

Periode	Absolut	Relativ
1	1.350 €	57,81%
2	1.700 €	46,88%
3	1.900 €	40,63%
4	1.950 €	39,06%
5	2.100 €	34,38%
6	2.300 €	28,13%
7	2.400 €	25,00%
8	1.300 €	59,38%
9	1.001 €	68,72%
10	3.200 €	100,00%

Das Ergebnis ist wie folgt zu interpretieren. Der erfasste Kurs von 1.850 Euro macht einen relativen Anteil von 57,81 Prozent aus. Weitere Grundanalysen werden gezeigt, um die Gesamtanalyse besser zu verstehen.

Absolut	Relativ
1.920 €	50%

Die Durchschnittsabweichung liegt bei 50 Prozent bei der Analyse des größten Kurswertes. Die Gegenanalyse wird im Folgenden dargestellt.

Periode	Absolut	Relativ
1	1.050 €	231,25%
2	700 €	187,50%
3	500 €	162,50%
4	450 €	156,25%
5	300 €	137,50%
6	100 €	112,50%
7	0 €	100,00%
8	1.100 €	237,50%
9	1.399 €	274,88%
10	2.400 €	400,00%

Eindeutig ist zu erkennen, dass alle empirischen Werte im Vergleich zum kleinsten Wert mehr als 100 Prozent betragen.

Absolut	Relativ
800 €	200%

Die letzte Aussage bestärkt die Ergebnisse, die einen absoluten und relativen Mittelwert von jeweils 800 Euro und 200 Prozent erreichen. Die einfache Abweichungsanalyse hat gezeigt, dass die Daten gegenüber dem kleinsten und größten Zahlenmaß sich jeweils in der gesamten empirischen Beobachtung positiv entwickeln. Die Fondsmanager der Von Plehwe Investment Gesellschaft fordern ein vereinheitlichtes Ergebnis der Analyse, um die relative Datenwertschwankung optimal einschätzen zu können. Ziel ist es herauszufinden, ob eine gesunde Zahlenbewegung weitere Investitionen in den Luftfahrtunternehmensfonds rechtfertigt.

b. Erstellung eines Lösungskonzeptes

Die Fondsmanager entscheiden sich für das (H + P) Variationsinstrument für die Analyse. Die Abkürzung der Formel-Komponenten wird zum Verständnis gegeben.

Abkürzung	Bedeutung
Yi	Unabhängige Variable
LN	Natürlicher Logarithmus
N	Gesamtzeitraum
Cos	Cosinus
π	Pi
Y1..Y2	Unabhängige Variable (Preis der jeweiligen Periode)

$$Ln\left(\frac{Yi}{\sum Yi}\right)^2 = A$$

$$Cos\left(\frac{\sum Yi}{Yi}\right)^2 = B$$

$$\frac{\sum\left(\frac{A-(B*2)}{\pi*2}-1\right)^2}{N} = C$$

	A	B	C
1	4,65411838	0,50872787	0,17741547
2	5,60297831	0,10474302	0,02005029
3	6,30091304	0,93418383	0,08675292
4	6,49935199	0,94676298	0,07126765
5	7,16748573	0,1569774	0,0082398
6	8,28223206	0,22809008	0,06029718
7	8,97403738	0,1674634	0,14059287
8	4,5397646	0,28806814	0,13628572
9	3,93833356	0,29886605	0,21932996
10	2,59008921	0,08029431	0,37617733
Gesamt	-	-	1,2964092

$$\left(\frac{1{,}2964092}{10}\right) * 100 = 12{,}96\%$$

Das Endergebnis lautet 12,96%.

c. Interpretation der Ergebnisse

Durch die Anwendung des (H + P) Variationsinstrument wird ein prozentuales Ergebnis von 12,96 Prozent erzielt. Eine Bewertungstabelle, die für dieses Verfahren gezielt entwickelt wurde, bestätigt, dass geringe Schwankungen (Stufe 2) des Kursverlaufs dieses Fonds auftreten.

Stufe	Schwankungsintervall	Bedeutung
1	0%-10%	Nicht bedeutend
2	10%-40%	Geringe Schwankung
3	40%-70%	Mittlere Schwankung
4	70%-100%	Starke Schwankung
5	>100%	Fehlende Dimension

Ein Beweis zur Effizienz wird dargestellt.

Anfangswert	1.850 €
Endwert	3.200 €
Differenz	1.350 €
Erhöhung	72,97%

Eine Analyse des Anfangs- und Endwerts zeigt, dass eine absolute Differenz von 1.350 Euro vorliegt, was einen relativen Anteil (nicht die Rendite) von aufgerundet 73 Prozent ausmacht. Der Variationskoeffizient errechnete einen Wert von aufgerundet 43 Prozent. Somit erzielt dieses klassische Verfahren bei einer empirischen Analyse keinen brauchbaren Wert, da es auf die charakteristischen Besonderheiten der unabhängigen und abhängigen Variablen keine Rücksicht nimmt. Aus Sicht des Fondsmanagers ist somit Vorsicht geboten, da sich durch die starken Schwankungen der Daten die Marktbewertung ständig verändert.

Zur Überprüfbarkeit der Anwendung des vorgestellten Modells wird nun ein Worst-Case-Szenario aufgestellt. Im nächsten Kursverlauf sind in den Perioden eins bis sechs jeweils deutliche Einbrüche zu erkennen. Im Folgenden soll gezeigt werden, dass das Verfahren besonders sensibel auf Datenausreißer eingeht.

Periode	Kurs	Veränderung in Prozent
1	1 €	-
2	1.500 €	**149.900**
3	1.300 €	-13
4	1.250 €	-4
5	1.100 €	-12
6	1 €	-100
7	800 €	**79.900**
8	1.900 €	138
9	2.199 €	16
10	3.200 €	46

Die Kurseinbrüche sind in der zweiten Periode am größten.

	A	B	C
1	90,0948045	0,9445032	169,999582
2	4,74633244	0,68974287	0,21543495
3	5,39033155	0,51709587	0,09406416
4	5,57398796	0,14791704	0,02558583
5	6,19394048	0,75310411	0,06447752
6	90,0948045	0,9445032	169,999582
7	7,88046489	0,4298437	0,01378075
8	3,77221517	0,5938136	0,34650888
9	3,22586856	0,93526234	0,61511131
10	2,01901993	0,29252249	0,59563788
Gesamt	-	-	341,969765

Nachdem eine Berechnung mit dem (H + P) Variationsinstrument vorgenommen worden ist, beträgt das Ergebnis aufgerundet 3.419 Prozent. Das Ergebnis ist nach Einordnung der Bewertungstabelle keiner Dimension zuzuordnen. Daraus kann der Statistiker oder Analyst die Erkenntnis gewinnen, dass eine nicht zu definierende Veränderung im Kursverlauf vorkommt. Diese Stufe ist somit ein Signal, dass es mit hoher Sicherheit zu einer möglichen falschen Bewertung kommen kann und dass daher eine erneute Überprüfung des Kursverlaufs vorgenommen werden muss. Der Kurs-Durchschnittswert beträgt 1.325 Euro pro Periode. Mit der Berechnung der Standardabweichung kann der Analyst den Variationskoeffizienten herausfinden.

Variationskoeffizient	Ergebnis
Mittelwert	1.325 €
Standardabweichung	921 €
Ergebnis	**69,49%**

Das Endresultat dieses Worst-Case-Szenarios zeigt, dass die Schwankung des klassischen Variationskoeffizienten keine Besonderheiten vorweist, was zu einer falschen Bewertung des Kursverlaufs führen kann.

Zur Illustration der vielfältigen Anwendungsmöglichkeiten der Methode wird im Folgenden ein Beispiel aus dem touristischen Bereich vorgestellt: Ein international tätiger Reiseveranstalter, der eine vertikale Produktstruktur hat. Das Reiseunternehmen besitzt ein Ferienfluggesellschaft und mehrere Hotels in verschiedenen Zielgebieten. Die Revenue-Management-Abteilung hat das Ziel herauszufinden, wie das Buchungsvolumen einer spezifischen Nachfragegruppe sich in den letzten Jahren entwickelt hat und wie Trendveränderung und Schwankungen einzuschätzen sind. Die Untersuchung richtet sich an eine Kundengruppe, die in eine Destination reist.

Periode	Nachfrager	in Prozent
1	100	-
2	250	40,00
3	130	192,31
4	240	54,17
5	100	240,00
6	210	47,62
7	150	140,00
8	200	75,00
9	180	111,11
10	250	72,00
Summe	1.810	-

Insgesamt sind 1.810 Nachfrager in den letzten zehn Perioden mit einem Durchschnitt von 181 pro Einzelperiode zu verzeichnen. Die niedrigste Anzahl beträgt 100 Reisende in der Periode. Die maximale Grenze liegt bei 250 Touristen.

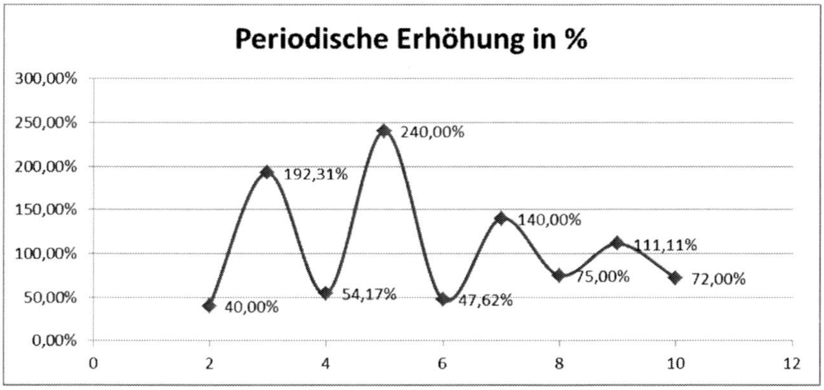

Die Bewertung der relativen periodischen Nachfrage zeigt einen deutlichen Trend, der ein Maximum von 240 Prozent an Nachfrageerhöhung ausmacht.

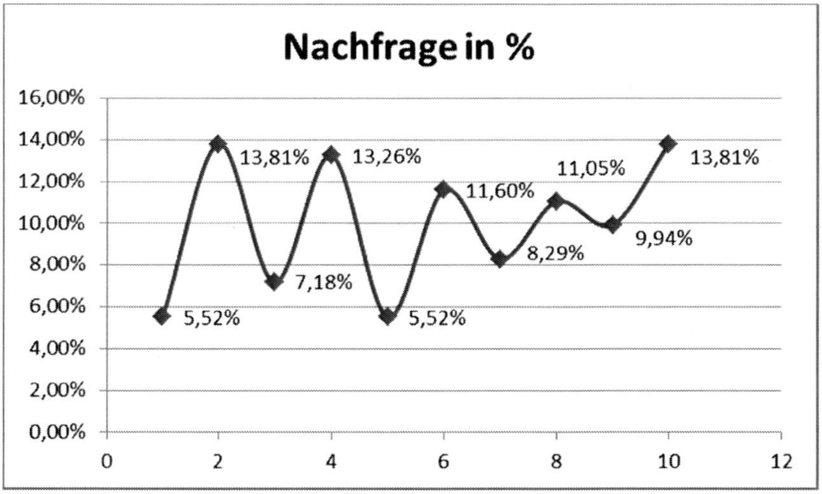

Werden die einzelnen Daten in die Gesamtsumme gesetzt, erkennt man die Peak-Time mit 13,26 Prozent und die Lowest-Time von 5,52 Prozent. Die Revenue Manager des Reiseveranstalters verwenden das (H + P) Variationsinstrument und bekommen ein Ergebnis von 12,92 Prozent, das für eine niedrige Datenschwankungen spricht. Der Wert wird genauer verglichen.

Anfangswert	100
Endwert	250
Differenz	150
Erhöhung	150,00%

Die absolute und relative Differenz des Anfangs- und Endwerts betragen 150. Somit kann auf den ersten Blick erkannt werden, dass in dem gesamten Beobachtungszeitraum mit einer starken Veränderung in allen zukünftigen Perioden zu rechnen ist.

Variationskoeffizient	Ergebnis
Mittelwert	181
Standardabweichung	56
Ergebnis	**30,71%**

Hingegen gibt eine Berechnung des Variationskoeffizienten wiederum keine Signale für eine besonders sensible Datenveränderung. In der statistischen Literatur gibt es kaum Methodenmodifikationen, sondern nur Standardfälle, die mit den klassischen Verfahren erläutert werden, ohne darauf einzugehen, dass mehrere Modifikationen vorgenommen werden müssen, um ein optimiertes Ergebnis zu erhalten. Die klassische statistische Struktur geht immer vom Mittelwert aus und darauf aufbauend werden die Operationen durchgeführt, bis verschiedene Signalwirkungen entstehen. Die Besonderheit liegt in der Sensibilität gegenüber Datenausreißern, worauf diese in den kommenden Perioden kompensiert werden, wobei aber auch das Ergebnis situationsspezifisch angepasst wird.

d. Anwendungsempfehlungen

Das Verfahren ist ein zusätzliches statistisches Mittel für:

- Analysten
- Produktmanager
- Revenue Manager
- Marketing (in besonderen Fällen)
- Investoren
- Börse
- Finanzberatungsunternehmen
- Banken
- Versicherungen

6.6 (H + P) Diversifikationseffekt

Der (H + P) Diversifikationseffekt ist ein statistisch-mathematisches Verfahren, das geeignet ist für die Messung einer endlichen Verteilung von metrischen Ausprägungen. Bei dem Modell wird erneut eine empirische Untersuchung vorgenommen, um die Eigenschaften und Charakteristika der aufgestellten Daten effizienter und effektiver zu erforschen.
Ein Beispiel aus dem Anlagemanagement in der Finanzindustrie wird dargestellt. In diesem genannten Bereich muss eine operative, strategische und langfristige Risikosteuerung von mehreren verschiedenen Investitionen gemessen werden. Gezeigt wird dies in diesem Beispiel an einem Investmentportfolio.
Jeder Investor hat das Bedürfnis, eine Sicherheit gegen das Verlustmaximum zu haben. Das ist der erste Grundgedanke bei der Gestaltung eines Portfolios. Die Regel ist einfach: Je breiter die Investition in verschiedene effiziente und stabile Anlagen gestreut ist, desto geringer ist das allgemeine Risiko eines Totalverlustes. Aber nicht nur im Investmentbereich ist dieses Modell von Nutzen. Im Produktmanagement eines Unternehmens muss geklärt werden, inwieweit eine optimale und marktgerechte Produktverteilung vorgenommen werden muss. Bei einem einheitlichen Verkaufsprodukt in einem dynamischen, sich ständig veränderten Markt kann es vorkommen, dass die Unternehmensertragslage zu abhängig von diesem Produkt ist, was wiederum ein hohes Risiko einer Insolvenz birgt. Das Ziel ist, ein relatives Maß zu erhalten, das angibt, wie die Investitionen im Investitionsportfolio verteilt sind. Liegt eine zu einseitige Verteilung vor, so können Optimierungsmaßnahmen eingeleitet werden. Dieses Verfahren ist als eine Art Absicherung zu verstehen.

a. Problemstellung/Szenario

Das Geldanlageunternehmen (H + P) Tourism Investment AG hat mehrere Fonds aufgestellt, die einen Gesamtinvestmentbetrag von 19.860.800 Euro in Stadthotels in den Metropolen New York, Rio de Janeiro, Frankfurt/Main, San Francisco, London, Hongkong, Singapur, Sydney, Tokio und Dubai investieren. Die Investitionen werden vorgenommen, um langfristig eine Optimierung des operativen Geschäfts der einzelnen Hotelbetriebe zu bewirken.

Anlage	Investment
New York	1.188.000 €
Rio de Janeiro	1.950.200 €
Frankfurt/Main	1.261.000 €
San Francisco	**3.763.200 €**
London	3.040.000 €
Hongkong	1.410.000 €
Singapur	2.799.300 €
Sydney	1.748.000 €
Tokio	1.101.100 €
Dubai	1.600.000 €
Gesamt	19.860.800 €

Der größte Investitionsanteil liegt in der Metropole San Francisco. Die relative Verteilung zeigt das investierte Kapital der Hotelfonds.

Anlage	Verteilung
New York	5,98%
Rio de Janeiro	9,82%
Frankfurt/Main	6,35%
San Francisco	18,95%
London	15,31%
Hongkong	7,10%
Singapur	14,09%
Sydney	8,80%
Tokio	5,54%
Dubai	8,06%
Gesamt	100,00%

Eine relative Verteilung gibt keine Information über die allgemeine Risikoverteilung. In der betriebswirtschaftlichen und finanzökonomischen Literatur werden häufig folgende Methoden zur allgemeinen Diversifikationen erklärt. Ein Beispiel für den späteren Vergleich wird gezeigt.

$$1 - \sum \left(\frac{Yi}{\sum Yi} \right)^2$$

Die Abkürzung Yi markiert die eingesetzte Investition. Diese wird dividiert durch die Summe der Investitionen. Durch die Quadrierung entsteht eine neue Tabelle mit dem finalen Ergebnis.

Investition	Ergebnis
New York	0,36%
Rio de Janeiro	0,96%
Frankfurt/Main	0,40%
San Francisco	3,59%
London	2,34%
Hongkong	0,50%
Singapur	1,99%
Sydney	0,77%
Tokio	0,31%
Dubai	0,65%
Summe	11,88%

Die relativen Werte wurden in der letzten Tabelle quadriert. Das Gesamtergebnis beträgt 11,88 Prozent. Mit der Berechnung 1-0,1188 bekommt man ein Ergebnis von 88,12 Prozent. Dieses Verfahren ist als eine effiziente und einfache Punktanalyse zu verstehen. Somit ist die Historienfähigkeit bei diesem Modell relevant. Das Ergebnis zeigt, dass dieses Anlage-Portfolio bis zu 88,12 Prozent effektiv verteilt ist und das Risikomaß bis aufgerundet 12 Prozent einzuschätzen ist bzw. das Anlage-Portfolio optimiert werden kann. Die Berechnung dieser Art von Verteilungsmaße ist bei einer sicheren Geldanlage akzeptabel. Dennoch muss im statistischen Sinne beachtet werden, dass zwischen den einzelnen Daten kein Zusammenhang besteht, der durch empirische, mathematische Methoden zuvor untersucht wurde. Die Daten wurden einzeln quadriert, somit ist das Risiko bis zu Differenz und Quadrieren limitiert. Auf bestimmte Verhaltensweisen oder Eigenschaften der Daten wird bei diesem Verfahren nur begrenzt Rücksicht genommen.

b. Erstellung eines Lösungskonzeptes

Gesucht ist ein Risikoverteilungsmaß zur Einschätzung der Investitionslage, um später einen Vergleich mit anderen Anlagen zu haben. Die Abkürzungen zu den einzelnen Formel-Komponenten werden in einer Tabelle dargestellt.

Abkürzung	Bedeutung
Yi...(Y1,Y2..Yn)	Unabhängige Variable
$\sum Yi$	Summe der unabhängigen Variablen
Ln	Natürlicher Logarithmus
Exp	Exponent
Standnorm.	Standardnormalverteilung

Die Formel zur Lösungserstellung ist im Folgenden definiert.

$$\frac{1}{Standardnorm\left(\left(\frac{Yi}{\sum Yi}\right)^2\right)^2} = a$$

$$\sum\left[1-\left(Exp(a) - Ln\left(\frac{Y1}{Y2}\right)\right)\right]^2 = B$$

$$\frac{1}{\frac{1}{\sqrt[n]{B}}} = C$$

Die Ergebnistabelle der ersten Formel ist nun gegeben.

1	0,0598	0,0036	0,1382
2	0,0982	0,0096	0,1826
3	0,0635	0,0040	0,1425
4	0,1895	0,0359	0,3085
5	0,1531	0,0234	0,2531
6	0,0710	0,0050	0,1510
7	0,1409	0,0199	0,2364
8	0,0880	0,0077	0,1707
9	0,0554	0,0031	0,1332
10	0,0806	0,0065	0,1620
Gesamt		0,1188	1,8784

Mit den Ergebnissen der zweiten Formel kann folgende Tabelle erstellt werden.

1	-
2	0,48
3	0,08
4	2,12
5	0,01
6	0,37
7	0,91
8	0,08
9	0,10
10	0,30
Gesamt	4,45

Das Ergebnis der letzten Formel beträgt:

$$\frac{1}{\left(\sqrt[\frac{1}{10}]{4{,}45}\right)} * 100 = 0{,}8614$$

c. Interpretation der Ergebnisse

Das mathematisch-statistische Verfahren hat gezeigt, dass in dem obengenannten Beispiel das Investitionsportfolio der (H + P) Tourism Investment AG optimal mit 86,14 Prozent verteilt ist. Das entspricht einem Optimierungspotenzial von 13,86 Prozent. Dies entspricht ebenso dem gemessenen Risiko. Die Tabelle zeigt, wie der Wert einzuschätzen ist und welches Risiko besteht.

Bereich	Einschätzung	Empfehlung
10% - 20%	Hoch riskant	Anlage auf Ramschniveau
20% - 50%	Riskant	Portfolio neu aufstellen
50% - 70%	Mittelmäßig	Risiko besser streuen
70% - 85%	Gut	Risiko beobachten
86%-100%	Sehr gut	Risiko optimal verteilt

Nach der Tabelle ist dieses Anlageportfolio im besten Bereich und somit optimal verteilt. Das Risiko ist einschätzbar. Wichtig ist, dass diese Bewertungstabelle nur ein Richtwert ist, um das Endergebnis effizient zu clustern.

Die Frage bleibt offen, welches Ergebnis sich mit dem (H + P) Diversifikationseffekt ergibt, wenn eine Ungleichmäßigkeit der einzelnen Investitionen vorkommt. Ein weiteres Beispiel wird dargestellt.

Investitionen	Kapital
Paris	1.188.000 €
Madrid	1.950.200 €
Lissabon	1.261.000 €
Bern	3.763.200 €
Rom	3.040.000 €
Wien	1.410.000 €
Zagreb	2.799.300 €
Bukarest	1.748.000 €
Athen	1.101.100 €
Istanbul	15.000.000 €
Gesamt	33.260.800 €

Die Summe der Investitionen liegt bei 33.260.800 Euro. In der Stadt Istanbul hat die Fondsgesellschaft die größte Investition getätigt. Die prozentuale Verteilung unterstreicht dies.

Investition	Verteilung
Paris	4%
Madrid	6%
Lissabon	4%
Bern	11%
Rom	9%
Wien	4%
Zagreb	8%
Bukarest	5%
Athen	3%
Istanbul	**45%**
Gesamt	100%

Fast die Hälfte des Investmentportfolios ist in der letzten Anlage investiert. Aus Sicht des Fondsmanagers liegt eine Überinvestition gegenüber den anderen Investitionen vor. Nach der Berechnung des klassischen Verfahrens, das in der Einführung dieses Kapitels dargestellt wurde, entsteht erneut eine Tabelle.

Anlage	Investitionsanteil
Paris	0,13%
Madrid	0,34%
Lissabon	0,14%
Bern	1,28%
Rom	0,84%
Wien	0,18%
Zagreb	0,71%
Bukarest	0,28%
Athen	0,11%
Istanbul	**20,34%**
Gesamt	24,34%

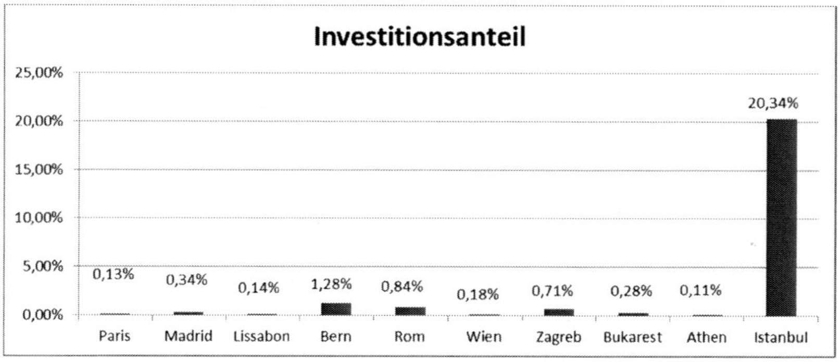

$(1 - 0{,}2434) * 100 =$ *75,66%*.

Ergebnis des (H + P) Diversifikationseffekt-Verfahren	69,45%
Optimierung	30,55%

Das Resultat des (H + P) Diversifikationseffekt beträgt 69,45 Prozent. Nach der Bewertungstabelle befindet sich das Anlegeportfolio im mittelmäßigen Bereich und es wird empfohlen, das Risiko besser zu streuen, da in diesem Fall das Risiko mit einem Wert von 30,55 Prozent nicht zu unterschätzen ist. Da das klassische Verfahrensmodell keine strenge Gewichtung vornimmt, ist dieses Modell für die empirische Untersuchung eines dynamischen Marktes nicht zu empfehlen. Der Informationsgehalt des (H + P) Diversifikationseffekt-Modells ist breiter und gibt mehr Sicherheit über die einzelnen Investitionen.

d. Anwendungsempfehlungen

Das Verfahren ist erstellt worden für kurzfristige und auch langfristige, strategische, operative Analysen, die Einschätzung der allgemeinen Risikostreuung für Investmentgesellschaften, Banken und Versicherungen. Das Modell ist als zusätzliches Instrument für Fondsmanager und Anlageberater, die als Absicherung ein unabhängiges Verfahren verwenden möchten, geeignet. Das (H + P) Diversifikationseffekt-Modell ist für jeden praktischen Produktmanager im Dienstleistungs- und Sachgutbereich geeignet. Hier dient das Verfahren der empirischen Messung der angebotenen Produktvielfalt im Unternehmen.

7. Schlusswort

Die verschiedenen mathematisch-statistischen Verfahren haben gezeigt, dass durch die stärkeren Untersuchungen der Datenanalyse großes Potenzial erkannt werden kann. Das Hauptaugenmerk des Revenue Intelligence liegt auf historischen Datenverläufen, denn durch die gründliche Analyse der Charaktereigenschaften der vergangenen Daten ist die Analyse-Qualität deutlich besser. Jedes der vorgestellten Modelle ist gegen Ausreißer gewappnet, was bei den klassischen Methoden häufig vernachlässigt wird. Ein weiterer Schwerpunkt bei diesen komplexen Untersuchungen ist die Dynamik. Märkte verändern sich tagtäglich, daher müssen statistische Modelle konstant modifiziert werden, um den Überblick zu behalten. In dieser Materie handelt es sich um Zeitraumbeobachtungen. In der betriebs- und volkswirtschaftlichen Literatur werden die Grundlagen der Wirtschaft erläutert. Die meisten Methoden, die Philosophie und Denkweisen sind jedoch von Ökonomen aus dem 18. und 19. Jahrhundert. Ein monopolistischer Markt wird vorgestellt. Die moderne Entwicklung wird nur unzureichend wahrgenommen. Neue Denkansätze sind nicht weiter gefragt.

Allgemein ist es nicht möglich, Krisen oder finanziell angespannte Zeiten auf den internationalen, dynamischen und komplexen Verkäufer- oder Käufermärkten vorauszusehen, aber durch das Lernen von historischen Daten können Verhaltensmuster erkannt werden. Durch vorsorgliche Maßnahmen können Fehlentwicklungen besser vorausgesehen werden, denn verschiedene mathematische Parameter haben eine Signalfunktion. Dies ist der beste Schutz, um ein Unternehmen über einen langen Zeitraum liquide zu halten. Der Vorteil der vorgestellten, neuen quantitativen Verfahren ist, dass sie in allen Wirtschaftsunternehmen verwendet werden können.

8. Übungsaufgaben

8.1 (H + P) Booking Limits

1)
Einem Reiseveranstalter liegen historische Buchungsdaten vor. Das Management braucht folgende Informationen, um die Urlaubskontingente für die Saison optimal auszulasten.

a) Wie hoch ist das allgemeine Buchungslimit für die umsatzniedrigen Buchungsanfragen?
b) Wie hoch ist das Schutzlimit in Prozent gesehen?
c) Warum hat das Schutzlimit einen geringen Wert?

Monate	Netto-Buchungsanfragen
1	220
2	218
3	220
4	222
5	242
6	262
7	267
8	272
9	277
10	282
11	287
12	292
13	297
14	287
15	297
16	301
17	305
18	309
19	313
20	308

Die Kapazität beträgt 300 Teileinheiten.

2)
Ein Fünf-Sterne-Hotel hat in einer Ferienregion folgende Auslastungsdaten vorliegen.

Monate	Netto-Buchungsanfragen
1	80
2	78
3	80
4	82
5	102
6	104
7	109
8	114
9	119
10	124
11	129
12	134
13	139
14	129
15	139
16	143
17	147
18	151
19	155
20	150

Die Kapazität beträgt 100 Teilkapazitäten, die optimal auszulasten sind.

a) Wie hoch ist das Buchungslimit in Prozent gesehen?
b) Wie viel Prozent beträgt das Schutzlimit?
c) Wie hoch ist der durchschnittliche prozentuale Anteil der Überlegung?

3)
Ein Busunternehmen möchte die Strecke Frankfurt–Worms optimal auslasten.

a) Wie hoch ist das Buchungslimit in Prozent gesehen?
b) Wie viel Prozent beträgt das Schutzlimit?
c) Wie hoch ist der durchschnittliche prozentuale Anteil der Überbelegung?
d) Welchen prozentualen Anteil hat die Überbelegung an den Gesamtbuchungsanfragen?
e) Welche Vorschläge sind aufgrund der Erkenntnisse zu machen?

Monate	Netto-Buchungsanfragen
1	250
2	260
3	250
4	340
5	360
6	362
7	367
8	372
9	377
10	382
11	387
12	392
13	397
14	387
15	397
16	401
17	405
18	409
19	413
20	408

8.2 Optimal Overbooking Limit

1)

Eine Fluggesellschaft hat auf der Strecke Frankfurt/Main–Bangkok mit erheblichen No-Show und Go-Show zu kämpfen. In der Vergangenheit wurden unkontrolliert mehr Buchungsanfragen angenommen als die Kapazität verkraften konnte. Ein Gesamtschaden von bis zu 100.000 Euro wurde verursacht. Eine Optimierung muss vorgenommen werden.

Die Kapazität des eingesetzten Luftfahrzeugs beträgt 120. Die Tabelle zeigt die historische Anzahl der Passagiere, deren prozentuale Veränderung und die daraus resultierende Überkapazität.

N	Passagieranzahl
0	120
1	121
2	125
3	123
4	125
5	130
6	131
7	134
8	127
9	128
10	121

N	Veränderung	Überkapazität
0	0,00%	0
1	0,83%	1
2	4,17%	5
3	2,50%	3
4	4,17%	5
5	8,33%	10
6	9,17%	11
7	11,67%	14
8	5,83%	7
9	6,67%	8
10	0,83%	1

a) Erstellen Sie eine Tabelle mit den theoretischen optimalen Überbuchungszahlen.
b) Wie hoch ist die Gesamtsumme der theoretischen Überbuchungen in Prozent?

2)
Ein Busunternehmer hat auf der Strecke Frankfurt/Main–Worms folgende Überkapazitäten gestellt, die optimiert werden müssen. Die Kapazität beträgt 100 Teilkapazitäten.

N	Passagieranzahl
0	110
1	115
2	120
3	101
4	105
5	114
6	116
7	118
8	104
9	105
10	107

Veränderung	Überkapazität
0,00%	10
15,00%	15
20,00%	20
1,00%	1
5,00%	5
14,00%	14
16,00%	16
18,00%	18
4,00%	4
5,00%	5
7,00%	7

a) Erstellen Sie eine Tabelle mit den theoretischen optimalen Überbuchungszahlen.
b) Wie hoch ist die Gesamtsumme der theoretischen Überbuchungen in Prozent?

3)

Ein Theater hat folgende Daten vorliegen. Die Kapazität beträgt 500 Teilkapazitäten.

N	Gästeanzahl
0	501
1	502
2	503
3	502
4	515
5	501
6	506
7	507
8	503
9	509
10	509

N	Veränderung	Überkapazität
0	0,00%	1
1	0,40%	2
2	0,60%	3
3	0,40%	2
4	3,00%	15
5	0,20%	1
6	1,20%	6
7	1,40%	7
8	0,60%	3
9	1,80%	9
10	1,80%	9

a) Wie hoch ist das durchschnittliche theoretische Optimum in Zahl und Prozent?

8.3 (H + P) Auslastungsmanagement

1)

Ein Fünf-Sterne-Hotel in Worms möchte eine Prognose erstellen für Auslastung der Kapazitäten während der Nibelungenfestspiele.

Der hauseigene Revenue Manager erhebt die prozentuale Auslastung der letzten zehn Monate, um eine sichere Prognose schätzen zu können. Die Kapazität des Hotels beträgt 400.

Monate	Auslastung	Auslastung in Prozent
1	396	99
2	392	98
3	388	97
4	384	96
5	380	95
6	100	25
7	352	88
8	380	95
9	376	94
10	372	93

a) Errechnen Sie nach dem Verfahren (H + P) Auslastungsmanagement einen Wert für den elften Monat.

2)
Ein expandierendes Busunternehmen hat 10 Busse, die täglich im Einsatz sind. Insgesamt haben diese eine Kapazität von 500 Sitzen. Das Management möchte wissen, wie hoch die Auslastung im elften Monat sein wird.

Monate	Auslastung	Auslastung in Prozent
1	495	99
2	490	98
3	485	97
4	480	96
5	475	95
6	425	**85**
7	440	88
8	475	95
9	470	94
10	465	93

a) Wie sieht die Auslastung im elften Monat aus?
b) Welche Handlung empfehlen Sie dem Busunternehmer?

3)
Ein Kreuzfahrtunternehmen hat auf der Strecke Hamburg–Miami folgende Auslastung der letzten Monate vorliegen.

Monate	Auslastung	Auslastung in Prozent
1	190	95
2	194	97
3	160	80
4	190	95
5	180	90
6	165	83
7	174	87
8	190	95
9	180	90
10	190	95

a) Wie sieht die Auslastung im elften Monat aus?

8.4 (H + P) Trend for Consumer

1)

Der Flughafen Los Sanduros erstellt eine Liste über Touristen, die in den letzten zwanzig Jahren angekommen sind. Das Management möchte einen neuen Terminal eröffnen und braucht daher eine sichere Prognose für die nächsten zwanzig Monate. Das Revenue Management wird beauftragt, diese zu erstellen.

Monat	Ankünfte Los Sanduros
1	140
2	150
3	160
4	201
5	150
6	430
7	1.500
8	2.000
9	1.400
10	1.000
11	2.100
12	1.000
13	5.000
14	2.340
15	2.000
16	4.599
17	4.539
18	100
19	150
20	10

a) Erstellen Sie eine Prognose für zwanzig Monate.

b) Um wie viel Prozent steigen die Gesamtwerte gegenüber den alten?

2)
Eine Destinationsmanagementorganisation ist reich besucht von internationalen Gästen. Das Management möchte wissen, ob sich der Trend in den nächsten zwanzig Monaten fortsetzen wird. Das ansässige Revenue Management erstellt auf Grundlage der erhobenen Daten eine Zukunftsprognose.

Monat	Gäste
1	1.500
2	2.000
3	3.000
4	2.000
5	2.000
6	2.102
7	1.500
8	1.092
9	1.029
10	2.100
11	2.100
12	1.000
13	5.000
14	2.340
15	2.000
16	4.599
17	4.539
18	1.922
19	1.929
20	1.999

a) Erstellen Sie eine Prognose für zwanzig Monate.
b) Um wie viel Prozent steigen die Gesamtwerte gegenüber den alten?
c) Wie hoch sind die relativen und absoluten historischen Datenveränderungen in dem genannten Zeitraum?

3)

Eine internationale Hotelgesellschaft mit einer Gesamtzimmeranzahl von 14.000 braucht eine Prognose für die kommenden zwanzig Perioden. Leider hat das Personalmanagement einen Revenue Manager eingestellt, der mit wenig innovativen Methoden arbeitet. Ein Revenue-Intelligence-Fachmann möchte zeigen, wie wirksam die neuartigen Trendmethoden sind.

Monat	Gäste
1	2.000
2	2.200
3	2.420
4	2.662
5	2.928
6	3.221
7	3.543
8	3.897
9	4.287
10	4.716
11	4.952
12	1.000
13	1.050
14	1.103
15	1.158
16	1.216
17	1.337
18	267
19	294
20	324

a) Erstellen Sie eine Prognose für zwanzig Monate.
b) Um wie viel Prozent steigen die Gesamtwerte gegenüber den alten?
c) Erstellen Sie eine lineare Trendanalyse. Welches Verfahren eignet sich am besten? Beweisen Sie Ihre Einschätzung.

8.5 (H + P) Trend for Revenue

1)
Ein internationaler Reiseveranstalter mit Sitz in Worms hat in 20 Monaten einen Umsatz von 3.734.197 Euro gemacht. Die Geschäftsleitung möchte wissen, ob der Trend weiter anhält.

Monate	Umsatz (Revenue)
0	120.000 €
1	439.200 €
2	280.000 €
3	135.000 €
4	3.922 €
5	130.211 €
6	291.110 €
7	219.122 €
8	291.203 €
9	322.111 €
10	54.931 €
11	21.010 €
12	57.500 €
13	32.911 €
14	29.102 €
15	32.999 €
16	23.299 €
17	254.921 €
18	202.322 €
19	439.291 €
20	354.032 €
Summe	3.734.197 €

a) Wie ist die Prognose nach dem Modell (H + P) Trend for Revenue?
b) Wie hoch ist die Rendite?

2)

Die (H + P) BestInvestment AG erstellt einen Fonds, in den mehrere Investitionen in Öl-Gesellschaften vorgenommen worden sind. Das Gesamtkapital beträgt 10 Millionen Euro.

Monate	Einnahmen
0	150.000 €
1	350.000 €
2	240.000 €
3	256.000 €
4	239.453 €
5	930.029 €
6	121.000 €
7	540.200 €
8	430.201 €
9	322.111 €
10	320.010 €
11	302.910 €
12	219.921 €
13	392.918 €
14	21.291 €
15	201.922 €
16	392.181 €
17	954.921 €
18	1.029.101 €
19	2.192.032 €
20	100.021 €
Summe	9.706.222 €

a) Wie ist die Prognose nach dem Modell (H + P) Trend for Revenue in den nächsten 20 Monaten?
b) Wie hoch ist die Rendite in Bezug auf das Anfangskapital?
c) Wie hoch sind die durchschnittlichen Einnahmen laut der Prognose?
d) Welche Periode erwirtschaftet die größte Rendite?

3)

Eine Fluggesellschaft erwirtschaftet positive Umsätze in zwanzig Perioden. Dennoch entsteht eine finanzielle Krise.

Monate	Umsatz (Revenue)
0	320.100 €
1	350.000 €
2	21.911 €
3	256.000 €
4	1.239.453 €
5	930.029 €
6	121.000 €
7	130.211 €
8	430.201 €
9	322.111 €
10	32.910 €
11	302.910 €
12	21.291 €
13	392.918 €
14	121.291 €
15	201.922 €
16	392.181 €
17	954.921 €
18	1.029.101 €
19	2.192.032 €
20	1.100 €
Summe	9.763.593 €

a) Wie ist die Prognose nach dem Modell (H + P) Trend for Revenue in den nächsten 20 Monaten?

b) Wie hoch ist Rendite?

c) Wie hoch sind die durchschnittlichen Einnahmen laut der Prognose?

d) Erstellen Sie eine Tabelle, in der die relativen Umsätze am Gesamtumsatz geordnet dargestellt sind.

8.6 (H + P) Trend for Interest

1)
Eine Großbank untersucht den Anleihen-Zinssatz auf dem internationalen Agrarmarkt.

Periode	Zinssätze
1	11,00%
2	10,00%
3	21,00%
4	13,00%
5	14,00%
6	15,00%
7	17,00%
8	12,00%
9	13,00%
10	16,00%
11	17,00%
12	4,00%
13	9,00%
14	4,00%
15	7,00%
16	8,00%
17	19,00%
18	18,00%
19	6,00%
20	14,00%
21	3,20%
Gesamt	-

a) Wie wird sich der Trend fortsetzen? Fertigen Sie eine Prognose nach dem (H + P) Trend for Interest an.
b) Wie hoch sind die durchschnittlichen Residuen?
c) Die Großbank investiert ein Kapital von 4 Millionen Euro in Öl-Anleihen. Erstellen Sie eine Revenue-Tabelle.
d) Wie hoch ist der durchschnittliche Revenue?

2)

Die (H + P) Investment AG investiert Kapital in einen internationalen Hotelfonds. Die Ertragszinsen sind in folgender Tabelle dargestellt.

Periode	Zinssätze
1	11,00%
2	10,00%
3	32,00%
4	21,00%
5	30,00%
6	5,00%
7	32,00%
8	21,00%
9	3,00%
10	28,00%
11	20,00%
12	12,00%
13	12,00%
14	16,00%
15	15,00%
16	18,00%
17	19,00%
18	32,00%
19	40,00%
20	21,00%
21	12,00%
Gesamt	-

a) Wie wird sich der Trend fortsetzen? Fertigen Sie eine Prognose nach dem (H + P) Trend for Interest an.
b) Wie hoch sind die durchschnittlichen Residuen?
c) Die Fondsgesellschaft hat ein Investitionsvolumen von 5 Millionen Euro. Erstellen Sie eine Revenue-Tabelle. Wie groß ist der relative Revenue, gemessen an der Gesamtsumme?
d) Wie hoch ist der durchschnittliche Revenue und die Rendite?

3)

Eine Unternehmensberatung mit dem Schwerpunkt Hotellerie braucht für ein Zinsabsicherungsgeschäft eine Zinsprognose. Ein Kapital von 300.000 Euro wurde in den einundzwanzig Perioden investiert.

Monate	Marktzinssatz	Revenue in Tausend
1	40,00%	120.000 €
2	3,00%	9.000 €
3	19,00%	57.000 €
4	4,00%	12.000 €
5	30,00%	90.000 €
6	1,00%	3.000 €
7	24,00%	72.000 €
8	21,00%	63.000 €
9	3,00%	9.000 €
10	28,00%	84.000 €
11	20,00%	60.000 €
12	12,00%	36.000 €
13	12,00%	36.000 €
14	21,00%	63.000 €
15	15,00%	45.000 €
16	18,00%	54.000 €
17	19,00%	57.000 €
18	4,00%	12.000 €
19	23,00%	69.000 €
20	11,00%	33.000 €
21	21,00%	63.000 €
Gesamt	-	1.047.000 €

a) Wie wird sich der Trend fortsetzen? Fertigen Sie eine Prognose nach dem (H + P) Trend for Interest an. Eine Mindestrendite von 10 Prozent ist vorgegeben. Haben die Fondsmanager das Ziel erreicht?

b) Wie hoch sind die durchschnittlichen Residuen?

c) Bitte erstellen Sie eine Revenue-Tabelle. Wie groß ist der relative Revenue gemessen an der Gesamtsumme? Eine Mindestrendite von 10 Prozent ist vorgegeben. Haben die Fondsmanager das Ziel erreicht?

8.7 (H + P) Connection Measurement

Ein Business- und Leisure-Reiseveranstalter braucht für Marktforschungszwecke ein Beziehungsmaß zwischen den Kundengruppen Touristen und Geschäftsleute.

1)

Monate	Tourist	Business
1	10	19
2	40	32
3	20	24
4	50	21
5	40	43
6	10	58
7	43	93
8	21	62
9	29	32
10	19	21
Gesamt	282	405

a) Wie hoch ist die Abweichung der beiden Kundengruppen nach dem (H + P) Connection Measurement?

b) Wie hoch ist die Korrelation zwischen diesen beiden Gruppen?

2)

In der zweiten Übung werden folgende Daten gegeben.

N	X	Y
1	10	3
2	23	34
3	20	43
4	32	21
5	40	25
6	54	102
7	43	93
8	25	44
9	29	20
10	19	43
Gesamt	295	428

a) Wie hoch ist die Abweichung der beiden Variablen nach dem (H + P) Connection Measurement?

b) Wie hoch ist die Korrelation zwischen diesen beiden Gruppen?

3)

N	X	Y
1	10	21
2	25	34
3	15	143
4	30	54
5	21	44
6	54	102
7	43	93
8	40	44
9	32	123
10	123	143
Gesamt	393	801

a) Wie hoch ist die Abweichung der beiden Variablen nach dem (H + P) Connection Measurement?
b) Wie hoch ist die Korrelation zwischen diesen beiden Gruppen?

8.8 (H + P) Probability

1)
Eine Hotelgesellschaft errechnete in den zehn letzten Perioden verschiedene Preise, die von den Kunden akzeptiert wurden. Die Preisbereitschaft ist gegeben.

Periode	Preis
1	140 €
2	135 €
3	151 €
4	120 €
5	131 €
6	125 €
7	160 €
8	114 €
9	129 €
10	150 €

Der größte erzielte Verkaufspreis beträgt 160 Euro. Die Auslastung ist in folgender Tabelle gegeben.

Periode	Auslastung
1	100
2	200
3	160
4	180
5	190
6	200
7	120
8	130
9	150
10	140
Gesamt	1.570

a) Wie groß ist die Wahrscheinlichkeit, dass der Preis aus Kundensicht akzeptiert wird?
b) Wie hoch ist der vergangene und zukünftige Revenue?
c) Wie hoch ist die Rendite?

2)
Eine Investmentgesellschaft analysiert den Aktienkurs einer Fluggesellschaft.

Periode	Aktienkurs
1	140 €
2	170 €
3	160 €
4	120 €
5	131 €
6	150 €
7	250 €
8	114 €
9	199 €
10	150 €

a) Wie hoch ist die Wahrscheinlichkeit, dass der Aktienkurs auf den Höchstkurs von 250 Euro gelangt?
b) Wie hoch ist die Gegenwahrscheinlichkeit?

3)
Eine Revenue-Management-Abteilung einer Fluggesellschaft hat das Ziel, den Umsatz zu maximieren.

Periode	Auslastung	Preise
1	100	2.000 €
2	250	2.500 €
3	160	1.900 €
4	180	2.000 €
5	300	1.800 €
6	200	1.700 €
7	120	1.500 €
8	293	1.750 €
9	150	1.400 €
10	320	1.200 €
Gesamt	2.073	-

a) Wie hoch ist die Wahrscheinlichkeit, dass die Preisbereitschaft auf den Höchstpreis gelangt?
b) Wie hoch ist die Gegenwahrscheinlichkeit?
c) Wie hoch ist der optimierte Revenue?

8.9 (H + P) Revenue Distribution

1)
Eine Hotelgesellschaft analysiert den Gäste-Verlauf, denn eine Preiserhöhung ist von Seiten der Geschäftsführung gewünscht. Der Grundpreis pro Zimmer/Person liegt bei 100 Euro.

Periode	Hotelgäste
1	5.000
2	11.111
3	32.900
4	16.900
5	2.500
6	17.400
7	17.800
8	14.600
9	15.320
10	16.200
11	43.000
12	17.900
13	17.800
14	2.400
15	13.500
16	21.000
17	2.000
18	19.900
19	10.000
20	10.200
Gesamt	307.431

Stufe	Erhöhung in Prozent
1	20,00
2	20,50
3	21,00
4	21,50
5	22,00
6	22,50
7	23,00
8	23,50
9	24,00
10	24,50

a) Wo steckt das Erhöhungspotenzial in dieser Aufstellung?
b) Wie entwickelt sich der Revenue?

2)
Eine Fluggesellschaft hat mehrere Passagiere auf der Strecke Frankfurt/Main–New York. Der Grundpreis liegt bei 100 Euro pro Ticket.

Periode	Passagiere
1	12.000
2	20.000
3	31.000
4	20.000
5	43.999
6	17.400
7	17.800
8	14.600
9	20.000
10	19.111
11	34.000
12	17.900
13	35.000
14	32.000
15	50.000
16	42.100
17	42.000
18	19.900
19	10.000
20	10.200
Gesamt	509.010

Eine Preiserhöhungs-Liste wurde erstellt.

Stufe	Erhöhung in Prozent
1	10,00
2	10,50
3	11,00
4	11,50
5	12,00
6	12,50
7	13,00
8	13,50
9	14,00
10	14,50

a) Wo steckt das Erhöhungspotenzial in dieser Aufstellung?
b) Wie entwickelt sich der Revenue?

3)
Bei einer Hotelgesellschaft werden Daten über die Anzahl der Hotelgäste gegeben. Der Grundpreis liegt bei 120 Euro pro Person/Zimmer.

Periode	Gäste
1	12.000
2	20.000
3	31.000
4	20.000
5	43.999
6	13.400
7	17.800
8	12.000
9	32.000
10	19.111
11	34.000
12	17.900
13	35.000
14	32.000
15	32.000
16	30.222
17	20.000
18	14.000
19	16.000
20	10.200
Gesamt	462.632

Die Preiserhöhungsliste wird erstellt.

Stufe	Erhöhung in Prozent
1	15,00
2	15,50
3	16,00
4	16,50
5	17,00
6	17,50
7	18,00
8	18,50
9	19,00
10	19,50

a) Wo steckt das Erhöhungspotenzial in dieser Aufstellung?
b) Wie entwickelt sich der Revenue?

8.10 (H + P) Turning Point

1)
Die Tourism Investment AG investiert in verschiedene Luftverkehrs-Fonds. Die Fondsmanager untersuchen den durchschnittlichen Aktienkurs eines Teilfonds.

Periode	Kurs	Veränderung
1	232 €	-
2	274 €	17,86%
3	208 €	-24,16%
4	177 €	-14,92%
5	293 €	65,98%
6	270 €	-8,08%
7	337 €	25,12%
8	423 €	25,48%
9	469 €	10,87%
10	201 €	-57,15%
Gesamt	-	-

a) Wie hoch ist der Erwartungswert?
b) Wie hoch ist der Wendepunkt?
c) Wie hoch ist die relative und absolute Differenz zwischen Erwartungswert und Wendepunkt?

2)
Ein Fondsmanager analysiert einen Aktienkurs.

Periode	Kurs	Veränderung
1	70 €	-
2	110 €	57,14%
3	80 €	-27,27%
4	320 €	300,00%
5	150 €	-53,13%
6	170 €	13,33%
7	115 €	-32,35%
8	150 €	30,43%
9	180 €	20,00%
10	201 €	11,67%
Gesamt	-	-

a) Wie hoch ist der Erwartungswert?
b) Wie hoch ist der Wendepunkt?
c) Wie hoch ist die relative und absolute Differenz zwischen Erwartungswert und Wendepunkt?
d) Wie hoch sind die einzelnen relativen periodischen Abweichungen in Bezug auf den Wendepunkt?

3)

Periode	Kurs	Veränderung
1	80 €	-
2	70 €	-12,50%
3	40 €	-42,86%
4	30 €	-25,00%
5	136 €	353,33%
6	145 €	6,62%
7	235 €	62,07%
8	140 €	-40,43%
9	132 €	-5,71%
10	120 €	-9,09%
Gesamt	-	-

a) Wie hoch ist der Erwartungswert?
b) Wie hoch ist der Wendepunkt?
c) Wie hoch ist die relative und absolute Differenz zwischen Erwartungswert und Wendepunkt?
d) Wie hoch sind die einzelnen relativen periodischen Abweichungen in Bezug auf den Wendepunkt?
e) In welcher Periode ist die größte relative Abweichung zu erkennen?

8.11 (H + P) Variationsinstrument

1)

Ein Reiseveranstalter hat folgenden Nachfrageverlauf zu verzeichnen.

Periode	Kundensegmentverlauf
1	2.510
2	4.561
3	2.101
4	2.600
5	2.791
6	2.540
7	3.000
8	3.100
9	1.329
10	2.560

a) Wie hoch ist der klassische statistische Variationskoeffizient?
b) Wie lautet das Ergebnis nach dem (H + P) Variationsinstrument?

2)

Ein Analyst einer Aktienfondsgesellschaft analysiert den Kurs einer Kapitalgesellschaft.

Periode	Aktienkurs Firma X
1	510 €
2	561 €
3	101 €
4	600 €
5	791 €
6	540 €
7	150 €
8	329 €
9	291 €
10	320 €

a) Wie hoch ist der klassische statistische Variationskoeffizient?
b) Wie lautet das Ergebnis nach dem (H + P) Variationsinstrument?
c) Wie ist die Schwankung zu interpretieren?

3)
Ein internationaler Reiseveranstalter untersucht die Datenschwankungen von zwei Kundensegmenten.

Periode	Touristen
1	1.510
2	1.561
3	1.101
4	2.600
5	3.791
6	1.540
7	2.150
8	1.390
9	2.199
10	1.293

Periode	Business-Kunden
1	1.495
2	1.530
3	1.068
4	2.496
5	3.601
6	1.448
7	2.000
8	1.279
9	2.001
10	1.164

a) Wie lautet das Ergebnis beider Kundensegmente nach dem (H + P) Variationsinstrument?
b) Welche Kundengruppe unterliegt den höheren Schwankungen?
c) Wie ist die Schwankung zu interpretieren?

8.12 (H + P) Diversifikationseffekt

1)
Die (H + P) Hotelinvestment AG investiert eine Summe von 17.570.800 Euro in die europäische Stadthotellerie.

Investition	Kapital	Verteilung
Paris	1.200.000 €	7%
Madrid	1.960.200 €	11%
Lissabon	1.300.000 €	7%
Bern	1.300.200 €	7%
Rom	3.000.000 €	17%
Wien	1.410.000 €	8%
Zagreb	2.799.300 €	16%
Bukarest	2.000.000 €	11%
Athen	1.101.100 €	6%
Istanbul	1.500.000 €	9%
Gesamt	17.570.800 €	100%

Das Risiko soll so gering wie möglich gehalten werden. Daher muss eine hohe prozentuale Streuung vorgenommen werden.

a) Wie breit ist das Investmentportfolio nach den Berechnungen des (H + P) Diversifikationseffekt gestreut?
b) Wie hoch ist der Optimierungsbedarf?
c) Welchen Wert errechnet der Simpson-Index?

2)
Eine Risikoabteilung einer Investment-Gesellschaft hat folgende Daten vorliegen.

Fonds	Kapital
1	150.000 €
2	146.000 €
3	130.000 €
4	130.000 €
5	340.000 €
6	140.000 €
7	279.400 €
8	203.000 €
9	23.921 €
10	34.030 €
Gesamt	1.576.351 €

a) Wie breit ist das Investmentportfolio nach den Berechnungen des (H + P) Diversifikationseffekt gestreut?
b) Wie hoch ist der Optimierungsbedarf?
c) Welchen Wert errechnet der Simpson-Index?

3)
Eine Versicherung tätigt Investitionen in mehrere internationale Fonds.

Fonds	Kapital	Verteilung
1	15.000 €	2%
2	45.600 €	7%
3	55.000 €	8%
4	30.002 €	4%
5	329.100 €	49%
6	140.000 €	21%
7	2.700 €	0%
8	10.300 €	2%
9	12.010 €	2%
10	34.030 €	5%
Gesamt	673.742 €	100%

a) Wie breit ist das Investmentportfolio nach den Berechnungen des (H + P) Diversifikationseffekt gestreut? Muss eine Verbesserung vorgenommen werden?
b) Wie hoch ist der Optimierungsbedarf?
c) Welchen Wert errechnet der Simpson-Index?

8.13 (H + P) Pricing Elasticity

1)
Die Revenue Manager eines Fünf-Sterne-Hotel wollen herausfinden, ob bei den verschiedenen erzielten Preisen eine Erhöhung vorgenommen werden kann und welche Auswirkungen auf Preisbereitschaft und Revenue zu erwarten sind.

Periode	Preise	Passagiere	Auslastung	Revenue	Revenue-Rendite
1	87 €	150	75%	13.083 €	-
2	97 €	140	70%	13.583 €	3,75%
3	98 €	110	55%	10.780 €	-23,11%
4	108 €	150	75%	16.170 €	40,55%
5	93 €	160	80%	14.896 €	-8,21%
6	92 €	120	60%	11.054 €	-29,83%
7	255 €	200	100%	50.960 €	152,82%
8	265 €	200	100%	52.920 €	3,77%
9	284 €	200	100%	56.840 €	7,15%
10	294 €	200	100%	58.800 €	3,39%
11	304 €	200	100%	60.760 €	3,28%
12	294 €	200	100%	58.800 €	-3,28%
13	284 €	200	100%	56.840 €	-3,39%
14	265 €	200	100%	52.920 €	-7,15%
15	250 €	200	100%	50.000 €	-5,68%
16	92 €	110	55%	10.133 €	-159,62%
17	93 €	160	80%	14.896 €	38,53%
18	108 €	120	60%	12.936 €	-14,11%
19	98 €	110	55%	10.780 €	-18,23%
20	87 €	100	50%	8.722 €	-21,18%
Gesamt	-	3.230	-	635.873 €	-

Kapazität	Zimmer
Tageskapazität	200
20 Tageskapazität	4.000
Tatsächliche Auslastung	3.230
in Prozent	80,75

Preisanalyse	Ergebnis
Mittelwert	177,39 €
Höchster Preis	303,80 €
Kleinster Preis	87,22 €
Standardabweichung	91,17 €

a) Wie hoch ist (H + P) Pricing Elasticity?

b) Wie sind die Auswirkungen auf den Revenue? Errechnen Sie die Rendite.

2)

Die Revenue Manager einer Ferienhotellerie-Gesellschaft wollen herausfinden, ob unter den verschiedenen erzielten Preisen eine Erhöhung für Touristen vorgenommen werden kann. Sie untersuchen auch die Auswirkungen auf die Preisbereitschaft und den Revenue.

Periode	Preise	Passagiere	Auslastung	Revenue	Revenue-Rendite
1	80 €	146	73%	11.640 €	-
2	89 €	136	68%	12.086 €	3,76%
3	85 €	107	53%	9.070 €	-28,71%
4	86 €	146	73%	12.513 €	32,19%
5	87 €	155	78%	13.502 €	7,61%
6	84 €	116	58%	9.778 €	-32,28%
7	150 €	200	100%	30.000 €	112,11%
8	150 €	200	100%	30.000 €	0,00%
9	150 €	200	100%	30.000 €	0,00%
10	150 €	200	100%	30.000 €	0,00%
11	150 €	200	100%	30.000 €	0,00%
12	150 €	200	100%	30.000 €	0,00%
13	150 €	200	100%	30.000 €	0,00%
14	150 €	200	100%	30.000 €	0,00%
15	150 €	200	100%	30.000 €	0,00%
16	100 €	107	53%	10.670 €	-103,38%
17	100 €	155	78%	15.520 €	37,47%
18	100 €	116	58%	11.640 €	-28,77%
19	100 €	107	53%	10.670 €	-8,70%
20	100 €	97	49%	9.700 €	-9,53%
Gesamt	-	3.187	-	396.789 €	-

Kapazität	Zimmer
Tageskapazität	200
20 Tageskapazität	4.000
Tatsächliche Auslastung	3.187
in Prozent	79,68

Preisanalyse	Ergebnis
Mittelwert	118,05 €
Höchster Preis	150,00 €
Kleinste Preis	80,00 €
Standardabweichung	29,45 €

a) Wie hoch ist (H + P) Pricing Elasticity?

b) Wie sind die Auswirkungen auf den Revenue? Errechnen Sie die Rendite.

3)

Ein Revenue Manager eines Stadthotels will die Kunden-Preisbereitschaft bestimmen.

Periode	Preise	Gäste	Auslastung	Revenue	Revenue-Rendite
1	75 €	137	72%	10.285 €	-
2	84 €	128	67%	10.679 €	3,76%
3	80 €	100	53%	8.014 €	-28,71%
4	81 €	137	72%	11.056 €	32,19%
5	82 €	146	77%	11.931 €	7,61%
6	79 €	109	58%	8.639 €	-32,28%
7	200 €	188	99%	37.600 €	147,07%
8	150 €	188	99%	28.200 €	-28,77%
9	200 €	188	99%	37.600 €	28,77%
10	250 €	188	99%	47.000 €	22,31%
11	200 €	188	99%	37.600 €	-22,31%
12	250 €	188	99%	47.000 €	22,31%
13	150 €	188	99%	28.200 €	-51,08%
14	100 €	188	99%	18.800 €	-40,55%
15	150 €	188	99%	28.200 €	40,55%
16	85 €	100	53%	8.525 €	-119,63%
17	80 €	146	77%	11.671 €	31,41%
18	90 €	109	58%	9.847 €	-16,99%
19	93 €	100	53%	9.328 €	-5,42%
20	94 €	91	48%	8.571 €	-8,46%
Gesamt	-	2996	-	418.747 €	-

Kapazität	Zimmer
Tageskapazität	190
20 Tageskapazität	3.800
Tatsächliche Auslastung	2.996
in Prozent	78,84
Preisanalyse	Ergebnis
Mittelwert	128,62 €
Höchster Preis	250,00 €
Kleinste Preis	75,20 €
Standardabweichung	58,89 €

a) Wie hoch ist (H + P) Pricing Elasticity?

b) Wie sind die Auswirkungen auf den Revenue? Errechnen Sie die Rendite.

8.14 (H + P) Bid Pricing

1)

Eine internationale Fluggesellschaft beauftragt den Chef des Revenue Managements mit der Gestaltung einer gewinnoptimalen Preisstruktur zur Unterstützung des internen Netzmanagements. Die Fluggesellschaft bedient fünf verschiedene Routen, die wirtschaftlich gestaltet werden müssen.

Route	X1	X2	X3	X4	X5
Teilkapazität	100	290	350	10	5
Strecke in km	2.500	10.000	10.000	900	190
Altpreis	1.210 €	1.500 €	1.200 €	1.800 €	3.000 €
Variable Kosten	110 €	100 €	110 €	150 €	120 €

a) Wie hoch sind die jeweiligen Bid Prices der einzelnen Strecke? Die Berechnung erfolgt mit dem (H + P) Bid Pricing.

b) Wie hoch ist der Revenue?

c) Welche Rendite wird erzielt?

2)

Ein internationaler Busreiseveranstalter saniert das Netzmanagement und beauftragt den Chef des Revenue Managements mit der Gestaltung einer gewinnoptimalen Preisstruktur. Das Streckenportfolio besteht aus fünf Strecken.

Route	X1	X2	X3	X4	X5
Teilkapazität	100	110	50	100	15
Strecke in km	250	800	299	300	300
Altpreis	10 €	50 €	20 €	19 €	100 €
Variable Kosten	3 €	10 €	5 €	15 €	50 €

a) Wie hoch sind die jeweiligen Bid Prices der einzelnen Strecke? Die Berechnung erfolgt mit dem (H + P) Bid Pricing.

b) Wie hoch ist der Revenue?

c) Welche Rendite wird erzielt?

d) Welche Strecken sind rentabel? Was empfehlen Sie als Revenue Manager?

3)

Bei einer Fluggesellschaft müssen im Netzplan gewinnoptimale Preisstrukturen errichtet werden.

Route	X1	X2	X3	X4	X5
Teilkapazität	120	140	150	200	250
Strecke in km	2.500	3.000	9.000	4.000	10.000
Altpreis	1.200 €	1.500 €	2.000 €	1.200 €	1.200 €
Variable Kosten	30 €	50 €	99 €	100 €	150 €

a) Wie hoch sind die jeweiligen Bid Prices der einzelnen Strecke? Die Berechnung erfolgt mit dem (H + P) Bid Pricing.

b) Wie hoch ist der Revenue?

c) Welche Rendite wird erzielt?

8.15 (H + P) Pricing Margin Analysis

1)
Ein Fünf-Sterne-Hotel in einer Millionenmetropole hat das Ziel, durch effektive und effiziente Preispotenzialanalysen eine Optimierung des Revenues vorzunehmen. Zu Peakzeiten werden Zimmer für 100 Euro und in Low-Zeiten für 90 Euro angeboten.

Wochen	Zimmerverkaufspreis	Auslastung	Revenue
1	100 €	149	14.900 €
2	100 €	129	12.900 €
3	100 €	190	19.000 €
4	100 €	200	20.000 €
5	100 €	200	20.000 €
6	100 €	200	20.000 €
7	100 €	134	13.400 €
8	100 €	219	21.900 €
9	90 €	90	8.100 €
10	90 €	60	5.400 €
11	90 €	70	6.300 €
12	90 €	59	5.310 €
13	100 €	120	12.000 €
14	100 €	159	15.900 €
15	100 €	200	20.000 €
16	100 €	180	18.000 €
17	100 €	190	19.000 €
18	100 €	178	17.800 €
19	100 €	135	13.500 €
20	100 €	44	4.400 €
Summe	-	-	287.810 €

Die Auslastung wird in der Zukunft um 5 Prozent abnehmen.

a) Untersuchen Sie die Daten nach dem Verfahren (H + P) Pricing Margin Analysis und gestalten Sie die Optimierung.
b) Wie hoch ist die Rendite?

2)
Ein Vier-Sterne-Hotel hat das Ziel, durch effektive und effiziente Preispotenzialanalysen eine Optimierung des Revenues vorzunehmen. Zu Peakzeiten werden Zimmer für 100 Euro und in Low-Zeiten für 80 Euro angeboten.

Wochen	Zimmerverkaufspreis	Auslastung	Revenue
1	100 €	159	15.900 €
2	100 €	149	14.900 €
3	100 €	130	13.000 €
4	100 €	200	20.000 €
5	100 €	250	25.000 €
6	100 €	200	20.000 €
7	100 €	134	13.400 €
8	100 €	219	21.900 €
9	80 €	90	7.200 €
10	80 €	60	4.800 €
11	80 €	70	5.600 €
12	80 €	59	4.720 €
13	100 €	140	14.000 €
14	100 €	169	16.900 €
15	100 €	249	24.900 €
16	100 €	100	10.000 €
17	100 €	190	19.000 €
18	100 €	178	17.800 €
19	100 €	135	13.500 €
20	80 €	44	3.520 €
Summe	-	-	286.040 €

Ein Rückgang der Auslastung von 1,5 Prozent wird in den kommenden 21 Perioden erwartet.

a) Untersuchen Sie die Daten nach dem Verfahren (H + P) Pricing Margin Analysis und gestalten Sie die Optimierung.
b) Wie hoch ist die Rendite?
c) Wie hoch sind die einzelnen relativen Revenue-Abweichungen?

3)
Ein finanziell angeschlagenes Privathotel wird von einer Hotellerie-Unternehmensberatung saniert. Eine Teilmaßnahme ist eine kontrollierte Preisanalyse.
Der Peak-Preis liegt bei 50 Euro. Der Low-Preis liegt bei 30 Euro.

Wochen	Zimmerverkaufspreis	Auslastung	Revenue
1	50 €	159	7.950 €
2	50 €	149	7.450 €
3	50 €	130	6.500 €
4	50 €	200	10.000 €
5	50 €	150	7.500 €
6	50 €	200	10.000 €
7	50 €	134	6.700 €
8	50 €	219	10.950 €
9	50 €	50	2.500 €
10	30 €	45	1.350 €
11	30 €	44	1.320 €
12	30 €	10	300 €
13	50 €	140	7.000 €
14	50 €	169	8.450 €
15	50 €	249	12.450 €
16	50 €	100	5.000 €
17	50 €	190	9.500 €
18	50 €	178	8.900 €
19	50 €	135	6.750 €
20	30 €	10	300 €
Summe	-	-	130.870 €

Der Auslastungsrückgang liegt bei 5 Prozent in den kommenden Perioden.

a) Untersuchen Sie die Daten nach dem Verfahren (H + P) Pricing Margin Analysis und gestalten Sie die Optimierung.
b) Wie hoch ist die Rendite?
c) Wie hoch sind die einzelnen relativen Revenue-Abweichungen?
d) Inwieweit müssen die Preise verändert werden, damit trotz des geschätzten Nachfragerückgangs ein Revenue-Anstieg zu verzeichnen ist?

8.16 (H + P) Deviation Analysis

1)
Eine internationale Fondsmanagementgesellschaft stellt eine Aktienkursprognose auf.

Periode	Prognose	Faktum-Wert
1	150,00 €	151,50 €
2	180,00 €	183,62 €
3	110,00 €	103,66 €
4	200,00 €	184,77 €
5	340,00 €	307,95 €
6	190,00 €	168,71 €
7	190,00 €	165,41 €
8	210,00 €	179,23 €
9	300,00 €	251,03 €
10	320,00 €	262,51 €
11	125,00 €	100,53 €
12	150,00 €	169,02 €
13	110,00 €	125,19 €
14	320,00 €	367,83 €
15	240,00 €	278,63 €
16	100,00 €	117,26 €
17	200,00 €	236,86 €
18	190,00 €	227,27 €
19	149,90 €	181,10 €
20	430,00 €	524,68 €

Die Anlageexperten wollen folgendes Kontingent kaufen.

Aktienkontingent	10.000 €
Preis pro Aktie	100 €
Kurs des Kontingents	1.000.000 €

a) Wie hoch ist die (H + P)-Deviation-Analysis-Abweichung?

b) Wie hoch sind die einzelnen Korrelationen?

c) Erstellen Sie eine Vergleichsanalyse zwischen den erwarteten und tatsächlichen Werten. Wie viel Revenue wird in den einzelnen Perioden erwirtschaftet und wie hoch ist die relative Gesamtveränderung?

2)

Ein Fondsmanager erstellt folgende Prognose und vergleicht den tatsächlichen Kursverlauf.

Prognose	Faktum-Wert
160,00 €	161,60 €
200,00 €	204,02 €
190,00 €	179,04 €
120,00 €	110,86 €
170,00 €	153,97 €
180,00 €	159,83 €
121,00 €	105,34 €
192,00 €	163,87 €
123,00 €	102,92 €
132,00 €	108,29 €
125,00 €	100,53 €
150,00 €	169,02 €
111,00 €	126,33 €
115,00 €	132,19 €
240,00 €	278,63 €
221,00 €	259,14 €
200,00 €	236,86 €
190,00 €	227,27 €
149,90 €	181,10 €
220,00 €	268,44 €

Aktienkontingent	2.000 €
Preis pro Aktie	110 €
Kurs des Kontingents	220.000 €

a) Wie hoch ist die (H + P)-Deviation-Analysis-Abweichung?

b) Wie hoch sind die einzelnen Korrelationen?

c) Erstellen Sie eine Vergleichsanalyse zwischen den erwarteten und tatsächlichen Werten. Wie viel Revenue wird in den einzelnen Perioden erwirtschaftet und wie hoch ist die relative Gesamtveränderung?

3)

Eine Großbank investiert ein Aktienkontingent in eine Agrar-Produktionsfirma.

Aktienkontingent	200 €
Preis pro Aktie	10 €
Kurs des Kontingent	2.000 €

Periode	Prognose	Faktum-Wert
1	16,00 €	16,16 €
2	20,00 €	20,40 €
3	19,00 €	17,90 €
4	12,00 €	11,09 €
5	17,00 €	15,40 €
6	18,00 €	15,98 €
7	12,10 €	10,53 €
8	19,20 €	16,39 €
9	12,30 €	10,29 €
10	13,20 €	10,83 €
11	12,50 €	10,05 €
12	15,00 €	16,90 €
13	11,10 €	12,63 €
14	11,50 €	13,22 €
15	7,00 €	27,86 €
16	11,00 €	25,91 €
17	20,00 €	23,69 €
18	19,00 €	22,73 €
19	14,99 €	18,11 €
20	22,00 €	26,84 €

a) Wie hoch ist die (H + P)-Deviation-Analysis-Abweichung?
b) Wie hoch sind die einzelnen Korrelationen?
c) Erstellen Sie eine Vergleichsanalyse zwischen den erwarteten und tatsächlichen Werten. Wie viel Revenue wird in den einzelnen Perioden erwirtschaftet und wie hoch ist die relative Gesamtveränderung?

8.17 (H + P) Portfolio Analysis

1)
Eine internationale Investmentgesellschaft tätigt verschiedene Investitionen in drei Fluggesellschaften. Die Investitionssumme beträgt 1.500.000 Euro.

Zeitraum	Fluggesellschaft 1	Fluggesellschaft 2	Fluggesellschaft 3
1	25,00 €	25,25 €	27,78 €
2	26,40 €	26,93 €	29,62 €
3	23,00 €	23,69 €	26,06 €
4	21,00 €	23,10 €	25,41 €
5	20,00 €	22,00 €	24,20 €
6	21,50 €	21,72 €	23,89 €
7	22,00 €	22,44 €	24,68 €
8	26,00 €	26,78 €	29,46 €
9	27,00 €	28,08 €	30,89 €
10	29,00 €	31,90 €	35,09 €

a) Wie sieht das optimale Portfolio laut dem Modell der (H + P) Portfolio Analysis aus?

2)
Eine internationale Investmentfirma hat folgende Kursdaten vorliegen. Die Investitionssumme beträgt 2.000.000 Euro.

Zeitraum	Anlage 1	Anlage 2	Anlage 3
1	35,00 €	21,00 €	23,00 €
2	36,00 €	36,72 €	40,39 €
3	31,00 €	31,93 €	35,12 €
4	35,00 €	38,50 €	20,00 €
5	37,00 €	40,70 €	44,77 €
6	12,00 €	12,12 €	13,33 €
7	31,00 €	31,62 €	34,78 €
8	32,00 €	32,96 €	36,26 €
9	54,00 €	56,16 €	61,78 €
10	43,00 €	47,30 €	52,03 €

a) Wie sieht das optimale Portfolio laut dem Modell der (H + P) Portfolio Analysis aus?
b) Wie hoch ist der größte Investitionsbetrag und in welcher Anlage ist dieser investiert?

3)
Die (H + P) Tourism Investment AG möchte eine Investition von 4.000.000 Euro in drei verschiedene Hotelfonds vornehmen.

Zeitraum	Fonds 1	Fonds 2	Fonds 3
1	45,00 €	21,00 €	23,00 €
2	40,00 €	40,80 €	44,88 €
3	43,00 €	44,29 €	48,72 €
4	45,00 €	49,50 €	20,00 €
5	46,00 €	50,60 €	55,66 €
6	47,00 €	47,47 €	52,22 €
7	43,00 €	43,86 €	48,25 €
8	42,00 €	43,26 €	47,59 €
9	47,00 €	48,88 €	53,77 €
10	49,00 €	53,90 €	59,29 €

a) Wie sieht das optimale Portfolio laut dem Modell der (H + P) Portfolio Analysis aus?

8.18 (H + P) Input-Output Analysis

1)
Ein Business-Analyst bei einem touristischen Software-Unternehmen muss einen Einnahmen- und Ausgaben-Bericht für die Geschäftsleitung anfertigen, um die Produktivität kontrollieren zu können. Das Unternehmen besteht aus neun Abteilungen.

Abteilung	Einnahmen	Ausgaben
1	112.000 €	10.000 €
2	180.000 €	144.000 €
3	113.000 €	50.000 €
4	181.000 €	60.000 €
5	113.100 €	11.000 €
6	181.010 €	70.000 €
7	113.200 €	55.000 €
8	182.010 €	80.000 €
9	114.200 €	10.000 €
Gesamt	1.289.520 €	490.000 €

a) Wie hoch ist die Produktivität jeder einzelnen Abteilung?

b) Wie lautet der (H + P)-Input-Output-Koeffizient? Beurteilen Sie die Unternehmenssituation.

2)

Bei einem Reiseveranstalter liegt ein Bericht über die Ertragssituation der neun Abteilungen vor.

Abteilung	Einnahmen	Ausgaben
1	120.000 €	43.000 €
2	140.000 €	112.000 €
3	121.000 €	50.000 €
4	141.000 €	60.000 €
5	121.100 €	11.000 €
6	141.010 €	70.000 €
7	121.200 €	55.000 €
8	142.010 €	80.000 €
9	122.200 €	100.000 €
Gesamt	1.169.520 €	581.000 €

a) Wie hoch ist die Produktivität jeder einzelnen Abteilung und welche hat die stärkste Ertragskraft?

b) Wie lautet der (H + P)-Input-Output-Koeffizient?

3)

Die (H + P) Tourism Investment AG investiert 100.000 Euro in neun verschiedene Hotelfonds.

Fonds	Revenue	Verlust	Gewinn
1	132.000 €	430.000 €	-298.000 €
2	140.000 €	112.000 €	28.000 €
3	120.000 €	50.000 €	70.000 €
4	141.000 €	600.000 €	-459.000 €
5	120.100 €	110.000 €	10.100 €
6	320.000 €	70.000 €	250.000 €
7	120.200 €	55.000 €	65.200 €
8	420.000 €	80.000 €	340.000 €
9	121.200 €	100.000 €	21.200 €
Gesamt	1.634.500 €	1.607.000 €	27.500 €

a) Wie hoch sind die Wirtschaftlichkeit jedes einzelnen Fonds und die Gesamtrendite des Anfangskapitals von 100.000 Euro?
b) Wie lautet der (H + P)-Input-Output-Koeffizient? Beurteilen Sie die Anlagesituation.

8.19 (H + P) Pricing Factor

1)
Eine Low-Cost Fluggesellschaft hat für eine bestimmte Flugstrecke unterschiedliche Zahlungsbereitschaften von verschiedenen Kundensegmenten ermittelt. Der Revenue-Intelligence-Beauftragte hat folgende Tabelle aufgestellt.

Preiskategorie	Preise	Kunden
Preis 1	50 €	10
Preis 2	40 €	50
Preis 3	30 €	80
Gesamt		140

Demnach ist der Umsatz in einer weiteren Tabelle dargestellt.

Kunden	Umsatz	in Prozent
Kundensparte 1	500 €	10,20
Kundensparte 2	2.000 €	40,82
Kundensparte 3	2.400 €	48,98
Gesamt	4.900 €	100,00

Folgende Fragen sind zu klären:
a) Wie hoch ist der Einheitspreis?
b) Welchen prozentualen Wert hat der Umsatzanstieg?
c) Bei welcher Kundensparte ist die größte Preisveränderung vorgenommen worden?

2)
Ein Reiseveranstalter hat Schwierigkeiten, aus den unterschiedlichen Kundensegmenten einen Einheitspreis zu ermitteln.

Preiskategorie	Preise	Kunden
Preis 1	300 €	10
Preis 2	250 €	50
Preis 3	100 €	100
Gesamt		160

Kunden	Umsatz	in Prozent
Kundensparte 1	3.000 €	11,76
Kundensparte 2	12.500 €	49,02
Kundensparte 3	10.000 €	39,22
Gesamt	25.500 €	100,00

a) Wie hoch ist der Einheitspreis?
b) Welchen prozentualen und welchen Zahlenwert hat der Umsatzanstieg?

c) Bei welcher Kundensparte ist die größte Preisveränderung vorgenommen worden?

3)
Der Revenue-Intelligence-Beauftragte von Air Worms muss für die Strecke Frankfurt/Main-Istanbul auf folgender Grundlage den Einheitspreis errechnen.

Preiskategorie	Preise	Kunden
Preis 1	200 €	20
Preis 2	150 €	30
Preis 3	100 €	40
Gesamt		90

Kunden	Umsatz	in Prozent
Kundensparte 1	4.000 €	32,00
Kundensparte 2	4.500 €	36,00
Kundensparte 3	4.000 €	32,00
Gesamt	12.500 €	100,00

a) Wie hoch ist der Einheitspreis?
b) Welchen prozentualen und welchen Zahlenwert hat der Umsatzanstieg?
c) In welcher Kundensparte wird der höchste Umsatz erwirtschaftet?
d) Bei welcher Kundensparte ist die größte Preisveränderung vorgenommen worden?

8.20 (H + P) Hedging Model

1)
Ein französischer Touring-Operator baut sein Streckenportfolio auf dem deutschen Markt aus und sichert sich gegen die steigende No-Show-Rate mit dem (H + P) Hedging Model bei einer hoch anerkannten Investmentgesellschaft ab.

Nummer	Strecke	Umsätze hin und zurück	Durchschnittspreis/Person	Auslastung	No-Show
1	Paris–Düsseldorf	1.000 €	10 €	99,00%	1%
2	Paris–Dortmund	1.100 €	11 €	97,00%	3%
3	Paris–Aachen	1.240 €	12 €	99,00%	1%
4	Paris–Köln	1.100 €	11 €	95,00%	5%
5	Paris–Berlin	2.000 €	20 €	92,00%	8%
6	Paris–Hamburg	1.800 €	18 €	97,00%	3%
7	Paris–Hannover	1.900 €	19 €	91,00%	9%
8	Paris–Magdeburg	1.459 €	15 €	99,00%	1%
9	Paris–Nürnberg	1.600 €	16 €	96,00%	4%
10	Paris–Leipzig	1.700 €	17 €	95,00%	5%
11	Paris–München	1.239 €	12 €	96,00%	4%
12	Paris–Stuttgart	1.200 €	12 €	94,00%	6%
13	Paris–Basel	1.000 €	10 €	92,00%	8%
14	Paris–Trier	1.200 €	12 €	92,00%	8%
15	Paris–Amsterdam	1.330 €	13 €	94,00%	6%
	Gesamt	20.868 €			

Busse	100
Gesamtkapazität (Sitze)	10.000
Kapazität pro Bus	100
No-Show	?

a) Wie hoch ist der Umsatzverlust auf Jahres- und Tagesbasis?
b) Welchen Gesamtstreckenumsatz erwirtschaftet das Busunternehmen?
c) Wie hoch ist der Hedginganteil?
d) Wie hoch ist die Récupération?

2)
Eine US-amerikanische Fluggesellschaft bedient auf nationaler Basis folgende Strecken.

Nummer	Strecke	Umsätze hin und zurück	Durchschnittspreis/Person	Auslastung	No-Show
1	New York–Tampa	$20.000,00	$200,00	99,00%	1%
2	New York–Salt Lake City	$40.000,00	$400,00	97,00%	3%
3	New York–New Orleans	$65.000,00	$650,00	99,00%	1%
4	New York–Houston	$42.000,00	$420,00	95,00%	5%
5	New York–Washington D.C.	$29.000,00	$290,00	92,00%	8%
6	New York–Miami	$50.000,00	$500,00	97,00%	3%
7	New York–Atlanta	$55.000,00	$550,00	91,00%	9%
8	New York–Memphis	$65.432,00	$654,32	99,00%	1%
9	New York–San Francisco	$23.200,00	$232,00	96,00%	4%
10	New York–Chicago	$70.000,00	$700,00	95,00%	5%
11	New York–Las Vegas	$90.000,00	$900,00	96,00%	4%
12	New York–Seattle	$96.400,00	$964,00	94,00%	6%
13	New York–Los Angeles	$34.302,00	$343,02	92,00%	8%
14	New York–San Diego	$48.392,00	$483,92	92,00%	8%
15	New York–Dallas	$394.300,00	$3.943,00	94,00%	6%
	Gesamt	$1.123.026,00			

Flugzeuge	100
Gesamtkapazität (Sitze)	10.000
Kapazität pro Flugzeug	100
No-Show	

In den letzten Jahren ist die No-Show-Rate extrem angestiegen. Das Management möchte sich nun absichern.

a) Wie hoch ist der Umsatzverlust auf Jahres- und Tagesbasis?
b) Welchen Gesamtstreckenumsatz erwirtschaftet die Fluggesellschaft?
c) Wie hoch ist der Hedginganteil?
d) Wie hoch ist die Récupération?

3)
Ein spanisches Busunternehmen hat sich ein nationales Streckenportfolio aufgebaut. Eine Überbuchungspolitik kommt nicht in Frage, da die Reputation nicht beschädigt werden darf. Der Unternehmer nimmt das Absicherungsprodukt (H + P) Hedging in Anspruch.

Nummer	Strecke	Umsätze hin und zurück	Durchschnittpreis pro Person	Auslastung	No-Show
1	Madrid-Malaga	10.000 €	15 €	98,00%	2%
2	Madrid-Sevilla	11.000 €	9 €	97,00%	3%
3	Madrid-Barcelona	99.040 €	10 €	99,00%	1%
4	Madrid-Murcia	10.100 €	20 €	98,00%	2%
5	Madrid-Valencia	20.000 €	15 €	92,00%	8%
6	Madrid-Cordoba	18.000 €	20 €	97,00%	3%
7	Madrid-Granada	19.000 €	10 €	99,00%	1%
8	Madrid-Salamanca	14.059 €	10 €	99,00%	1%
9	Madrid-Leon	16.000 €	10 €	96,00%	4%
10	Madrid-Bilboa	10.700 €	20 €	95,00%	5%
11	Madrid-Bajados	12.039 €	10 €	94,00%	6%
12	Madrid-Girona	12.000 €	10 €	94,00%	6%
13	Madrid-Valladolid	10.000 €	10 €	92,00%	8%
14	Madrid-Oviedo	10.200 €	10 €	96,00%	4%
15	Madrid-Almeria	10.330 €	15 €	94,00%	6%
	Gesamt	282.468 €			

a) Wie hoch ist der Umsatzverlust auf Jahres- und Tagesbasis?
b) Welchen Gesamtstreckenumsatz erwirtschaftet das Busunternehmen?
c) Wie hoch ist der Hedginganteil?
d) Wie hoch ist die Récupération?

8.21 (H + P) Price Index

1)

Preisentwicklung	
Jahre	Preis
Aktuell 0	224,00 €
1	240,00 €
2	221,00 €
3	230,00 €
4	245,00 €
5	260,00 €
6	229,00 €
7	239,00 €
8	245,00 €
9	238,00 €
10	237,00 €

a) Wie hoch ist der (H + P) Price Index?
b) Wie hoch ist die Standardabweichung?

2)
Eine Investmentgesellschaft hat den Plan, in einen Devisenfonds zu investieren. Dazu zählt auch der Lagarta-Dollar. Nun ist eine Entscheidung von Seiten des Managements zu treffen, ob eine Investition getätigt werden soll.

Preisentwicklung	
Jahre	Preis
Aktuell 0	24,00 €
1	34,00 €
2	21,00 €
3	20,00 €
4	23,00 €
5	18,00 €
6	10,00 €
7	9,00 €
8	10,00 €
9	14,00 €
10	19,00 €

a) Wie hoch ist der (H + P) Price Index?
b) Wie hoch ist der Variationskoeffizient?
c) Wie hoch ist der prozentuale Index? Ist die Geldanlage zu empfehlen?

3)
Die (H + P) Travel and Destination Management ist eine Investmentgesellschaft mit dem Schwerpunkt Touristik. Das Unternehmen benötigt Öl für das Betreiben einer neu gegründeten Fluggesellschaft.

Preisentwicklung	Öl
Jahre	Preis
Aktuell 0	30,00 €
1	26,00 €
2	40,00 €
3	50,00 €
4	23,00 €
5	17,00 €
6	25,00 €
7	40,00 €
8	54,00 €
9	14,00 €
10	19,00 €

a) Wie hoch ist der (H + P) Price Index?
b) Wie hoch ist der Variationskoeffizient?
c) Wie hoch ist die durchschnittliche Wachstumsrate?
d) Wie hoch ist der prozentuale Index?

8.22 (H + P) Revenue Performance

1)

Ein Reiseveranstalter hat folgende Einnahmen und Ausgaben gegenübergestellt.

Zeitraum	Ausgaben	Einnahmen
1	12.100 €	21.000 €
2	12.009 €	12.000 €
3	12.400 €	10.001 €
4	11.020 €	15.400 €
5	12.011 €	11.201 €
6	11.165 €	21.000 €
7	20.000 €	20.191 €
Summe	90.705 €	110.793 €

a) Berechnen Sie folgende Renditen:

- geometrische
- logarithmische
- allgemeines Renditemaß
- (H + P) Performancemaß

2)

Folgende Daten sind gegeben:

Zeitraum	Ausgaben	Einnahmen
1	15.000 €	45.000 €
2	9.000 €	15.000 €
3	20.000 €	60.000 €
4	10.000 €	25.000 €
5	12.011 €	11.201 €
6	11.165 €	21.000 €
7	12.000 €	30.000 €
Summe	89.176 €	207.201 €

a) Berechnen Sie folgende Renditen:

- geometrische
- logarithmische
- allgemeines Renditemaß
- (H + P) Performancemaß

3)

Ein Business-Analyst einer internationalen Fluggesellschaft untersucht die Rentabilität von sieben verschiedenen Routen.

Route	Ausgaben	Einnahmen
1	1.915.000 €	2.298.000 €
2	2.091.921 €	2.510.305 €
3	1.211.101 €	1.695.541 €
4	2.192.101 €	4.164.992 €
5	2.019.291 €	2.423.149 €
6	4.000.000 €	4.800.000 €
7	3.002.011 €	3.602.413 €
Summe	16.431.425 €	21.494.401 €

a) Berechnen Sie folgende Renditen:

- geometrische
- logarithmische
- allgemeines Renditemaß
- (H + P) Performancemaß

8.23 (H + P) Minimum and Maximum Principle

1)

Eine internationale Hotelgesellschaft hat die Preismanagement-Berichte von drei verschiedenen Fünf-Sterne-Hotels vorliegen.

Monate	Preisverlauf	Gäste	Revenue
1	226 €	38	7.619 €
2	228 €	76	15.390 €
3	231 €	114	23.317 €
4	233 €	152	31.400 €
5	235 €	190	39.642 €
6	147 €	229	29.714 €
7	149 €	267	35.013 €
8	247 €	305	66.475 €
9	158 €	343	48.000 €
10	160 €	381	53.829 €
11	258 €	419	95.593 €
12	170 €	457	68.571 €
13	171 €	495	74.930 €
14	235 €	533	110.998 €
15	147 €	571	74.286 €
16	149 €	610	80.030 €
17	247 €	648	141.259 €
18	158 €	686	96.000 €
19	158 €	724	101.333 €
20	226 €	762	152.381 €
Gesamt	-	8000	1.345.781 €

Eine Preiserhöhung soll durchgeführt werden.

a) Wie hoch ist der Preisspielraum nach dem Modell (H + P) Minimum and Maximum Principle? Wie hoch ist der optimale Revenue?
b) Wie lautet die Rendite?

2)
Eine Freizeit-Destination erstellt für verschiedene Saisonen mehrere Preise.

Monate	Preisverlauf	Gäste	Revenue
1	89 €	952	76.190 €
2	89 €	1.905	153.905 €
3	90 €	2.857	233.166 €
4	91 €	3.810	313.996 €
5	92 €	4.762	396.421 €
6	111 €	5.714	571.429 €
7	111 €	6.667	666.667 €
8	103 €	7.619	710.463 €
9	122 €	8.571	942.857 €
10	122 €	9.524	1.047.619 €
11	114 €	10.476	1.081.649 €
12	111 €	11.429	1.142.857 €
13	127 €	12.381	1.423.810 €
14	92 €	13.333	1.109.978 €
15	111 €	14.286	1.428.571 €
16	111 €	15.238	1.523.810 €
17	103 €	16.190	1.509.735 €
18	100 €	17.143	1.542.857 €
19	100 €	18.095	1.628.571 €
20	111 €	19.048	1.904.762 €
Gesamt	-	200.000	19.409.312 €

a) Wie hoch ist der Preisspielraum nach dem Modell (H + P) Minimum and Maximum Principle? Wie hoch ist der optimale Revenue?
b) Wie lautet die Rendite?

3)
Ein Business-Analyst bei einer Firma, die verschiedene Software-Produkte herstellt, hat mehrere Preisanalysen durchgeführt. Der Revenue soll optimiert werden.

Monate	Preisverlauf	Abnehmer	Revenue
1	85 €	476	33.333 €
2	85 €	952	67.333 €
3	86 €	1.429	102.010 €
4	87 €	1.905	137.373 €
5	88 €	2.381	173.434 €
6	145 €	2.857	342.857 €
7	181 €	3.333	500.000 €
8	220 €	3.810	692.732 €
9	157 €	4.286	557.143 €
10	193 €	4.762	761.905 €
11	340 €	5.238	1.476.317 €
12	121 €	5.714	571.429 €
13	139 €	6.190	711.905 €
14	209 €	6.667	1.152.282 €
15	145 €	7.143	857.143 €
16	181 €	7.619	1.142.857 €
17	221 €	8.095	1.481.429 €
18	229 €	8.571	1.628.571 €
19	229 €	9.048	1.719.048 €
20	121 €	9.524	952.381 €
Gesamt	-	100.000	15.061.482 €

a) Wie hoch ist der Preisspielraum nach dem Modell (H + P) Minimum and Maximum Principle? Wie hoch ist der optimale Revenue?

b) Wie lautet die Rendite?

8.24 (H + P) Cash-Burn-Rate

1)

Ein Buchhalter in einem Unternehmen hat den folgenden Zahlungsstrahl aufgestellt. Für den monatlichen Geschäftsbericht muss herausgefunden werden, inwieweit Kapital unnötig verbraucht wird.

Monat	Revenue
1	115.000 €
2	-1.500 €
3	121.000 €
4	-100.000 €
5	-900 €
6	-124.100 €
7	132.000 €
8	-31.000 €
9	-15.000 €
10	-1.700 €
11	10.044 €
12	-100.093 €
13	180.000 €
14	-90.000 €
15	-121.000 €
16	-200.000 €
17	3.000.000 €
18	150.000 €
19	-10.000 €
20	3.090.000 €
Gesamt	

a) Wie hoch ist die (H + P) Cash-Burn-Rate?
b) Stellen Sie die Gewinne und Verluste gegenüber.

2)

Ein Reiseveranstalter hat folgenden Zahlungsstrahl der letzten Perioden zu verzeichnen.

Monat	Revenue
1	115.000 €
2	-1.500 €
3	121.000 €
4	-100.000 €
5	-900 €
6	-124.100 €
7	112.000 €
8	-31.000 €
9	-15.000 €
10	-111.700 €
11	10.044 €
12	100.093 €
13	180.000 €
14	-90.000 €
15	-121.000 €
16	200.000 €
17	3.400.000 €
18	1.150.000 €
19	-910.000 €
20	2.090.000 €
Gesamt	5.972.937 €

a) Wie hoch ist die (H + P) Cash-Burn-Rate?
b) Stellen Sie die Gewinne und Verluste gegenüber.

3)

Monat	Revenue
1	119.000 €
2	-1.500 €
3	141.000 €
4	-1.600.000 €
5	-1.900 €
6	-124.100 €
7	112.000 €
8	-35.000 €
9	-15.000 €
10	-111.700 €
11	-10.044 €
12	100.093 €
13	180.000 €
14	-97.000 €
15	-121.000 €
16	1.200.000 €
17	4.400.000 €
18	1.150.000 €
19	-910.000 €
20	2.090.000 €
Gesamt	6.464.849 €

a) Wie hoch ist die (H + P) Cash-Burn-Rate?
b) Stellen Sie die Gewinne und Verluste gegenüber.

9. Lösungen

9.1 (H + P) Booking Limits

1)

a) Das allgemeine Buchungslimit für die umsatzniedrigen Buchungsanfragen beträgt 80,23 Prozent.
b) Das Schutzlimit wird ermittelt durch die Berechnung (1-(Booking-Limits/100)).
c) 1-0,8023 = 0,1977.
d) Die Überbelegungen entstehen in den letzten Monaten vor Buchungsschluss.

2)

a) Das Buchungslimit beträgt 59,80 Prozent.
b) Das Schutzlimit errechnet einen Wert von 40,20 Prozent.
c)

Überbelegung	in Prozent
0	0,00
0	0,00
0	0,00
0	0,00
2	0,00
4	100,00
9	125,00
14	55,56
19	35,71
24	26,32
29	20,83
34	17,24
39	14,71
29	-25,64
39	34,48
43	10,26
47	9,30
51	8,51
55	7,84
50	-9,09

Die durchschnittliche prozentuale Anzahl der Überbelegung beträgt 21,55 Prozent.

3)

a) Das Buchungslimit in Prozent beträgt 50,03 Prozent.
b) Das Schutzlimit beträgt 49,97 Prozent.
c) Die durchschnittliche prozentuale Anzahl der Überbelegung beträgt 3,10 Prozent.

d) Der Wert entspricht 19,35 Prozent.

e) Die Kapazität muss erweitert werden. Ein Viertel der Buchungsanfragen müssen somit abgelehnt werden.

9.2 Optimal Overbooking Limit

1)

a)

N	Theoretische Überbuchung	in Prozent
1	14	35,01
2	22	44,02
3	31	53,93
4	1	25,96
5	6	27,57
6	20	42,14
7	23	45,94
8	27	49,88
9	5	26,46
10	6	27,57
Gesamt	155	-74,52

b) Die Gesamtsumme der theoretischen Überbuchung beträgt 155 Teilkapazitäten. Das macht einen Rückgang von -74,52 Prozent gegenüber den historischen Werten aus.

2)

a)

N	Theoretische Überbuchung	in Prozent
1	22	44,02
2	31	53,93
3	1	25,96
4	6	27,57
5	20	42,14
6	23	45,94
7	27	49,88
8	5	26,46
9	6	27,57
10	9	30,26
Gesamt	151	31,14

b) Die Gesamtsumme der theoretischen Überbuchung beträgt 151 Teilkapazitäten. Das macht einen Anstieg von 31,14 Prozent gegenüber den historischen Werten aus.

3)

a)

N	Theoretische Überbuchung	in Prozent
1	2	12,90
2	3	12,66
3	2	12,90
4	17	14,81
5	1	13,53
6	7	12,74
7	8	12,89
8	3	12,66
9	10	13,27
10	10	13,27
Gesamt	65	11,53

Das durchschnittliche theoretische Optimum beträgt 12, was ein Anteil von 13,01 Prozent ausmacht.

9.3 (H + P) Auslastungsmanagement

1)

a) Das Hotel hat für den elften Monat eine Auslastung von 68,66 Prozent zu erwarten.

2)

a) Das Busunternehmen muss mit einer Kapazität von 120,05 Prozent rechnen.

b) Bei einem Auslastungsanstieg von 20,05 Prozent muss eine Kapazitätserweiterung vorgenommen werden. Die Kapazität beträgt momentan 500. Das Management muss somit die Kapazität auf 600 aufstocken.

3)

a) Die Auslastung erreicht einen Wert von 85,79 Prozent.

9.4 (H + P) Trend for Consumer

1)

a)

Monate	Passagiere
21	165
22	10
23	11
24	167
25	210
26	158
27	457
28	1.618

29	2.203
30	1.597
31	2.860
32	2.704
33	1.081
34	5.190
35	2.380
36	2.006
37	4.641
38	4.642
39	104
40	161

b) Eine Erhöhung von 11,7 Prozent gegenüber den vergangenen Werten ist zu verzeichnen.

2)

a)

Monate	Passagiere
21	2.117
22	2.065
23	2.140
24	3.123
25	2.093
26	2.108
27	2.236
28	1.618
29	1.203
30	1.174
31	6.005
32	2.704
33	1.081
34	5.190
35	2.380
36	2.006
37	4.641
38	4.642
39	2.001
40	2.073

b) Eine Erhöhung von 11,7 Prozent gegenüber den vergangenen Werten ist zu verzeichnen.

c)

	Basisdaten	
Zeitraum	Absolut	Relativ
1	-	-
2	500	33%
3	1.000	50%
4	-1.000	-33%
5	0	0%

6	102	5%
7	-602	-29%
8	-408	-27%
9	-63	-6%
10	1.071	104%
11	0	0%
12	-1.100	-52%
13	4.000	400%
14	-2.660	-53%
15	-340	-15%
16	2.599	130%
17	-60	-1%
18	-2.617	-58%
19	7	0%
20	70	4%

Prognose-Zeitraum		
Zeitraum	Absolut	Relativ
1	-	-
2	-52	-2,45%
3	75	3,65%
4	982	45,91%
5	-1.030	-32,98%
6	15	0,70%
7	129	6,10%
8	-619	-27,66%
9	-415	-25,65%
10	-29	-2,39%
11	4.831	411,53%
12	-3.302	-54,98%
13	-1.622	-60,00%
14	4.109	379,95%
15	-2.810	-54,14%
16	-374	-15,72%
17	2.635	131,35%
18	1	0,02%
19	-2.641	-56,89%
20	71	3,57%

3)

a) Die Prognose:

Monate	Passagiere
21	323
22	334
23	346
24	2.519
25	2.786
26	3.086
27	3.427
28	3.821

29	4.293
30	4.891
31	13.486
32	6.375
33	1.081
34	1.090
35	1.122
36	1.161
37	1.227
38	1.367
39	278
40	316

b) Insgesamt steigen die Werte um 19,24 Prozent.

c) Die lineare Trendanalyse ist in folgender Tabelle dargestellt.

Periode	Linearer Trend
21	3.084
22	3.068
23	3.053
24	3.038
25	3.023
26	3.009
27	2.995
28	2.981
29	2.968
30	2.954
31	2.941
32	2.928
33	2.916
34	2.903
35	2.891
36	2.879
37	2.867
38	2.855
39	2.843
40	2.832

Die errechneten Werte für die Abweichung mit dem Thiel-Fehlermaß sind wie folgt:

Perioden	(H + P) Trendverfahren	Lineare Regression
21,00	9,44	2,31
22,00	9,53	1,45
23,00	6,54	0,71
24,00	1,51	0,36
25,00	1,45	0,82
26,00	1,37	1,37
27,00	1,26	1,89
28,00	1,09	2,36
29,00	0,87	3,76
30,00	3,15	0,51
31,00	3,43	0,69

32,00	73,45	22,67
33,00	0,93	20,81
34,00	1,45	19,06
35,00	1,48	10,51
36,00	0,91	2,11
37,00	1,35	3,50
38,00	27,02	56,67
39,00	0,98	8,67
40,00	0,98	8,75

Durch die Berechnung des Mittelwerts kann man aus der Tabelle entnehmen, dass die lineare Regressionsanalyse einen höheren Wert aufweist.

Mittelwert	Werte
(H + P) Trendverfahren	7,41
Lineare Regression	8,43

Die Differenz beträgt 1,024626013 Einheiten.

9.5 (H + P) Trend for Revenue

a)

Monate	Revenue
21	696.259 €
22	1.369.303 €
23	1.415.624 €
24	1.977.468 €
25	-646.350 €
26	-834.543 €
27	-1.269.496 €
28	-986.254 €
29	-1.081.003 €
30	-1.585.855 €
31	-1.121.031 €
32	-170.173 €
33	-297.690 €
34	-245.865 €
35	-221.568 €
36	-259.508 €
37	568.803 €
38	2.456.046 €
39	1.383.109 €
40	2.047.466 €
Summe	3.194.742 €

b) Die Rendite beträgt -15,60 Prozent in Bezug auf das Umsatzergebnis. Somit ist ein negativer Trend zu erwarten.

2)

a)

Monate	Einnahmen
21	158.322 €
22	250.605 €
23	206.627 €
24	217.411 €
25	40.198 €
26	95.373 €
27	-54.801 €
28	-116.512 €
29	-116.798 €
30	-103.247 €
31	-104.969 €
32	-113.716 €
33	-70.735 €
34	-135.149 €
35	465.004 €
36	2.083.324 €
37	1.918.041 €
38	2.803.307 €
39	1.956.895 €
40	3.938.646 €
Summe	13.317.828 €

b) Die Rendite in Bezug auf das Anfangskapital beträgt 7,5 Prozent.

c) Die durchschnittlichen Einnahmen betragen laut der Prognose 665.891 Euro.

d)

Monate	Rendite
21	46%
22	46%
23	-19%
24	5%
25	-169%
26	86%
27	-45%
28	75%
29	0%
30	-12%
31	2%
32	8%
33	-47%
34	65%
35	-26%
36	150%
37	-8%
38	38%
39	-36%
40	70%

In Periode 36 ist die größte Rendite erwirtschaftet worden.

3)

a)

Monate	Einnahmen
21	1.809 €
22	2.976 €
23	-6.912 €
24	-18.379 €
25	-41.349 €
26	-56.550 €
27	-19.131 €
28	-7.376 €
29	-13.491 €
30	-19.111 €
31	54.718 €
32	268.928 €
33	-240.910 €
34	-639.146 €
35	-238.159 €
36	-228.143 €
37	-209.782 €
38	-306.584 €
39	-213.671 €
40	-504.334 €
Summe	-2.434.595 €

b) Die Rendite beträgt -139 Prozent.

c) Die durchschnittlichen Einnahmen betragen laut der Prognose pro Periode -121.730 Euro.

d)

Monate	Relativer Revenue-Anteil
21	-0,07%
22	-0,12%
23	0,28%
24	0,75%
25	1,70%
26	2,32%
27	0,79%
28	0,30%
29	0,55%
30	0,78%
31	-2,25%
32	-11,05%
33	9,90%
34	26,25%
35	9,78%
36	9,37%
37	8,62%
38	12,59%
39	8,78%
40	20,72%
Gesamt	100,00%

Die Fluggesellschaft ist nach dieser Prognose in einer finanziellen Notlage. Die Geschäftsleitung muss dringend Maßnahmen treffen, um gegenzusteuern.

9.6 (H + P) Trend for Interest

1)

a)

Prognose-Periode	Zins-Prognose
22	10,64%
23	9,79%
24	16,06%
25	11,85%
26	12,35%
27	12,77%
28	13,48%
29	10,87%
30	11,38%
31	12,66%
32	12,85%
33	4,35%
34	8,63%
35	4,34%
36	7,04%
37	7,82%
38	12,69%
39	12,48%
40	6,16%
41	12,93%
42	3,81%
Gesamt	-

b)

Monate	Residuen
1	0,36%
2	0,21%
3	4,94%
4	1,15%
5	1,65%
6	2,23%
7	3,52%
8	1,13%
9	1,62%
10	3,34%
11	4,15%
12	-0,35%
13	0,37%
14	-0,34%
15	-0,04%
16	0,18%
17	6,31%
18	5,52%
19	-0,16%
20	1,07%
21	-0,61%

Der Mittelwert der Residuen beträgt 1,73 Prozent. Eine kleine Trendveränderung ist somit zu erwarten.

c)

Prognose-Periode	Prognose	in Prozent
22	425.765 €	4,95
23	391.733 €	4,56
24	642.237 €	7,47
25	473.857 €	5,51
26	494.156 €	5,75
27	510.714 €	5,94
28	539.358 €	6,27
29	434.772 €	5,06
30	455.273 €	5,29
31	506.229 €	5,89
32	514.142 €	5,98
33	173.877 €	2,02
34	345.222 €	4,01
35	173.655 €	2,02
36	281.660 €	3,28
37	312.838 €	3,64
38	507.672 €	5,90
39	499.363 €	5,81
40	246.379 €	2,87
41	517.198 €	6,02
42	152.282 €	1,77
Gesamt	8.598.381 €	-

d) Die Einnahmen des Investments dieser Großbank betragen 8.598.381 Euro. Der Durchschnittswert beträgt 409.447 Euro.

2)

a)

Prognose-Periode	Zins-Prognose
22	10,64%
23	9,79%
24	16,57%
25	15,62%
26	14,63%
27	5,33%
28	11,74%
29	14,19%
30	3,33%
31	12,38%
32	13,43%
33	10,62%
34	10,56%
35	12,25%
36	11,84%
37	12,60%
38	12,69%
39	9,00%
40	0,75%
41	13,52%
42	11,08%
Gesamt	-

b)

Monate	Residuen
1	0,36%
2	0,21%
3	15,43%
4	5,38%
5	15,37%
6	-0,33%
7	20,26%
8	6,81%
9	-0,33%
10	15,62%
11	6,57%
12	1,38%
13	1,44%
14	3,75%
15	3,16%
16	5,40%
17	6,31%
18	23,00%
19	39,25%
20	7,48%
21	0,92%

Die durchschnittlichen Residuen betragen 8,45 Prozent.

c)

Prognose-Periode	Revenue	in Prozent
22	532.038 €	4,58
23	489.482 €	4,21
24	828.461 €	7,13
25	780.875 €	6,72
26	731.256 €	6,29
27	266.589 €	2,29
28	587.010 €	5,05
29	709.340 €	6,10
30	166.687 €	1,43
31	619.161 €	5,33
32	671.388 €	5,77
33	530.787 €	4,57
34	528.126 €	4,54
35	612.462 €	5,27
36	591.817 €	5,09
37	629.947 €	5,42
38	634.492 €	5,46
39	449.792 €	3,87
40	37.607 €	0,32
41	675.904 €	5,81
42	553.776 €	4,76
Gesamt	11.626.998 €	-

Der Gesamtrevenue beträgt nach der Prognose 11.626.998 Euro.

d) Der Durchschnittsertrag beträgt 553.667 Euro, die Rendite 56,22 Prozent.

3)

a)

Prognose-Periode	Zins-Prognose
22	19,11%
23	3,34%
24	15,29%
25	4,36%
26	14,62%
27	1,16%
28	14,58%
29	14,19%
30	3,33%
31	12,38%
32	13,43%
33	10,62%
34	10,56%
35	13,07%
36	11,84%
37	12,60%
38	12,69%
39	4,32%
40	12,61%
41	10,44%
42	14,66%
Gesamt	-

b)

Monate	Residuen
1	20,89%
2	-0,34%
3	3,71%
4	-0,36%
5	15,38%
6	-0,16%
7	9,42%
8	6,81%
9	-0,33%
10	15,62%
11	6,57%
12	1,38%
13	1,44%
14	7,93%
15	3,16%
16	5,40%
17	6,31%
18	-0,32%
19	10,39%
20	0,56%
21	6,34%

Die durchschnittlichen Residuen haben einen Wert von aufgerundet 6 Prozent.

c)

Prognose-Periode	Revenue	in Prozent
22	57.343 €	8,34
23	10.022 €	1,46
24	45.862 €	6,67
25	13.079 €	1,90
26	43.875 €	6,38
27	3.473 €	0,51
28	43.751 €	6,36
29	42.560 €	6,19
30	9.997 €	1,45
31	37.149 €	5,40
32	40.283 €	5,86
33	31.846 €	4,63
34	31.686 €	4,61
35	39.199 €	5,70
36	35.508 €	5,16
37	37.796 €	5,50
38	38.069 €	5,54
39	12.961 €	1,89
40	37.839 €	5,50
41	31.325 €	4,56
42	43.973 €	6,40
Gesamt	687.596 €	-

Die Rendite beträgt 57,32 Prozent. Die fünffache Umsatz-Erhöhung wird laut der Prognose erwirtschaftet.

9.7 (H + P) Connection Measurement

1)

a) Nach dem (H + P) Connection Measurement beträgt die Abweichung der beiden Kundengruppen 43,49 Prozent.

b) Die Korrelation beträgt 16,44 Prozent.

2)

a) Das Ergebnis beträgt aufgerundet 36 Prozent.

b) Die Korrelation beträgt 73,06 Prozent.

3)

a) Nach dem (H + P) Connection Measurement beträgt die relative Abweichung aufgerundet 16 Prozent.

b) Die Korrelation beträgt 53,06 Prozent.

9.8 (H + P) Probability

1)

a) Die Wahrscheinlichkeit beträgt 43 Prozent.

b) Der zuvor erzielte Revenue ist im Folgenden gegeben.

Periode	Auslastung	Preise	Revenue
1	100	140 €	14.000 €
2	200	135 €	27.000 €
3	160	151 €	24.160 €
4	180	120 €	21.600 €
5	190	131 €	24.890 €
6	200	125 €	25.000 €
7	120	160 €	19.200 €
8	130	114 €	14.820 €
9	150	129 €	19.350 €
10	140	150 €	21.000 €
Gesamt	1.570	-	211.020 €

Der Revenue beträgt nach der Optimierung 251.200 Euro.

Periode	Akzeptierter Preis	Auslastung	Revenue	in Prozent
1	160 €	100	16.000 €	6,37
2	160 €	200	32.000 €	12,74
3	160 €	160	25.600 €	10,19
4	160 €	180	28.800 €	11,46
5	160 €	190	30.400 €	12,10
6	160 €	200	32.000 €	12,74
7	160 €	120	19.200 €	7,64
8	160 €	130	20.800 €	8,28
9	160 €	150	24.000 €	9,55
10	160 €	140	22.400 €	8,92
Gesamt	-	1.570	251.200 €	100,00

c) Die Rendite beträgt 17,4 Prozent.

2)

a) Die Wahrscheinlichkeit, dass der Aktienkurs auf den Höchstkurs von 250 Euro gelangt, beträgt 51,92 Prozent.

b) Die Gegenwahrscheinlichkeit beträgt 48,08 Prozent.

3)

a) Die Wahrscheinlichkeit, dass die Preisbereitschaft akzeptiert wird, liegt bei 75,62 Prozent.

b) Die Gegenwahrscheinlichkeit beträgt 24,38 Prozent.

c) Der optimierte Revenue ist in folgender Tabelle gegeben.

Periode	akzeptierter Preis	Auslastung	Revenue	in Prozent
1	2.500 €	100	250.000 €	6,37
2	2.500 €	200	500.000 €	12,74
3	2.500 €	160	400.000 €	10,19
4	2.500 €	180	450.000 €	11,46
5	2.500 €	190	475.000 €	12,10
6	2.500 €	200	500.000 €	12,74
7	2.500 €	120	300.000 €	7,64
8	2.500 €	130	325.000 €	8,28
9	2.500 €	150	375.000 €	9,55
10	2.500 €	140	350.000 €	8,92
Gesamt	-	1570	**3.925.000 €**	100,00

9.9 (H + P) Revenue Distribution

1)

a) Das Erhöhungspotenzial liegt in der zweiten erfassten Periode

Verteilung	Ergebnis
Periode 1	32,00%
Periode 2	68,00%

b)

Periode	Preis	Revenue
1	100 €	500.000 €
2	100 €	1.111.100 €
3	100 €	3.290.000 €
4	100 €	1.690.000 €
5	100 €	250.000 €
6	100 €	1.740.000 €
7	100 €	1.780.000 €
8	100 €	1.460.000 €
9	100 €	1.532.000 €
10	100 €	1.620.000 €
11	100 €	4.300.000 €
12	100 €	1.790.000 €
13	100 €	1.780.000 €
14	100 €	240.000 €
15	100 €	1.350.000 €
16	100 €	2.100.000 €
17	100 €	200.000 €
18	100 €	1.990.000 €
19	100 €	1.000.000 €
20	100 €	1.020.000 €
Gesamt	-	30.743.100 €

Periode	Preis	Revenue	Gesamtrenditeanteil in Prozent
1	100 €	500.000 €	1,46
2	100 €	1.111.100 €	3,25
3	100 €	3.290.000 €	9,61
4	100 €	1.690.000 €	4,94
5	100 €	250.000 €	0,73
6	100 €	1.740.000 €	5,08
7	100 €	1.780.000 €	5,20
8	100 €	1.460.000 €	4,26
9	100 €	1.532.000 €	4,47
10	100 €	1.620.000 €	4,73
11	120 €	5.168.600 €	15,10
12	121 €	2.169.480 €	6,34
13	121 €	2.157.538 €	6,30
14	122 €	293.304 €	0,86
15	122 €	1.649.970 €	4,82
16	123 €	2.587.620 €	7,56
17	123 €	246.460 €	0,72
18	124 €	2.472.177 €	7,22
19	124 €	1.242.400 €	3,63
20	125 €	1.277.448 €	3,73
Gesamt	-	34.238.097 €	100

Revenue after Expand	19.264.997,00 €
Revenue Origin	14.973.100,00 €
Summe	34.238.097,00 €
Rendite	11,37%

Die Rendite steigt um 11,37 Prozent.

2)

a)

Verteilung	Ergebnis
Periode 1	49,97%
Periode 2	50,03%

b)

Periode	Preis	Revenue
1	100 €	1.200.000 €
2	100 €	2.000.000 €
3	100 €	3.100.000 €
4	100 €	2.000.000 €
5	100 €	4.399.900 €
6	100 €	1.740.000 €
7	100 €	1.780.000 €
8	100 €	1.460.000 €
9	100 €	2.000.000 €
10	100 €	1.911.100 €
11	100 €	3.400.000 €
12	100 €	1.790.000 €
13	100 €	3.500.000 €
14	100 €	3.200.000 €
15	100 €	5.000.000 €
16	100 €	4.210.000 €
17	100 €	4.200.000 €
18	100 €	1.990.000 €
19	100 €	1.000.000 €
20	100 €	1.020.000 €
Gesamt	-	50.901.000 €

Periode	Preis	Revenue
1	100 €	1.200.000 €
2	100 €	2.000.000 €
3	100 €	3.100.000 €
4	100 €	2.000.000 €
5	100 €	4.399.900 €
6	100 €	1.740.000 €
7	100 €	1.780.000 €
8	100 €	1.460.000 €
9	100 €	2.000.000 €
10	100 €	1.911.100 €
11	110 €	3.746.800 €
12	111 €	1.990.480 €
13	111 €	3.892.350 €
14	112 €	3.590.720 €
15	112 €	5.611.000 €
16	113 €	4.766.562 €
17	113 €	4.755.660 €
18	114 €	2.273.177 €
19	114 €	1.142.400 €
20	115 €	1.175.448 €
Gesamt	-	54.535.597 €

Revenue after Expand	32.944.597,00 €
Revenue Origin	21.591.000,00 €
Summe	54.535.597,00 €
Rendite	7,14%

3)

a)

Verteilung	Ergebnis
Periode 1	45,09%
Periode 2	54,91%

b)

Periode	Preis	Revenue
1	120 €	1.440.000 €
2	120 €	2.400.000 €
3	120 €	3.720.000 €
4	120 €	2.400.000 €
5	120 €	5.279.880 €
6	120 €	1.608.000 €
7	120 €	2.136.000 €
8	120 €	1.440.000 €
9	120 €	3.840.000 €
10	120 €	2.293.320 €
11	120 €	4.080.000 €
12	120 €	2.148.000 €
13	120 €	4.200.000 €
14	120 €	3.840.000 €
15	120 €	3.840.000 €
16	120 €	3.626.640 €
17	120 €	2.400.000 €
18	120 €	1.680.000 €
19	120 €	1.920.000 €
20	120 €	1.224.000 €
Gesamt	-	55.515.840 €

Periode	Preis	Revenue
1	120 €	1.440.000 €
2	120 €	2.400.000 €
3	120 €	3.720.000 €
4	120 €	2.400.000 €
5	120 €	5.279.880 €
6	120 €	1.608.000 €
7	120 €	2.136.000 €
8	120 €	1.440.000 €
9	120 €	3.840.000 €
10	120 €	2.293.320 €
11	138 €	4.698.800 €
12	139 €	2.493.470 €
13	139 €	4.879.350 €
14	140 €	4.496.320 €
15	140 €	4.499.840 €
16	141 €	4.283.062 €
17	142 €	2.836.600 €
18	142 €	2.001.020 €
19	143 €	2.288.640 €
20	143 €	1.470.228 €
Gesamt	-	60.504.530 €

Revenue after Expand	33.947.329,84 €
Revenue Origin	26.557.200,00 €
Summe	60.504.529,84 €
Rendite	8,99%

9.10 (H + P) Turning Point

1)

a)

Kennzahl	Ergebnis
Erwartungswert	350,46 €

b)

Kennzahl	Ergebnis
Wendepunkt	142,48 €

c)

Kennzahl	Ergebnis
Absolute Spanne	122,65 €
Relative Spanne	86,08%

2)

a)

Kennzahl	Ergebnis
Erwartungswert	265,14 €

b)

Kennzahl	Ergebnis
Wendepunkt	142,48 €

c)

Kennzahl	Ergebnis
Absolute Spanne	122,65 €
Relative Spanne	86,08%

d)

Periode	Kurs	Relative Veränderung
1	70 €	49,13%
2	110 €	77,20%
3	80 €	56,15%
4	320 €	224,59%
5	150 €	105,28%
6	170 €	119,31%
7	115 €	80,71%
8	150 €	105,28%
9	180 €	126,33%
10	201 €	141,07%

3)

a)

Kennzahl	Ergebnis
Erwartungswert	243,77 €

b)

Kennzahl	Ergebnis
Wendepunkt	110,17 €

c)

Kennzahl	Ergebnis
Absolute Spanne	133,60 €

d)

Periode	Kurs	Relative Veränderung
1	80 €	72,62%
2	70 €	63,54%
3	40 €	36,31%
4	30 €	27,23%
5	136 €	123,45%
6	145 €	131,62%
7	235 €	**213,31%**
8	140 €	127,08%
9	132 €	119,82%
10	120 €	108,92%

e) In der Periode sieben befindet sich das Ergebnis dieser Aufgabe.

9.11 (H + P) Variationsinstrument

1)

a)

Variationskoeffizient	Ergebnis
Mittelwert	2.709 €
Standardabweichung	778 €
Ergebnis	**28,71%**

b) Das Ergebnis beträgt 16,40 Prozent.

2)

a)

Variationskoeffizient	Ergebnis
Mittelwert	419 €
Standardabweichung	205 €
Ergebnis	**48,99%**

b) Das Ergebnis beträgt nach dem (H + P) Variationsinstrument 25,35 Prozent.
c) Eine geringe Datenschwankung ist bei dieser Untersuchung zu verzeichnen.

3)

a) Das Ergebnis nach dem (H + P) Variationsinstrument ist in einer Tabelle dargestellt.

Kundengruppe	Ergebnis
Touristen	13,38%
Business	13,96%

b) Die Kundengruppe der Geschäftsleute weist die größten Schwankungen auf.
c) Beide Segmente sind im geringen Bereich.

9.12 (H + P) Diversifikationseffekt

1)

a) Nach den Berechnungen des (H + P) Diversifikationseffekts ist das Portfolio gestreut bis 87,76 Prozent.
b) Der Optimierungsbedarf beträgt 12,24 Prozent.
c)

Investition	Ergebnis
Paris	0,47%
Madrid	1,24%
Lissabon	0,55%
Bern	0,55%
Rom	2,92%
Wien	0,64%
Zagreb	2,54%
Bukarest	1,30%
Athen	0,39%
Istanbul	0,73%
Summe	11,32%

Ergebnis 88,68%

2)

a) Das Investmentportfolio ist nach den Berechnungen des (H + P) Diversifikationseffekts zu 81,27 Prozent gestreut.
b) Der Optimierungsbedarf liegt bei einem Wert von 18,73 Prozent.
c) Der Simpson-Index ist in folgender Tabelle gegeben.

Fonds	Ergebnis
1	0,91%
2	0,86%
3	0,68%
4	0,68%
5	4,65%
6	0,79%
7	3,14%
8	1,66%
9	0,02%
10	0,05%
Summe	13,43%
Ergebnis	86,57%

3)

a) Die Streuung beträgt nur 63,40 Prozent. Ein Blick auf die Tabelle zeigt, dass das Portfolio neu aufgestellt werden muss.

Bereich	Einschätzung	Empfehlung
10% - 20%	Hoch riskant	Anlage vergessen
20% - 50%	Riskant	Portfolio neu aufstellen
50% - 70%	**Mittelmäßig**	**Risiko besser streuen**
70% - 85%	Gut	Risiko beobachten
86%-100%	Sehr gut	Risiko optimal verteilt

Der Wert liegt in der dritten Stufe, da mit einem mittleren Ausfallrisiko gerechnet werden muss.

b) Der Optimierungsbedarf beträgt 36,60 Prozent.

c)

Fonds	Ergebnis
1	0,05%
2	0,46%
3	0,67%
4	0,20%
5	23,86%
6	4,32%
7	0,00%
8	0,02%
9	0,03%
10	0,26%
Summe	29,86%

Ergebnis 70,14%

9.13 (H + P) Pricing Elasticity

1)

a) Die Preisbereitschaft wurde gemessen bei 12,40 Prozent.

b)

Periode	Preise	Hotelgäste	Optimierter Revenue
1	98 €	150	14.706 €
2	109 €	140	15.267 €
3	110 €	110	12.117 €
4	121 €	150	18.175 €
5	105 €	160	16.743 €
6	104 €	120	12.425 €
7	286 €	200	57.280 €
8	297 €	200	59.483 €
9	319 €	200	63.889 €
10	330 €	200	66.092 €
11	341 €	200	68.295 €
12	330 €	200	66.092 €
13	319 €	200	63.889 €
14	297 €	200	59.483 €
15	281 €	200	56.201 €
16	104 €	110	11.390 €
17	105 €	160	16.743 €
18	121 €	120	14.540 €
19	110 €	110	12.117 €
20	98 €	100	9.804 €
Gesamt	-	3.230	714.735 €

Rendite Vergleich

Revenue	635.873 €
Optimierter Revenue	714.735 €
Absolut	78.861 €
in Prozent	11,69

Die Rendite beträgt aufgerundet 12 Prozent.

2)

a) Die zukünftige Preisbereitschaft liegt bei 40,58 Prozent.

b)

Periode	Preise	Hotelgäste	Optimierte Revenue
1	112 €	145,5	16.364 €
2	125 €	135,8	16.991 €
3	119 €	106,7	12.750 €
4	121 €	145,5	17.591 €
5	122 €	155,2	18.982 €
6	118 €	116,4	13.746 €
7	211 €	200	42.175 €
8	211 €	200	42.175 €
9	211 €	200	42.175 €
10	211 €	200	42.175 €
11	211 €	200	42.175 €
12	211 €	200	42.175 €
13	211 €	200	42.175 €
14	211 €	200	42.175 €
15	211 €	200	42.175 €
16	141 €	106,7	15.000 €
17	141 €	155,2	21.818 €
18	141 €	116,4	16.364 €
19	141 €	106,7	15.000 €
20	141 €	97	13.637 €
Gesamt	-	3.187,1	557.816 €

Revenue	396.789 €
Optimierter Revenue	557.816 €
Absolut	161.027 €
in Prozent	34,06

3)

a) Eine Preiserhöhung von 39,87 Prozent kann vorgenommen werden.

b)

Periode	Preise	Hotelgäste	Optimierter Revenue
1	105 €	136,77	14.386 €
2	117 €	127,652	14.937 €
3	112 €	100,298	11.209 €
4	113 €	136,77	15.464 €
5	114 €	145,888	16.687 €
6	110 €	109,416	12.084 €
7	280 €	188	52.590 €
8	210 €	188	39.443 €
9	280 €	188	52.590 €
10	350 €	188	65.738 €
11	280 €	188	52.590 €
12	350 €	188	65.738 €
13	210 €	188	39.443 €
14	140 €	188	26.295 €
15	210 €	188	39.443 €
16	119 €	100,298	11.924 €
17	112 €	145,888	16.324 €
18	126 €	109,416	13.773 €
19	130 €	100,298	13.046 €
20	131 €	91,18	11.988 €
Gesamt	-	2.995,874	585.691 €

Revenue	418.747 €
Optimierter Revenue	585.691 €
Absolut	166.944 €
in Prozent	33,55

9.14 (H + P) Bid Pricing

1)

a)

Route	X1	X2	X3	X4	X5
Bid Price	**4.424,17 €**	**2.652,61 €**	**2.451,31 €**	**4.509,21 €**	**5.768,00 €**
Revenue	442.417 €	769.258 €	857.960 €	45.092 €	28.840 €
Altumsatz	121.000 €	435.000 €	420.000 €	18.000 €	15.000 €
Rendite	129,65%	57,01%	71,43%	91,83%	65,37%

b)

Altumsatz	1.009.000 €
Bid-Price-Umsatz	**2.143.567 €**
Erhöhung in Euro	1.134.567 €
Erhöhung in Prozent	112,44

c) Die Rendite beträgt 75,35 Prozent.

2)

a)

Route	X1	X2	X3	X4	X5
Bid Price	8,70 €	47,98 €	14,25 €	12,06 €	205,71 €
Revenue	870 €	5.278 €	713 €	1.206 €	3.086 €
Altumsatz	1.000 €	5.500 €	1.000 €	1.900 €	1.500 €
Rendite	-13,98%	-4,12%	-33,87%	-45,44%	72,13%

b)

Altumsatz	10.900 €
Bid-Price-Umsatz	**11.152 €**
Erhöhung in Euro	252 €
Erhöhung in Prozent	2,31

c) Die Rendite beträgt 2,29 Prozent.

d) Aus Sicht des Revenue Managements dürfen die Transportpreise auf Strecke eins bis vier nicht unterboten werden. Momentan wird die Gewinnzone bei Strecke fünf erreicht. Empfehlung ist, eine Preis-Elastizität-Analyse durchzuführen, um festzustellen, ob eine Marktpreiserhöhung aus Kundensicht durchführbar ist.

3)

a)

Route	X1	X2	X3	X4	X5
Bid Price	1.469,25 €	2.882,20 €	2.694,78 €	2.505,00 €	3.144,69 €
Revenue	176.310 €	403.507 €	404.216 €	501.001 €	786.173 €
Altumsatz	144.000 €	210.000 €	300.000 €	240.000 €	300.000 €
Rendite	20,24%	65,31%	29,82%	73,60%	96,34%

b)

Altumsatz	1.194.000 €
Bid-Price-Umsatz	2.271.207 €
Erhöhung in Euro	1.077.207 €
Erhöhung in Prozent	90,22

c) Die Rendite beträgt aufgerundet 65 Prozent.

9.15 (H + P) Pricing Margin Analysis

1)

a)

Wochen	(H + P) Margin Price	Auslastung	Revenue
21	113 €	146	16.469,35 €
22	113 €	126	14.258,70 €
22	113 €	186	21.001,18 €
23	113 €	196	22.106,51 €
23	113 €	196	22.106,51 €
24	113 €	196	22.106,51 €
24	113 €	131	14.811,36 €
25	113 €	215	24.206,62 €
25	102 €	88	8.953,13 €
26	102 €	59	5.968,76 €
26	102 €	69	6.963,55 €
27	102 €	58	5.869,28 €
27	113 €	118	13.263,90 €
28	113 €	156	17.574,67 €
28	113 €	196	22.106,51 €
29	113 €	176	19.895,85 €
29	113 €	186	21.001,18 €
30	113 €	174	19.674,79 €
30	113 €	132	14.921,89 €
31	113 €	43	4.863,43 €
Gesamt	-	-	318.123,66 €

Preisspannenerhöhung	Historisch	Neu	Differenz
Peakpreis	100 €	113 €	13 €
Lowpreis	90 €	113 €	23 €

b)

Revenue	Ergebnis
Differenz	30.314 €
Rendite	10,01%

2)

a)

Wochen	(H + P) Margin Price	Auslastung	Revenue
21	104 €	157	16.335,56 €
22	104 €	147	15.308,17 €
22	104 €	128	13.356,12 €
23	104 €	197	20.547,88 €
23	104 €	246	25.684,85 €
24	104 €	197	20.547,88 €
24	104 €	132	13.767,08 €
25	104 €	216	22.499,93 €
25	83 €	89	7.397,24 €
26	83 €	59	4.931,49 €
26	83 €	69	5.753,41 €
27	83 €	58	4.849,30 €
27	104 €	138	14.383,51 €
28	104 €	166	17.362,96 €
28	104 €	245	25.582,11 €
29	104 €	99	10.273,94 €
29	104 €	187	19.520,48 €
30	104 €	175	18.287,61 €
30	104 €	133	13.869,82 €
31	83 €	43	3.616,43 €
Gesamt	-	-	293.875,74 €

Preisspannenerhöhung	Historisch	Neu	Differenz
Peakpreis	100 €	104 €	4 €
Lowpreis	80 €	83 €	3 €

b)

Revenue	Ergebnis
Differenz	7.836 €
Rendite	2,70%

c)

Wochen	Relativer Revenue (gemessen an der Summe)
21	5,56%
22	5,21%
22	4,54%
23	6,99%
23	8,74%
24	6,99%
24	4,68%
25	7,66%
25	2,52%
26	1,68%
26	1,96%
27	1,65%
27	4,89%
28	5,91%
28	8,71%
29	3,50%
29	6,64%
30	6,22%
30	4,72%
31	1,23%

3)

a)

Wochen	(H + P) Margin Price	Auslastung	Revenue
21	51 €	151	7.662,57 €
22	51 €	142	7.180,65 €
22	51 €	124	6.265,00 €
23	51 €	190	9.638,46 €
23	51 €	143	7.228,84 €
24	51 €	190	9.638,46 €
24	51 €	127	6.457,77 €
25	51 €	208	10.554,11 €
25	51 €	48	2.409,61 €
26	30 €	43	1.301,19 €
26	30 €	42	1.272,28 €
27	30 €	10	289,15 €
27	51 €	133	6.746,92 €
28	51 €	161	8.144,50 €
28	51 €	237	11.999,88 €
29	51 €	95	4.819,23 €
29	51 €	181	9.156,53 €
30	51 €	169	8.578,23 €
30	51 €	128	6.505,96 €
31	30 €	10	289,15 €
Gesamt	-	-	126.138,48 €

Preisspannenerhöhung	Historisch	Neu	Differenz
Peakpreis	50 €	51 €	1 €
Lowpreis	30 €	30 €	0 €

Erhöhung	Ergebnis
in Prozent	1,46

b)

Revenue	Ergebnis
Differenz	-4.732 €
Rendite	-3,68%

c)

Wochen	Relativer Revenue (gemessen an der Summe)
21	6,07%
22	5,69%
22	4,97%
23	7,64%
23	5,73%
24	7,64%
24	5,12%
25	8,37%
25	1,91%
26	1,03%
26	1,01%
27	0,23%
27	5,35%
28	6,46%
28	9,51%
29	3,82%
29	7,26%
30	6,80%
30	5,16%
31	0,23%

d) Trotz der kontrollierten Preiserhöhung kann ein Revenue-Anstieg nicht gelingen. Eine Preiserhöhung von sechs Prozent wird nun vorgenommen. Das Ergebnis:

Wochen	(H + P) Margin Price	Auslastung	Revenue
21	54 €	151	8.122 €
22	54 €	142	7.611 €
22	54 €	124	6.641 €
23	54 €	190	10.217 €
23	54 €	143	7.663 €
24	54 €	190	10.217 €
24	54 €	127	6.845 €
25	54 €	208	11.187 €
25	54 €	48	2.554 €
26	32 €	43	1.379 €
26	32 €	42	1.349 €
27	32 €	10	307 €
27	54 €	133	7.152 €
28	54 €	161	8.633 €
28	54 €	237	12.720 €
29	54 €	95	5.108 €
29	54 €	181	9.706 €
30	54 €	169	9.093 €
31	54 €	128	6.896 €
Gesamt	-	2518	133.400 €

Final-Optimierung/(H + P) Margin Analysis

Rendite	5,60%
Differenz	7.262 €

Final-Optimierung/Bestandsaufnahmen

Rendite	1,91%

Eine Preiserhöhung von 6 Prozent erbringt eine Rendite von aufgerundet 2 Prozent verglichen mit den Auslastungsbestandsaufnahmen und der finalen Optimierung.

9.16 (H + P) Deviation Analysis

1)

a) Das Ergebnis beträgt aufgerundet 24 Prozent.

b)

Periode	Prognose	Faktum-Wert
1	150	152
2	180	184
3	110	104
4	200	185
5	340	308
Korrelation	99,45%	

Periode	Prognose	Faktum-Wert
6	190	169
7	190	165
8	210	179
9	300	251
10	320	263
Korrelation	99,90%	

Periode	Prognose	Faktum-Wert
11	125	101
12	150	169
13	110	125
14	320	368
15	240	279
Korrelation	98,84%	

Periode	Prognose	Faktum-Wert
16	100	117
17	200	237
18	190	227
19	150	181
20	430	525
Korrelation	99,990%	

c)

Periode	Faktum-Wert	Periodische Rendite	Ertragserhöhung an der Summe
1	1.515.000 €	41,54%	3,53%
2	1.836.180 €	19,23%	4,28%
3	1.036.555 €	-57,18%	2,42%
4	1.847.691 €	57,80%	4,31%
5	3.079.485 €	51,08%	7,18%
6	1.687.146 €	-60,17%	3,94%
7	1.654.064 €	-1,98%	3,86%
8	1.792.330 €	8,03%	4,18%
9	2.510.266 €	33,69%	5,86%
10	2.625.115 €	4,47%	6,12%
11	1.005.329 €	-95,98%	2,35%
12	1.690.238 €	51,96%	3,94%
13	1.251.903 €	-30,02%	2,92%
14	3.678.317 €	107,78%	8,58%
15	2.786.325 €	-27,77%	6,50%
16	1.172.579 €	-86,55%	2,74%
17	2.368.609 €	70,31%	5,53%
18	2.272.680 €	-4,13%	5,30%
19	1.810.955 €	-22,71%	4,22%
20	5.246.817 €	106,38%	12,24%
Gesamt	42.867.582 €	-	-

Die Vergleichsanalyse:

Periode	Faktum-Wert	Prognose	Erhöhung
1	1.515.000 €	1.500.000 €	1,00%
2	1.836.180 €	1.800.000 €	1,99%
3	1.036.555 €	1.100.000 €	-5,94%
4	1.847.691 €	2.000.000 €	-7,92%
5	3.079.485 €	3.400.000 €	-9,90%
6	1.687.146 €	1.900.000 €	-11,88%
7	1.654.064 €	1.900.000 €	-13,86%
8	1.792.330 €	2.100.000 €	-15,84%
9	2.510.266 €	3.000.000 €	-17,82%
10	2.625.115 €	3.200.000 €	-19,80%
11	1.005.329 €	1.250.000 €	-21,78%
12	1.690.238 €	1.500.000 €	11,94%
13	1.251.903 €	1.100.000 €	12,94%
14	3.678.317 €	3.200.000 €	13,93%
15	2.786.325 €	2.400.000 €	14,93%
16	1.172.579 €	1.000.000 €	15,92%
17	2.368.609 €	2.000.000 €	16,92%
18	2.272.680 €	1.900.000 €	17,91%
19	1.810.955 €	1.499.000 €	18,91%
20	5.246.817 €	4.300.000 €	19,90%
Gesamt	42.867.582 €	42.049.000 €	1,93%

Die Rendite:

Kennzahl	Analyse
Absolute Veränderung	818.582 €
Gesamtrendite	1,93%

2)

a) Die (H + P)-Deviation-Analysis-Abweichung beträgt aufgerundet 64 Prozent.

b)

Periode	Prognose	Faktum-Wert
1	160	162
2	200	204
3	190	179
4	120	111
5	170	154
Korrelation	97,08%	
Periode	Prognose	Faktum-Wert
6	180	160
7	121	105
8	192	164
9	123	103
10	132	108
Korrelation	99,34%	

Periode	Prognose	Faktum-Wert
11	125	101
12	150	169
13	111	126
14	115	132
15	240	279
Korrelation	96,54%	

Periode	Prognose	Faktum-Wert
16	221	259
17	200	237
18	190	227
19	150	181
20	220	268
Korrelation	99,343%	

c)

Periode	Faktum-Wert	Periodische Rendite	Ertragserhöhung an der Summe
1	323.200 €	38,46%	4,71%
2	408.040 €	23,31%	5,95%
3	358.082 €	-13,06%	5,22%
4	221.723 €	-47,93%	3,23%
5	307.948 €	32,85%	4,49%
6	319.670 €	3,74%	4,66%
7	210.676 €	-41,70%	3,07%
8	327.740 €	44,19%	4,78%
9	205.842 €	-46,51%	3,00%
10	216.572 €	5,08%	3,16%
11	201.066 €	-7,43%	2,93%
12	338.048 €	51,96%	4,93%
13	252.657 €	-29,12%	3,68%
14	264.379 €	4,54%	3,85%
15	557.265 €	74,57%	8,13%
16	518.280 €	-7,25%	7,56%
17	473.722 €	-8,99%	6,91%
18	454.536 €	-4,13%	6,63%
19	362.191 €	-22,71%	5,28%
20	536.884 €	39,36%	7,83%
Gesamt	6.858.520 €	-	-

Vergleichsanalyse:

Periode	Faktum-Wert	Prognose	Erhöhung
1	323.200 €	320.000 €	1,00%
2	408.040 €	400.000 €	1,99%
3	358.082 €	380.000 €	-5,94%
4	221.723 €	240.000 €	-7,92%
5	307.948 €	340.000 €	-9,90%
6	319.670 €	360.000 €	-11,88%
7	210.676 €	242.000 €	-13,86%
8	327.740 €	384.000 €	-15,84%
9	205.842 €	246.000 €	-17,82%
10	216.572 €	264.000 €	-19,80%
11	201.066 €	250.000 €	-21,78%
12	338.048 €	300.000 €	11,94%
13	252.657 €	222.000 €	12,94%
14	264.379 €	230.000 €	13,93%
15	557.265 €	480.000 €	14,93%
16	518.280 €	442.000 €	15,92%
17	473.722 €	400.000 €	16,92%
18	454.536 €	380.000 €	17,91%
19	362.191 €	299.800 €	18,91%
20	536.884 €	440.000 €	19,90%
Gesamt	6.858.520 €	6.619.800 €	3,54%

Rendite:

Kennzahl	Analyse
Absolute Veränderung	238.720 €
Gesamtrendite	3,54%

3)

a) Die (H + P)-Deviation-Analysis-Abweichung beträgt 43,55 Prozent.

b)

Periode	Prognose	Faktum-Wert
1	16	16
2	20	20
3	19	18
4	12	11
5	17	15
Korrelation	97,08%	
Periode	Prognose	Faktum-Wert
6	18	16
7	12	11
8	19	16
9	12	10
10	13	11
Korrelation	99,34%	

Periode	Prognose	Faktum-Wert
11	13	10
12	15	17
13	11	13
14	12	13
15	7	28
Korrelation	-67,48%	

Periode	Prognose	Faktum-Wert
16	11	26
17	20	24
18	19	23
19	15	18
20	22	27
Korrelation	20,266%	

c)

Periode	Faktum-Wert	Periodische Rendite	Ertragserhöhung an der Summe
1	3.232 €	48,00%	4,71%
2	4.080 €	23,31%	5,95%
3	3.581 €	-13,06%	5,22%
4	2.217 €	-47,93%	3,23%
5	3.079 €	32,85%	4,49%
6	3.197 €	3,74%	4,66%
7	2.107 €	-41,70%	3,07%
8	3.277 €	44,19%	4,78%
9	2.058 €	-46,51%	3,00%
10	2.166 €	5,08%	3,16%
11	2.011 €	-7,43%	2,93%
12	3.380 €	51,96%	4,93%
13	2.527 €	-29,12%	3,68%
14	2.644 €	4,54%	3,85%
15	5.573 €	74,57%	8,13%
16	5.183 €	-7,25%	7,56%
17	4.737 €	-8,99%	6,91%
18	4.545 €	-4,13%	6,63%
19	3.622 €	-22,71%	5,28%
20	5.369 €	39,36%	7,83%
Gesamt	68.585 €	-	-

Die Vergleichsanalyse:

Periode	Faktum-Wert	Prognose	Erhöhung
1	3.232 €	3.200 €	1,00%
2	4.080 €	4.000 €	1,99%
3	3.581 €	3.800 €	-5,94%
4	2.217 €	2.400 €	-7,92%
5	3.079 €	3.400 €	-9,90%
6	3.197 €	3.600 €	-11,88%
7	2.107 €	2.420 €	-13,86%
8	3.277 €	3.840 €	-15,84%
9	2.058 €	2.460 €	-17,82%
10	2.166 €	2.640 €	-19,80%
11	2.011 €	2.500 €	-21,78%
12	3.380 €	3.000 €	11,94%
13	2.527 €	2.220 €	12,94%
14	2.644 €	2.300 €	13,93%
15	5.573 €	1.400 €	138,14%
16	5.183 €	2.200 €	85,69%
17	4.737 €	4.000 €	16,92%
18	4.545 €	3.800 €	17,91%
19	3.622 €	2.998 €	18,91%
20	5.369 €	4.400 €	19,90%
Gesamt	68.585 €	60.578 €	12,41%

Rendite-Analyse:

Kennzahl	Analyse
Absolute Veränderung	8.007 €
Gesamtrendite	12,41%

9.17 (H + P) Portfolio Analysis

1)

a)

Anlage	Verteilung
Fluggesellschaft 1	32,01%
Fluggesellschaft 2	33,99%
Fluggesellschaft 3	33,99%
Summe	100,00%
Gesamtinvestitionssumme	1.500.000 €
Anlage	Investitionssumme
Fluggesellschaft 1	480.168 €
Fluggesellschaft 2	509.916 €
Fluggesellschaft 3	509.916 €
Gesamt	1.500.000 €

2)

a)

Anlage	Verteilung
Anlage 1	36,48%
Anlage 2	33,43%
Anlage 3	30,08%
Summe	100,00%
Gesamtinvestitionssumme	2.000.000 €
Anlage	Investitionssumme
Anlage 1	729.631 €
Anlage 2	668.697 €
Anlage 3	601.672 €
Gesamt	2.000.000 €

b) Der höchste Investitionsbetrag liegt in der ersten Geldanlage. Der Investitionsbetrag liegt bei 729.631 Euro.

3)

a)

Anlage	Verteilung
Fonds 1	36,87%
Fonds 2	33,78%
Fonds 3	29,35%
Summe	100,00%
Gesamtinvestitionssumme	4.000.000 €
Anlage	Investitionssumme
Fonds 1	1.474.674 €
Fonds 2	1.351.351 €
Fonds 3	1.173.976 €
Gesamt	4.000.000 €

9.18 (H + P) Input-Output Analysis

1)

a)

Abteilung	Produktivität
1	241,59%
2	22,31%
3	81,54%
4	110,42%
5	233,04%
6	95,01%
7	72,18%
8	82,20%
9	243,54%
Summe	-

b)

Abteilung	Einnahmen	Ausgaben
1	98,54%	1,46%
2	68,34%	31,66%
3	86,25%	13,75%
4	90,88%	9,12%
5	98,35%	1,65%
6	88,67%	11,33%
7	84,32%	15,68%
8	86,42%	13,58%
9	98,58%	1,42%
Mittelwert	88,93%	11,07%

Die Analyse zeigt, dass die durchschnittlichen Einnahmen einen größeren Anteil annehmen als die Ausgaben.

2)

a)

Abteilung	Produktivität
1	102,63%
2	22,31%
3	88,38%
4	85,44%
5	**239,87%**
6	70,03%
7	79,01%
8	57,39%
9	20,05%
Summe	-

Abteilung fünf hat die größte Produktivität.

b)

Abteilung	Einnahmen	Ausgaben
1	89,79%	10,21%
2	68,33%	31,67%
3	87,52%	12,48%
4	87,01%	12,99%
5	98,50%	1,50%
6	83,86%	16,14%
7	85,76%	14,24%
8	80,70%	19,30%
9	67,29%	32,71%
Mittelwert	83,20%	16,80%

3)

a) Die Wirtschaftlichkeit jedes einzelnen Fonds ist in der folgenden Tabelle gegeben.

Abteilung	Wirtschaftlichkeit
1	-118,10%
2	22,31%
3	87,55%
4	-144,82%
5	8,78%
6	151,98%
7	78,18%
8	165,82%
9	19,23%
Summe	-

Die Renditen bezogen auf das Anfangskapital von 100.000 Euro sind in folgender Tabelle gegeben.

Fonds	Rendite-Analyse
1	-298%
2	25%
3	53%
4	-459%
5	10%
6	125%
7	50%
8	148%
9	19%

Deutlich ist zu erkennen, dass Fonds eins und vier jeweils eine negative Rendite erwirtschaften.

b)

Fonds	Revenue	Verlust
1	-132,10%	232,10%
2	68,33%	31,67%
3	87,37%	12,63%
4	-239,73%	339,73%
5	61,64%	38,36%
6	94,95%	5,05%
7	85,59%	14,41%
8	95,86%	4,14%
9	66,91%	33,09%
Mittelwert	20,98%	79,02%

Die (H + P) Input-Output-Koeffizienten betragen 20,98 Prozent und 79,02 Prozent. Diese Werte sind zu niedrig. Knapp 20 Prozent der Fonds sind als reiner Anlagegewinn zu verbuchen. Fonds eins und vier sollten aus dem Portfolio zwangsliquidiert werden, um einem Komplettausfall vorzubeugen.

9.19 (H + P) Pricing Factor

1)

a)

Sparte	Einheitspreis
Kundensparte 1	41 €
Kundensparte 2	41 €
Kundensparte 3	41 €

Der Einheitspreis beträgt 41 Euro.

b)

Gesamtumsatzveränderung	
in Prozent	**17,20**
in Zahlen	843 €

Der Umsatzanstieg beträgt abgerundet 17 Prozent.

c)

Preisveränderung	in Zahlen	in Prozent
Kundensparte 1	**9 €**	**17,96**
Kundensparte 2	-1 €	-2,55
Kundensparte 3	-11 €	-36,74
Gesamt	-3 €	-21,33

Die größte Preisveränderung ist in Kundensparte 1 vorgenommen worden.

2)

a)

Sparte	Einheitspreis
Kundensparte 1	173 €
Kundensparte 2	173 €
Kundensparte 3	173 €

Der Einheitspreis beträgt 173 Euro.

b)

Gesamtumsatzveränderung	
in Prozent	8,69
in Zahlen	2.215 €

c)

Preisveränderung	in Zahlen	in Prozent
Kundensparte 1	**127 €**	**42,26%**
Kundensparte 2	77 €	30,71%
Kundensparte 3	-73 €	-73,22%
Gesamt	130 €	-0,25%

Bei Kundensparte 1 wird die größte Preisveränderung vorgenommen.

3)

a)

Sparte	Einheitspreis
Kundensparte 1	143 €
Kundensparte 2	143 €
Kundensparte 3	143 €

b)

Gesamtumsatzveränderung	
in Prozent	3,10
in Zahlen	**387 €**

c)

Sparte	Umsatz	in Prozent
Kundensparte 1	2.864 €	22,22%
Kundensparte 2	4.296 €	33,33%
Kundensparte 3	**5.728 €**	**44,44%**
	12.887 €	100,00%

d)

Preisveränderung	in Zahlen	in Prozent
Kundensparte 1	57 €	28,40
Kundensparte 2	7 €	4,54
Kundensparte 3	-43 €	-43,19
Gesamt	20 €	-10,25

9.20 (H + P) Hedging Model

a)

Umsatzverlust auf	Zahlen
Tagesbasis	1.076 €
Jahresbasis	387.486 €

b)

Nummer	Umsatzverlust	in Prozent
1	10 €	0,93
2	33 €	3,07
3	12 €	1,15
4	55 €	5,11
5	180 €	16,72
6	54 €	5,02
7	171 €	15,89
8	15 €	1,36
9	64 €	5,95
10	85 €	7,90
11	50 €	4,60
12	72 €	6,69
13	100 €	9,29
14	96 €	8,92
15	80 €	7,41
Summe	1.076 €	-

c)

Hedging-Anteil	432.912,36 €

d)

Récupération	45.426,36 €

2)

a)

Nummer	Umsatzverlust	in Prozent
1	$200	0,34
2	$1.200	2,05
3	$650	1,11
4	$2.100	3,58
5	$2.610	4,45
6	$1.500	2,56
7	$4.950	8,44
8	$654	1,12
9	$928	1,58
10	$3.500	5,97
11	$3.600	6,14
12	$5.784	9,86
13	$3.430	5,85
14	$3.871	6,60
15	$23.658	40,35
Summe	$58.636	-

Umsatzverlust auf	Zahlen
Tagesbasis	58.636 €
Jahresbasis	21.402.140 €

b)

Hedginganteil	23.938.886,59 €

c)

Récupération	2.829.969,79 €

3)
Die Lösungen dieser Aufgabe werden anhand von Tabellen dargestellt.

Nummer	Umsatzverlust	in Prozent
1	15 €	3,54
2	14 €	3,19
3	5 €	1,18
4	20 €	4,72
5	75 €	17,71
6	30 €	7,08
7	5 €	1,18
8	5 €	1,18
9	20 €	4,72
10	50 €	11,81
11	30 €	7,08
12	30 €	7,08
13	60 €	14,17
14	20 €	4,72
15	45 €	10,63
Summe	424 €	-

Umsatzverlust auf	Zahlen
Tagesbasis	424 €
Jahresbasis	152.460 €

Indikator	in Zahlen	in Prozent (auf den Jahresumsatz bezogen)
Hedginganteil	164.817,32 €	0,16
Umsatzverlust	152.460,00 €	0,15
Récupération	12.357,32 €	0,01
Jahresumsatz	101.688.480,00 €	-
Nettoumsatz (ohne Hedging)	101.536.020,00 €	-

9.21 (H + P) Price Index

1)

a) 236,25 Euro.
b) Die Standardabweichung beträgt 10,48 Euro.

2)

a) Der (H + P) Price Index beträgt 21,59 Euro.

b) Der Variationskoeffizient beträgt 38,66 Prozent.

c)

Prozentualer Index
-11,15%
-57,46%
2,74%
7,37%
-6,52%
16,64%
53,69%
58,32%
53,69%
35,16%
12,01%

Mittelwert
14,95%

3)

a) Der (H + P) Price Index beträgt 43,37 Euro.

b) Der Variationskoeffizient beträgt 41,70 Prozent.

c) Die durchschnittliche Wachstumsrate hat einen Wert von 8,91 Prozent.

Jahre	Veränderung in Prozent
0	-
1	-13,33
2	53,85
3	25,00
4	-54,00
5	-26,09
6	47,06
7	60,00
8	35,00
9	-74,07
10	35,71
Mittelwert	**8,91%**

d) Der Prozentuale Index beträgt im Durchschnitt 29,16 Prozent.

Prozentualer Index
30,84%
40,06%
7,78%
-15,27%
46,97%
60,81%
42,36%
7,78%
-24,50%
67,72%
56,20%

Mittelwert
29,16%

9.22 (H + P) Revenue Performance

1)

Rendite	Ergebnis
Allgemeine	2,90%
Logarithmische	20,01%
Geometrische	119,41%
Gesamtveränderung	22,15%
(H + P) Performancemaß	**21,98%**

2)

Rendite	Ergebnis
Allgemeine	12,80%
Logarithmische	84,31%
Geometrische	207,29%
Gesamtveränderung	132,35%
(H + P) Performancemaß	**383,77%**

3)

Rendite	Ergebnis
Allgemeine	3,91%
Logarithmische	26,86%
Geometrische	131,00%
Gesamtveränderung	30,81%
(H + P) Performancemaß	**17,63%**

9.23 (H + P) Minimum and Maximum Principle

1)

a)

Monate	Gäste	Optimierter Preis	Preisveränderung	Optimierter Revenue
1	38	226 €	26 €	8.618 €
2	76	228 €	26 €	17.409 €
3	114	231 €	27 €	26.374 €
4	152	233 €	27 €	35.517 €
5	190	235 €	27 €	44.840 €
6	229	147 €	17 €	33.611 €
7	267	149 €	17 €	39.605 €
8	305	247 €	29 €	75.192 €
9	343	158 €	18 €	54.294 €
10	381	160 €	19 €	60.887 €
11	419	258 €	30 €	108.129 €
12	457	170 €	20 €	77.563 €
13	495	171 €	20 €	84.755 €
14	533	235 €	27 €	125.553 €
15	571	147 €	17 €	84.027 €
16	610	149 €	17 €	90.525 €
17	648	247 €	29 €	159.783 €
18	686	158 €	18 €	108.589 €
19	724	158 €	18 €	114.622 €
20	762	226 €	26 €	172.363 €
Gesamt	8.000	-	-	1.522.257 €

b)

Kennzahl	Ergebnis
Rendite	12,32%
Absoluter Wert	176.477 €

2)

a)

Monate	Gäste	Optimierter Preis	Preisveränderung	Optimierter Revenue
1	952	89 €	9 €	84.377 €
2	1.905	89 €	9 €	170.442 €
3	2.857	90 €	9 €	258.219 €
4	3.810	91 €	9 €	347.736 €
5	4.762	92 €	9 €	439.016 €
6	5.714	111 €	11 €	632.829 €
7	6.667	111 €	11 €	738.300 €
8	7.619	103 €	10 €	786.803 €
9	8.571	122 €	12 €	1.044.167 €
10	9.524	122 €	12 €	1.160.186 €
11	10.476	114 €	11 €	1.197.873 €
12	11.429	111 €	11 €	1.265.658 €
13	12.381	127 €	12 €	1.576.798 €
14	13.333	92 €	9 €	1.229.245 €
15	14.286	111 €	11 €	1.582.072 €
16	15.238	111 €	11 €	1.687.543 €
17	16.190	103 €	10 €	1.671.956 €
18	17.143	100 €	10 €	1.708.638 €
19	18.095	100 €	10 €	1.803.562 €
20	19.048	111 €	11 €	2.109.429 €
Gesamt	200.000	-	-	21.494.850 €

b)

Kennzahl	Ergebnis
Rendite	10,21%
Absoluter Wert	2.085.537 €

3)

a)

Monate	Gäste	Optimierter Preis	Preisveränderung	Optimierter Revenue
1	476	85 €	15 €	40.239 €
2	952	85 €	15 €	81.284 €
3	1.429	86 €	15 €	123.145 €
4	1.905	87 €	15 €	165.835 €
5	2.381	88 €	15 €	209.367 €
6	2.857	145 €	25 €	413.892 €
7	3.333	181 €	31 €	603.592 €
8	3.810	220 €	38 €	836.256 €
9	4.286	157 €	27 €	672.574 €
10	4.762	193 €	33 €	919.760 €
11	5.238	340 €	58 €	1.782.187 €
12	5.714	121 €	21 €	689.820 €
13	6.190	139 €	24 €	859.401 €
14	6.667	209 €	36 €	1.391.017 €
15	7.143	145 €	25 €	1.034.730 €
16	7.619	181 €	31 €	1.379.640 €
17	8.095	221 €	38 €	1.788.358 €
18	8.571	229 €	39 €	1.965.987 €
19	9.048	229 €	39 €	2.075.208 €
20	9.524	121 €	21 €	1.149.700 €
Gesamt	100.000	-	-	18.181.992 €

b)

Kennzahl	Ergebnis
Rendite	18,83%
Absoluter Wert	3.120.510 €

9.24 (H + P) Cash-Burn-Rate

1)

a)

Kennzahl	Ergebnis
Minimum	1,79%
Maximum	70,40%

b)

Monat	Revenue	in Prozent	Verlust	in Prozent
1	115.000,00 €	1,69	0,00 €	0,00
2	0,00 €	0,00	-1.500,00 €	0,19
3	121.000,00 €	1,78	0,00 €	0,00
4	0,00 €	0,00	-100.000,00 €	12,57
5	0,00 €	0,00	-900,00 €	0,11
6	0,00 €	0,00	-124.100,00 €	15,60
7	132.000,00 €	1,94	0,00 €	0,00
8	0,00 €	0,00	-31.000,00 €	3,90
9	0,00 €	0,00	-15.000,00 €	1,89
10	0,00 €	0,00	-1.700,00 €	0,21
11	10.044,00 €	0,15	0,00 €	0,00
12	0,00 €	0,00	-100.093,00 €	12,59
13	180.000,00 €	2,65	0,00 €	0,00
14	0,00 €	0,00	-90.000,00 €	11,32
15	0,00 €	0,00	-121.000,00 €	15,21
16	0,00 €	0,00	-200.000,00 €	25,15
17	3.000.000,00 €	44,13	0,00 €	0,00
18	150.000,00 €	2,21	0,00 €	0,00
19	0,00 €	0,00	-10.000,00 €	1,26
20	3.090.000,00 €	45,45	0,00 €	0,00
Gesamt	6.798.044,00 €	100,00	-795.293,00 €	100,00

Kennzahl	Ergebnis
Revenue	6.798.044 €
Verlust	795.293 €
Gewinn	6.002.751 €
Rendite	214,57%
Rentabilität	88,30%

2)

a)

Kennzahl	Ergebnis
Minimum	2,01%
Maximum	70,80%

b)

Monat	Revenue	in Prozent	Verlust	in Prozent
1	115.000,00 €	1,54	0,00 €	0,00
2	0,00 €	0,00	-1.500,00 €	0,10
3	121.000,00 €	1,62	0,00 €	0,00
4	0,00 €	0,00	-100.000,00 €	6,64
5	0,00 €	0,00	-900,00 €	0,06
6	0,00 €	0,00	-124.100,00 €	8,24
7	112.000,00 €	1,50	0,00 €	0,00
8	0,00 €	0,00	-31.000,00 €	2,06
9	0,00 €	0,00	-15.000,00 €	1,00
10	0,00 €	0,00	-111.700,00 €	7,42
11	10.044,00 €	0,13	0,00 €	0,00
12	100.093,00 €	1,34	0,00 €	0,00
13	180.000,00 €	2,41	0,00 €	0,00
14	0,00 €	0,00	-90.000,00 €	5,98
15	0,00 €	0,00	-121.000,00 €	8,04
16	200.000,00 €	2,67	0,00 €	0,00
17	3.400.000,00 €	45,47	0,00 €	0,00
18	1.150.000,00 €	15,38	0,00 €	0,00
19	0,00 €	0,00	-910.000,00 €	60,46
20	2.090.000,00 €	27,95	0,00 €	0,00
Gesamt	7.478.137,00 €	100,00	-1.505.200,00 €	100,00

Kennzahl	Ergebnis
Revenue	7.478.137 €
Verlust	1.505.200 €
Gewinn	5.972.937 €
Rendite	160,31%
Rentabilität	79,87%

3)

a)

Kennzahl	Ergebnis
Minimum	6,96%
Maximum	75,35%

b)

Monat	Revenue	in Prozent	Verlust	in Prozent
1	119.000,00 €	1,25	0,00 €	0,00
2	0,00 €	0,00	-1.500,00 €	0,05
3	141.000,00 €	1,49	0,00 €	0,00
4	0,00 €	0,00	-1.600.000,00 €	52,85
5	0,00 €	0,00	-1.900,00 €	0,06
6	0,00 €	0,00	-124.100,00 €	4,10
7	112.000,00 €	1,18	0,00 €	0,00
8	0,00 €	0,00	-35.000,00 €	1,16
9	0,00 €	0,00	-15.000,00 €	0,50
10	0,00 €	0,00	-111.700,00 €	3,69
11	0,00 €	0,00	-10.044,00 €	0,33

12	100.093,00 €	1,05	0,00 €	0,00
13	180.000,00 €	1,90	0,00 €	0,00
14	0,00 €	0,00	-97.000,00 €	3,20
15	0,00 €	0,00	-121.000,00 €	4,00
16	1.200.000,00 €	12,64	0,00 €	0,00
17	4.400.000,00 €	46,35	0,00 €	0,00
18	1.150.000,00 €	12,12	0,00 €	0,00
19	0,00 €	0,00	-910.000,00 €	30,06
20	2.090.000,00 €	22,02	0,00 €	0,00
Gesamt	9.492.093,00 €	-	-3.027.244,00 €	100,00

Kennzahl	Ergebnis
Revenue	9.492.093 €
Verlust	3.027.244 €
Gewinn	6.464.849 €
Rendite	114,28%
Rentabilität	68,11%

Anhang

3.1 (H + P) Booking Limits

Notation	Erläuterung
N	Gesamtanzahl
X	Unabhängige Variable
Y	Abhängige Variable
Ni	Betrachteter Zeitpunkt
$\bar{X}$	Mittelwert von x
$\bar{Y}$	Mittelwert von Y
X Hw	Höchster x Wert
Y Hw	Höchster Y Wert
Kapaz	Kapazität
ÜB	Überbelegung
$\sum$ xi	Gesamtwert von x
$\sum$ yi	Gesamtwert von Y
Yk	Kleinster Wert Y
Xk	Kleinster Wert x

a)

$$\frac{\Bigg[\dfrac{\sqrt{\left(\sum xi^2 - \frac{\sum x}{n}\right)}}{\sum y^2 - \Big[(\sum xi/(\frac{n * n^4}{n})) + 1\Big]}\Bigg] * \Bigg[\Bigg[1 - \Bigg[\Big[\left(\dfrac{Überbelegung^2}{log(100)}\right)\Big] + \sqrt[\frac{1}{n}]{(log\left(\frac{n}{100}\right)}\Bigg]\Bigg] + 1\Bigg]}{\left(\dfrac{\left[X\,Hw^2 - \left(\frac{\sum x}{n}\right)\right]}{\left[\left[\dfrac{Yk^2 - \left(\frac{\sum Yi}{n}\right)}{Log\frac{\sum Yi}{100}}\right] * \left[\dfrac{Yk^2 - \bar{Y}}{Log\frac{\sum yi}{100}}\right] * 0{,}90\right]}\right)} = a$$

b)

$$\left[\sqrt[\frac{1}{n}]{A1^2}\right] * 100 = Buchungslimit$$

c)

$$1 - \left(\frac{Buchungslimit}{100}\right) = Schutzlimit$$

3.2 Optimal Overbooking Limit

Abkürzungstabelle

Notation	Bedeutung
Yi	Jahrespassagierzahl
P	Prozentanteil der Bruttopassagierzahl mit der Kapazität
1-P	Gegenwert von P
N^-1	Inverse der Normalverteilung
C	Kapazität

Binominal-Koeffizient:

a)

$$\sum_{k=0}^{n} \binom{n}{k} x^k a^{n-k}$$

$$\left(\frac{A!}{((A! - B!) * B!)}\right) * P^{Ni} * (1 - P)^{N-Ni}$$

b)

$$\left[\left[-N^{-1} * \left(\frac{Yi}{Yi+1}\right) * \sqrt{P * (1 - P}\right] + \sqrt{\left[\left[(N^{-1} * \left(\frac{Yi}{Yi+1}\right)^2 * \left(P * (1 - P)\right)\right] + (4 * P * C)\right]}\right]$$

$$(2 * P)$$

3.3 (H + P) Auslastungsmanagement

Abkürzungstabelle

Abkürzung	Bedeutung
AI	Auslastung
PAI	Jahresauslastung in Prozent
Kapaz	Kapazität
LOG	Logarithmus
N^-1	Inverse der Matrix

a)

$$1 - LOG \left[\left[\frac{\left[\left(\frac{\frac{PAI^2}{PAI^3}}{\frac{1}{AI * (1 + PAI)}}\right)\right]}{\sqrt{Kapaz}}\right]\right] = A1$$

b)

$$\frac{\left[\left[\frac{\frac{PAI^2}{PAI^3}}{\left(\frac{1}{(AI * (1 + PAI))}\right]}\right] - A1\right]}{\sqrt{A1}} = A2$$

c) Normalverteilung von (A2) =A3

d) A3 kumulieren= A4

e)

$$A5 = \left(\frac{A4}{n}\right) * 100$$

5.6 (H + P) Pricing Factor

a)

$$M = \left(\frac{Preis\ 1}{3}\right) + \left(\frac{Preis\ 2}{6}\right) + \left(\frac{Preis\ 3}{9}\right)$$

b)

$$qi = \left[\frac{\left[\frac{Preis\ 2}{Preis\ 1}\right]}{\left[\frac{Preis\ 1}{Preis\ 2}\right]}\right]^2$$

c)

$$qn = \sqrt{\left[\sum \frac{\left[\frac{Preis\ 2}{Preis\ 1}\right]}{\left[\frac{Preis\ 1}{Preis\ 2}\right]}\right] * \frac{Preis\ 1}{Preis\ 2}}$$

d)

$$PC = \left[\sum \frac{\left[\frac{Preis\ 2}{Preis\ 1}\right]}{\left[\frac{Preis\ 1}{Preis\ 2}\right]}\right]$$

e)

$$PB = \frac{Preis\ 1}{Preis\ 2}$$

f)

$$\left[\frac{\sqrt{\left[(Preis\ 1)^2 + \left(Preis\ 2 * (qi + 1)\right)^2 + \left[Preis\ 3 * \left[\left((PC + PB) + 1\right)^2\right]\right]\right]}}{\sqrt{M} + Ln(M)}\right] + 1$$

g)

$$= \frac{\left[\frac{ln\left(\frac{1}{qn}\right)}{Mittelwert}\right]}{\left[\frac{\left[\frac{ln\left(\frac{1}{qn}\right)}{Mittelwert}\right]}{Ln\left(\frac{1}{qn}\right)}\right]}$$

h)

$$= (Ln(Schritt\ 1 + Schritt\ 2))+1$$

i)

$$= \left[log\left(\frac{Mittelwert}{100}\right)\right]^4$$

j)

$$= Ln((Preis\ 1)^2) + Ln((Preis\ 2)^2) + Ln((Preis\ 3)^2)$$

k)

$$= \left[\sqrt{(Schritt\ 4/Schritt\ 5)}\right] + 1$$

l)

$$= \frac{\left[\left(\frac{\frac{Schritt3}{Schritt\ 6}}{\frac{Schritt\ 6}{Schritt\ 3}}\right)\right]}{(Schritt\ 3 + Schritt\ 6)}$$

m)

$$= Schritt\ 7 + 1$$

n)

$$\frac{\left[\left(\frac{Harmonischer\ Mittelwert}{Mittelwert} + 1\right) * Harmonischer\ Mittelwert\right]}{(Mittelwert * Schritt\ 8)}$$

o)

$$= (Schritt\ 9 - 1)^2$$

p)

$$= (Schritt\ 10 + 1) * Harmonischer\ Mittelwert$$

4.1 (H + P) Trend for Consumer

Abkürzungstabellen

Xi	Einzelne Periode
$\bar{X}$	Mittelwert der Perioden
Yi	Anzahl der Gäste in der Periode
$\bar{Y}$	Mittelwert der Gesamtgästeanzahl

Abkürzung	Bedeutung
A	Prognosewert der nächsten Stichprobe
B	Prognosewert
C	Beobachtungswert
D	Beobachtungswert der letzten Stichprobe
E	Beobachtungswert der nächsten Stichprobe
F	Beobachtungswert der vorletzten Stichprobe

a)

$$\frac{\big((xi - \bar{x}) * (yi - \bar{y})\big)}{\sum\big((xi - \bar{x}) * (yi - \bar{y})\big)} = c$$

b)

$$\begin{Bmatrix} Wenn\ Di > 0 = Di * 1 \\ Wenn\ Di < 0 = Di * -1 \end{Bmatrix}$$

c)

$$\left(\frac{Mittelwert\ der\ Spalte\ D}{\frac{Summe\ von\ D}{100}}\right)$$

d)

$$\beta = \frac{\sum(xi - \bar{x}) * (yi - \bar{y})}{\sum(xi - \bar{x})^{\wedge}2}$$

$$\alpha = \bar{x} - (\beta * \bar{y})$$

$$\hat{Y} = \alpha + (\beta * \sqrt{x})$$

e)

$$\sqrt{\frac{\sum((b - c)^2 + (a - e)^2)}{\sum((c - f)^2 + (e - c)^2)}} = Thiel\ Prognose\ Fehlermaß$$

4.2 (H + P) Trend for Revenue

Abkürzungstabelle

Abkürzung	Bedeutung
σ^2	Varianz
Yi	Erfasster Umsatz in der Periode
Y1	Umsatz der vorherigen Periode
YO	Umsatz der letzten Periode
Yn	Umsatz in der letzten Prognoseperiode

a)

$$\sqrt{\left(\frac{\left(\left(ln\frac{\left(Yi-\left(\frac{1}{\overline{Y}}\right)^{2}\right)}{\sigma^{2}}\right)*-1\right)}{\left(1-\left(Log\left(\frac{Y1}{Yi}\right)\right)\right.}\right)^{2}} = Schritt\ 1$$

b)

$$Ln\left(\frac{Ergebnis\ Schritt\ 1\ der\ zweiten\ Periode}{Ergebnis\ Schritt\ 1\ der\ ersten\ Periode}\right) = Schritt\ 2$$

c)

$$YO*\left(1-(Schritt\ 2)\right)\ldots\ldots Yi*\left(1-(Schritt\ 2)\right)\ldots\ldots Yn*\left(1-(Schritt\ 2)\right)$$

d)

$$\left(1-\left(Log\left(\frac{Y1}{Yi}\right)\right)\right.$$

4.3 (H + P) Trend for Interest Rate

Abkürzungstabelle

Abkürzung	Bedeutung
Zi	Zinsfaktor
Xi	Periode
σ^2	Varianz

a)

$$\frac{\left(\left(Exp\left(\frac{Zi}{Xi}\right)^{ni}+Exp(Zi)\right)*0{,}1\right)}{\left(Exp\left(\frac{Zi}{Xi}\right)^{ni}+Exp(Zi)\right)} = Schritt\ 1$$

b)

$$Schritt\ 1 * Ln\left(\frac{1}{1-Zi}\right)^2 = Schritt\ 2$$

c)

$$Schritt\ 3 = Log\left(Zi + \left(\frac{Varianz^2}{Zi}\right)\right) * 0{,}1$$

d)

$$Schritt\ 4 = Schritt\ 3 * Schritt\ 2$$

e)

$$Schritt\ 5 = Schritt\ 4 + Schritt\ 3$$

f)

$$Schritt\ 6 = Zi1 \ldots . Zi2 \ldots .. Zin * (1 - Ergebnis\ des\ fünften\ Schrittes)$$

5. (H + P) Pricing

a)

$$\frac{Gesamtkosten}{Gesamtnachfrager} = Mindestpreis\ pro\ Nachfrager$$

b)

$$Mindestpreis * Passagier = Umsatz$$

c)

$$\frac{Fehlender\ Umsatz}{Tatsächliche\ Auslastung} = Teiler$$

d)

$$Preis\ pro\ Nachfrager = Teiler + Mindestpreis$$

e)

$$HP\ Maximum\ Price\ Surchage = \left(\frac{Teiler}{Mindestpreis}\right) * 100$$

f)

$$\left[\left(\frac{HP\ Maximum\ Price\ Surchage}{100}\right) + 1\right] * Modifizierter\ Preis = Optimaler\ Preis\ pro\ Person$$

5.1 (H + P) Pricing Elasticity

Abkürzungstabelle

Abkürzung	Bedeutung
PP	Preis der Periode – PP1 ist der Preis der ersten Periode.
N	Gesamter Zeitraum
Ni	Einzelne Periode X
A	Absolute Auslastung

a)

$$\sum \left[\frac{\left[\left(\frac{Ni^2 * PP^2}{A^2} \right) + \left(Pi - \frac{\frac{Ni}{100}}{A} \right) \right]^{\frac{1}{N}}}{\left[\left(\frac{Ni^2 * PP^2}{A^2} \right) + \left(Pi - \frac{\frac{Ni}{100}}{A} \right) \right]} + Ln\left(\frac{PP2}{PP1} \right) \right]$$

5.2 (H + P) Bid Pricing

Abkürzungstabelle

Abkürzung	Bedeutung
A	Teilkapazität
B	Strecke in km
C	Ticketpreis
D	Variable Kosten
Mi	Mittelwert

a)

$$\left[\frac{\left(\left(\frac{LOG(Mittelwert\ von\ A)}{Ln\left(\frac{C}{D}\right)} \right) * \left(Exp\left(\frac{D}{B}\right) - 1 \right)^2 \right)}{\Sigma \left(\left(\frac{LOG(Mittelwert\ von\ A)}{Ln\left(\frac{C}{D}\right)} \right) * \left(Exp\left(\frac{D}{B}\right) - 1 \right)^2 \right)} + 1 \right] * Preis$$

5.3 (H + P) Pricing Margin Analysis

Abkürzungstabelle

Abkürzung	Bedeutung
Ki....Ki1...Ki2	Kapazitätseinheit der Periode i
Pi.....Pi1...Pi2	Preis einer Periode
HP	Höchster Preis
NP	Niedrigster Preis
COS	Cosinus
RI...Ri1....Ri2	Operativer Revenue der Periode I
MR	Durchschnittsrevenue
N	Gesamtzeitraum

a)

$$\left(\left(COS\left(\frac{HP-NP}{NP}\right)\right)^2+1\right)=S1$$

b)

$$\left[\sum\left[\left(\frac{\left(1-\left(\frac{Ki2-Ki1}{Ki2}\right)\right)}{\left(Ln\left(\frac{1}{Pi2}\right)\right)}\right)+\left[\left(\frac{\left(1-\left(\frac{Ki2-Ki1}{Ki2}\right)\right)}{\left(Ln\left(\frac{1}{Pi2}\right)\right)}\right)+1\right]\right]*S1\right]=S2$$

c)

$$\sum 1-\left(\frac{Ri2}{Ri1}\right)=Schritt\ 3\ (S3)$$

d)

$$\left[\frac{((1-S3)^2)}{\left((S1*S2*\left(\left(exp\left(\frac{N}{MR}\right)*S3^2\right)\right)\right)}\right]$$

5.4 (H + P) Portfolio Analysis

a)

A	B	C	Summe
A1	B1	C1	A1+B1+C1
A2	B2	C2	A2+B2+C2
A3	B3	C3	A3+B3+C3
A4	B4	C4	A4+B4+C4
A5	B5	C5	A5+B5+C5
A6	B6	C6	A6+B6+C6
A7	B7	C7	A7+B7+C7
A8	B8	C8	A8+B8+C8

b)

A = Ln(A2/A1)　　B=Ln(B2/B1)　　C=Ln(C2/C1)

c)

$$\left(\sqrt{\left(\frac{\frac{1}{ln\left(\frac{A2}{A1}\right)}}{ln\left(\frac{A2}{A1}\right)}\right)}\right)^{2}$$

$$\left(\sqrt{\left(\frac{\frac{1}{ln\left(\frac{B2}{B1}\right)}}{ln\left(\frac{B2}{B1}\right)}\right)}\right)^{2}$$

$$\left(\sqrt{\left(\frac{\frac{1}{ln\left(\frac{C2}{C1}\right)}}{ln\left(\frac{C2}{C1}\right)}\right)}\right)^{2}$$

d)

$$LOG\left(\frac{\left(Ln\left(\frac{A2}{A1}\right)+\ Ln\left(\frac{B2}{B1}\right)+Ln\left(\frac{C2}{C1}\right)\right)^{2}}{\sqrt{\left(\sum\left(Ln\left(\frac{A2}{A1}\right)+\ Ln\left(\frac{B2}{B1}\right)+Ln\left(\frac{C2}{C1}\right)\right)^{2}\right)}}\right)^{2}=AnBnCn$$

e)

$$\sum ln\left(\frac{AnBnCn}{\left(\frac{\frac{1}{ln\left(\frac{A2}{A1}\right)}}{ln\left(\frac{A2}{A1}\right)}\right)}\right)=Ergebnis\ A$$

$$\sum ln\left(\frac{AnBnCn}{\left(\frac{\frac{1}{ln\left(\frac{B2}{B1}\right)}}{ln\left(\frac{B2}{B1}\right)}\right)}\right)=Ergebnis\ B$$

$$\sum ln\left(\frac{AnBnCn}{\left(\frac{\frac{1}{ln\left(\frac{C2}{C1}\right)}}{ln\left(\frac{C2}{C1}\right)}\right)}\right) = Ergebnis\ C$$

f)

$Summe\ von\ Ergebnis\ A$

$+Summe\ von\ Ergebnis\ B$

$+Summe\ von\ Ergebnis\ C$

$=\ Ergebnis\ von\ A + B + C$

5.5 (H + P) Input-Output Analysis

Abkürzungstabelle

Abkürzung	Bedeutung
Ri	Revenue eines Fonds
Vi	Verlust eines Fonds

a)

$$\frac{\left(\left(\frac{1}{Ri}\right) * \left(Exp\left(\frac{1}{Vi}\right)\right)^2\right)}{\left[\frac{Ri}{Vi} * \left(\frac{\left(\left(\sqrt{\left(\frac{1}{Ri}\right)} * \sqrt{\frac{1}{\left(\frac{1}{Vi}\right)}}\right)\right)}{\frac{Log(Ri)}{Ln(Vi)}}\right)\right]} = Revenue\ eines\ Fonds$$

b)

$$1 - \frac{\left(\left(\frac{1}{Ri}\right) * \left(Exp\left(\frac{1}{Vi}\right)\right)^2\right)}{\left[\frac{Ri}{Vi} * \left(\frac{\left(\left(\sqrt{\left(\frac{1}{Ri}\right)} * \sqrt{\frac{1}{\left(\frac{1}{Vi}\right)}}\right)\right)}{\frac{Log(Ri)}{Ln(Vi)}}\right)\right]} = Verlust\ des\ Fonds$$

5.6 (H + P) Pricing Factor

Abkürzungstabelle

Notation	Bedeutung
P1....Pn	Preis 1 (P1) bis Endpreis (Pn)
M	(H + P) Glättung
Qi	Steigung
Qn	Modifizierter Wert der Steigung

a)

$$M = \left(\frac{Preis\ 1}{3}\right) + \left(\frac{Preis\ 2}{6}\right) + \left(\frac{Preis\ 3}{9}\right)$$

b)

$$qi = \left[\frac{\left[\frac{Preis\ 2}{Preis\ 1}\right]}{\left[\frac{Preis\ 1}{Preis\ 2}\right]}\right]^2$$

c)

$$qn = \sqrt{\left[\sum \frac{\left[\frac{Preis\ 2}{Preis\ 1}\right]}{\left[\frac{Preis\ 1}{Preis\ 2}\right]}\right] * \frac{Preis\ 1}{Preis\ 2}}$$

d)

$$PC = \left[\sum \frac{\left[\frac{Preis\ 2}{Preis\ 1}\right]}{\left[\frac{Preis\ 1}{Preis\ 2}\right]}\right]$$

e)

$$PB = \frac{Preis\ 1}{Preis\ 2}$$

f)

$$\left[\frac{\sqrt{\left[(Preis\ 1)^2 + \left(Preis\ 2 * (qi + 1)\right)^2 + \left[Preis\ 3 * \left[\left((PC + PB) + 1\right)^2\right]\right]\right]}}{\sqrt{M} + Ln(M)}\right] + 1 = Schritt\ 1$$

g)

$$\frac{\left[\frac{ln\left(\frac{1}{qn}\right)}{Mittelwert}\right]}{\left[\frac{\left[\frac{ln\left(\frac{1}{qn}\right)}{Mittelwert}\right]}{Ln\left(\frac{1}{qn}\right)}\right]} = Schritt\ 2$$

h)

$$= (Ln(Schritt\ 1 + Schritt\ 2)) + 1 = Schritt\ 3$$

i)

$$= \left[log\left(\frac{Mittelwert}{100}\right)\right]^4 = Schritt\ 4$$

j)

$$= Ln((Preis\ 1)^2) + Ln((Preis\ 2)^2) + Ln((Preis\ 3)^2) = Schritt\ 5$$

k)

$$= \left[\sqrt{\frac{Schritt\ 4}{Schritt\ 5}}\right] + 1 = Schritt\ 6$$

l)

$$\frac{\left[\left(\frac{\frac{Schritt3}{Schritt\ 6}}{\frac{Schritt\ 6}{Schritt\ 3}}\right)\right]}{(Schritt\ 3 + Schritt\ 6)} = Schritt\ 7$$

m)

$$Schritt\ 7 + 1 = Schritt\ 8$$

n)

$$\frac{\left[\left(\frac{Harmonischer\ Mittelwert}{Mittelwert} + 1\right) * Harmonischer\ Mittelwert\right]}{(Mittelwert * Schritt\ 8)}$$

o)

$$(Schritt\ 9 - 1)^2 = Schritt\ 10$$

p)

$$(Schritt\ 10 + 1) * Harmonischer\ Mittelwert = Schritt\ 11$$

5.8 (H + P) Hedging Model

Abkürzungstabelle

Bezeichnung	Abkürzung
Gesamt No-Show in Prozent	HMS
Höchste No-Show-Rate	Maximum HMS
Pi	π
Kapazität pro Bus	K
Normalverteilung	Norm

Parameter	Bezeichnung
Xi	Storno
Yi	No-Show

a)

$$\left(LOG\left(\frac{1}{HMS}\right)\right) = A$$

b)

$$B = A - 1$$

c)

$$C = Norm(B)$$

d)

$$D = C^2$$

e)

$$E = \sqrt{D}$$

f)

$$F = \left[\left(Norm(Maximum\ HMS) * \sqrt{\frac{K}{360}}\right) + 1\right] + E$$

g)

$$G = (1 - \pi)^2 * [[(Norm(HMS) * Norm(HMS))]/(Ln(HMS))]$$

h)

$$H = \sqrt{G * LOG\left[\frac{(Tagesumsatzverdrängung)^2}{Tagesumsatz^4}\right]}$$

i)

$$I = (F/G)$$

j)

$$NVK - SNS - OVERB = Summe\ der\ versicherten\ Sollauslastung$$

k)

$$Xi = \left[\left(\frac{X0 + X2}{X1 + Mittelwert\ X}\right) - 1\right]^2$$

l)

$$Yi = \left[\left(\frac{Y0 + Y2}{Y1 + Mittelwert\ Y}\right) - 1\right]^2$$

m)

$$\sqrt{\frac{\left[\left(LOG\sqrt{\sum(Yi + Mittelwert\ Yi)}\right) - 1\right]}{[LN(\sum(Normalverteilung(xi)/Normalverteilung(yi))]^4}}$$

5.9 (H + P) Price Index

Abkürzungstabelle

	Bezeichnung
Preis 1	Anfangspreis
Preis 2	Endpreis

a)

$$\frac{\left[\sum\left(\frac{Preis\ 1 + Preis\ 2}{\left(\sqrt{\frac{Preis\ 1}{2}}\right)}\right)^2\right]}{\left[\sum\left(\frac{(Preis\ 2 + Preis\ 1)}{\sqrt{\left(\frac{Preis\ 2}{2}\right)}}\right)^2\right]} - Harmonischer\ Mittelwert\left[\frac{Gesamtjahre}{\left(\frac{1}{Preis\ 1}\right) + \left(\frac{1}{Preise\ N}\right)}\right]$$

b)

$$\left(\frac{Aktueller\ Preis}{HP\ Price\ Index}\right) * 100 = Prozentualer\ HP\ Price\ Index$$

c)

$$\left[\frac{\left[\sum\left(\frac{Aktueller\ Preis}{HP\ Price\ Index}\right) * 100\right]}{Gesamtanzahl\ der\ Jahre}\right] = Mittelwert$$

5.10 (H + P) Revenue Performance

a)

$$\sqrt[\frac{1}{n}]{\left(\frac{Gesamteinnahmen}{Gesamtkosten}\right)} - 1$$

b)

$$Ln\left(\frac{Gesamteinnahmen}{Gesamtkosten}\right)$$

c)

$$\sqrt[\frac{1}{n}]{\sum(q1 * q2 * q3 \dots \dots .. qn)}$$

d)

$$\sum\left[\left[\left[1 - COS\left(Log\left(\frac{Xi}{Yi}\right) - Log\left(\frac{Yi}{Xi}\right)\right)\right] * \left(Log\left(\frac{Xi}{Yi}\right) - Log\left(\frac{Yi}{Xi}\right)\right)\right] * -1\right] = A$$

e)

$$Kumulieren\left[\left[\left[1 - COS\left(Log\left(\frac{Xi}{Yi}\right) - Log\left(\frac{Yi}{Xi}\right)\right)\right] * \left(Log\left(\frac{Xi}{Yi}\right) - Log\left(\frac{Yi}{Xi}\right)\right)\right] * -1\right] = B$$

f)

$$B - A = HP\ Revenue\ Perfomancemaß$$

5.11 (H + P) Cash-Burn-Rate

a)

$$\left(\frac{Yi}{\sum(Yi)}\right) = a$$

b)

$$Minimum = \sum\left(\frac{1}{\left(\left(\frac{Cos(a)}{exp(a)} - 1\right)^2 + Ln(a)^2\right)} * 0{,}1\right)^2$$

c)

$$Maximum = \sqrt[1/N]{\frac{\sum\left(\frac{1}{\left(\left(\frac{Cos(a)}{exp(a)} - 1\right)^2 + Ln(a)^2\right)} * 0{,}1\right)^2}{N}}$$

5.12 (H + P) Minimum and Maximum Principle

Abkürzungstabelle

Abkürzung	Bedeutung
HP	Höchster Preis
NP	Niedrigster Preis
Tang	Tangens
Ln	Natürlicher Logarithmus
Yi	Preis der einzelnen Periode
$\overline{Y}$	Mittelwert der Summe der einzelnen Preise
St(Yi)	Standardabweichung
Yi0	Preis der ersten Periode

a)

$$\left(\frac{1}{\left(\frac{\left(LN\left(\frac{1}{Yi}\right) + Tan\left(\frac{1}{Yi}\right)\right)}{\left(Ln(Yi) + Tan(Yi)\right)}\right)} - 1\right)^2 * 0{,}1 = Schritt\ 1$$

b)

$$\sqrt[1/4]{\left(\frac{1}{\frac{\overline{Y}}{St(Yi)}} * \frac{ln(NP)}{ln(HP)}\right)} = Schritt\ 2$$

c)

$$(Schritt\ 2 + Schritt\ 1)^2 = Schritt\ 3$$

d)

$$\left(\frac{Schritt\ 2 + Schritt\ 3}{2}\right) = Schritt\ 4$$

6. (H + P) Deviation Analysis

Abkürzungstabelle

Abkürzung	Bedeutung
YA	Faktum-Wert
YB	Prognose-Wert
$\overline{YA}$	Mittelwert des Faktum-Wertes
$\overline{YB}$	Mittelwert des Prognose-Wertes
Yai	Metrische Ausprägung des Faktum-Wertes
Ybi	Metrische Ausprägung des Prognose-Wertes
Cos	Cosinus
Log	Logarithmus
Ln	Natürlicher Logarithmus
Standardab. A	Standardabweichung des Faktum-Wertes
Standardab. B	Standardabweichung des Prognose-Wertes
N	Anzahl der Gesamtbeobachtungen
STC	Standardisierung

a)

$$\frac{\left(\left(\left(\frac{\sum Yai}{\sum Ybi}\right)-1\right)+\left(\frac{\overline{YA}}{\overline{YB}}\right)^{2}\right)}{\left(\frac{Standardab.A}{Standardab.B}+1\right)}=STC$$

b)

$$\frac{Cos\left(\frac{Yai}{Ybi}\right)^{2}}{STC}=Schritt\ 1$$

c)

$$\left(\frac{1}{\left(\frac{Yai}{Ybi}\right)}*(1-STC)\right)^{2}=Schritt\ 2$$

d)

$$\left[LN\left(\frac{1}{(Schritt\ 2)^{2}}\right)+Log\left(\frac{Yai}{Ybi}\right)\right]^{2}=Schritt\ 3$$

e)

$$\frac{\Sigma\left[Log\left(\frac{Schritt\ 3}{Schritt\ 2}\right)^{2}*\left(\frac{Cos\left(\frac{Yai}{Ybi}\right)^{2}}{\left(\frac{Cos\left(\frac{Yai}{Ybi}\right)^{2}}{STC}\right)}\right)\right]}{n}-1=Ergebnis\ (HP\ Deviation\ Analyse)$$

6.1 (H + P) Connection Measurement

Abkürzungstabelle

Abkürzung	Bedeutung
Yi	Ausprägung Variable 1
Xi	Ausprägung Variable 2
$\bar{Y}$	Durchschnittswert der Variable 1
$\bar{X}$	Durchschnittswert der Variable 2
Cos	Cosinus
Tan	Tangens
N	Gesamtbeobachtungszeit

a)

$$\frac{\Sigma\left(Cos\left(\frac{\bar{X}}{Xi-\bar{X}}\right)\right)^{2}}{\Sigma\left(Cos\left(\frac{\bar{Y}}{Yi-\bar{Y}}\right)\right)^{2}}-1=A$$

b)

$$\left[\left(\sqrt[(1/n)]{\left(\sum\sqrt{\frac{Tan\left(Cos\left(\frac{\bar{X}}{Xi-\bar{X}}\right)^{2}\right)}{n}}\right)}-\left(\sqrt[(1/n)]{\sum\sqrt{\frac{Tan\left(Cos\left(\frac{\bar{Y}}{Yi-\bar{Y}}\right)^{2}\right)}{n}}}\right)\right)^{2}+A\right]$$

c)

$$rxy=\frac{\left(\left(\frac{1}{n}\right)*\Sigma((Xi-\bar{X})*(Yi-\bar{Y}))\right)}{\sqrt{\left(\left(\frac{1}{n}\right)*\Sigma(Xi-\bar{X})^{\wedge}2\right)}*\sqrt{\left(\left(\frac{1}{n}\right)*\Sigma(Yi-\bar{Y})^{\wedge}2\right)}}$$

6.2 (H + P) Probability

Abkürzungstabelle

Abkürzung	Ergebnis
Yi	Unabhängige Variable einer Periode
$\bar{Y}$	Mittelwert
GP	Größter Preis
KP	Kleinster Preis
Ni	Einzelne Periode

a)

$$\left[\left(\left(1-\left(\frac{Yi}{\sum Yi}\right)\right)*\left(\frac{1}{\pi * \bar{Y}}\right)\right)*\left(1-ln\left(\frac{GP}{KP}\right)\right)^{2}\right]+\left(\frac{1}{Log\left(\frac{1}{GP}\right)}\right)^{2}=A$$

b)

$$A+\sqrt[\left(\frac{1}{Ni*(1{,}01^{2})}\right)]{\left[\left[\left(\left(1-\left(\frac{Yi}{\sum Yi}\right)\right)*\left(\frac{1}{\pi * \bar{\bar{Y}}}\right)\right)*\left(1-ln\left(\frac{GP}{KP}\right)\right)^{2}\right]+1\right]}=B$$

c)

$$1-\left(\sum B-1\right)=Ergebnis\ des\ HP\ Probability$$

6.3 (H + P) Revenue Distribution

Abkürzungstabelle

Abkürzung	Bedeutung
Yi	Unabhängige Variable
Xi	Abhängige Variable
Tan	Tangens
π	Pi
σ	Standardabweichung
σ^2	Varianz
Y1	Unabhängige Variable der ersten Periode
Y2	Unabhängige Variable der zweiten Periode
N	Gesamtzeitraum
Ni	Einzelne Periode

a)

$$\frac{Yi}{\sum Yi}+\left[\left(\frac{Y1}{Y2}\right)-1\right]=A$$

b)

$$\frac{((\pi * \sigma) * (\pi * n))}{\sqrt[\frac{1}{n}]{(\sigma * \sigma^{2})}}=B$$

c)

$$Tan\left(\frac{B}{A}\right)+1=C$$

d)

$$\left[\left[\frac{Yi}{\sum Yi}+\left(\left(\frac{Y1}{Y2}\right)-1\right)\right]*\left[1-\left[\frac{Yi}{\sum Yi}+\left(\left(\frac{Y1}{Y2}\right)-1\right)\right]\right]\right]^2=D$$

e)

$$\sum\left(\frac{1-ln(D+1)}{C}\right)^2=E$$

f)

$$\sum_{N}^{\left(\frac{N}{2}\right)}\left(\frac{1-ln(D+1)}{C}\right)^2=F$$

6.4 (H + P) Turning Point

Abkürzungstabelle

Abkürzungen	Bedeutung
Ln	Natürlicher Logarithmus
Yi	Unabhängige Variable einer Periode
Xi	Abhängige Variable einer Periode
Log	Logarithmus
Standnorm.	Standardnormalverfahren

a)

$$ln\left(\frac{Endkurs}{Anfangskurs}\right)$$

b)

$$\frac{\left(Ln\left(\frac{1}{Yi+1}\right)\right)^2}{\sqrt{\frac{\left(Yi*(1-(\frac{\pi}{\overline{X}})\right)}{ln\left(\frac{1}{Xi+1}\right)}}}=A$$

c)

$$Standardnorm(A)+1=B$$

d)

$$A-B=C$$

e)

$$\frac{\sum(Yi*(1-C))}{N}=D$$

f)

$$ln(A + B + 1) = E$$

g)

$$\frac{\Sigma\left(\frac{Yi}{(1 - E)}\right)}{N} = F$$

6.5 (H + P) Variationsinstrument

Abkürzungstabelle

Abkürzung	Bedeutung
Yi	Unabhängige Variable
LN	Natürlicher Logarithmus
N	Gesamtzeitraum
Cos	Cosinus
π	Pi
Y1..Y2	Unabhängige Variable (Preis der jeweiligen Periode)

a)

$$\left(\frac{Standardabweichung}{Mittelwert}\right) * 100 = Variationskoeffizienten$$

b)

$$Ln\left(\frac{Yi}{\sum Yi}\right)^2 = A$$

c)

$$Cos\left(\frac{\sum Yi}{Yi}\right)^2 = B$$

d)

$$\frac{\Sigma\left(\frac{A - (B * 2)}{\pi * 2} - 1\right)^2}{N} = C$$

6.6 (H + P) Diversifikationseffekt

Abkürzungstabelle

Abkürzung	Bedeutung
Yi...(Y1,Y2..Yn)	Unabhängige Variable
$\sum Yi$	Summe der Unabhängigen Variablen
Ln	natürlicher Logarithmus
Exp	Exponent
Standnorm.	Standardnormalverteilung

a)

$$1 - \sum \left(\frac{Yi}{\sum Yi} \right)^2$$

b)

$$\frac{1}{Standardnorm\left(\left(\frac{Yi}{\sum Yi} \right)^2 \right)^2} = a$$

c)

$$\sum \left[1 - \left(Exp(a) - Ln\left(\frac{Y1}{Y2} \right) \right) \right]^2 = B$$

d)

$$\frac{1}{\sqrt[\frac{1}{n}]{B}} = C$$

***ibidem*-Verlag**
Melchiorstr. 15
D-70439 Stuttgart
info@ibidem-verlag.de

www.ibidem-verlag.de
www.ibidem.eu
www.edition-noema.de
www.autorenbetreuung.de